生活材料学

編著
榎本 雅穂／古濱 裕樹

著
青山 喜久子／井上 尚子／内丸 もと子／澤田 和也／篠塚 致子
野田 隆弘／古田 貴美子／森下 あおい／山下 義裕／渡邉 加奈

アイ・ケイ コーポレーション

はしがき

人類と繊維との関わりは，太古からの被服材料としての衣料分野だけでなく，車両・機械・建築・土木・農業分野などに代表される産業資材分野，衛生資材，医療分野なども含め多岐にわたっている。

本書は，数多ある生活材料のうち，特に繊維材料にフォーカスをあて，種々の繊維素材を正しく理解することはもちろん，これがどのように利用され製品化されているのか，あるいは今後どのような応用の可能性があるかなど，素材の加工や消費を含めた可能性について，幅広く考えることができるような構成とした。

大学，短期大学，あるいは専門学校に入学して生活材料学や衣生活に関する内容を学ぼうとする人，またアパレル，インテリアなどに関わる産業などに席を置いて繊維に関わる生活材料の知識を必要とする人の入門書となるよう編集したものである。したがって，その内容は生活材料学一般に関わる領域を網羅したものであり，アパレル分野のみならずインテリア分野などに広く関わる内容となっている。具体的には，各種繊維材料についての解説に留まらず，そこから作り出される素材の染色や整理・加工，製品の消費性能・快適性とテキスタイルデザイン，衣服造形，さらにはインテリア分野，産業資材分野，医療用途などに使用される繊維材料，そして繊維製品の品質表示に関するものまで取り扱っている。

本書は2000年3月「生活材料学」ファッションとインテリア((株)アイ・ケイ コーポレーション)を全面改訂したものである。

今回の改訂版は，「21世紀の繊維産業・ファッション産業などを中心とした，繊維生活材料を取り扱う人材を育成する入門書として，今後世界の繊維産業・ファッション産業の発展をになう人材育成の一助となり，繊維生活材料の新しい知識習得の道しるべとなる一冊を目指そう」という共通の理念のもと，それぞれの分野における専門家によって執筆されている。

まだ不十分な面も多く，読者の皆様から今後ご叱正・ご助言を賜りながら，内容を充実させることができれば幸甚である。

なお，本書の執筆にあたり，多くの文献を参考にさせていただいた。ここに感謝の意を表したい。

最後に出版に当たって，終始ご支援いただいた(株)アイ・ケイ コーポレーション社長森田富子氏に厚くお礼を申し上げる。

2018年9月

榎本雅穗／古濱裕樹

目　次

8章　整理・加工　古濱裕樹

著者紹介

編著者

榎本　雅穂(えのもと　まさお)

京都女子大学家政学部生活造形学科教授　博士(工学)

佐賀大学理工学部工業化学科卒業後，民間企業研究所在職中に博士と繊維製品品質管理士を取得，名古屋女子大学短期大学部生活学科助教授から教授を経て現職

主要執筆図書

触り心地の制御，評価技術と新材料・新製品開発への応用(共著)技術情報協会

被服学事典(共著)朝倉書店

人工皮革・合成皮革(共著)一般社団法人日本繊維製品消費科学会

古濱　裕樹(こはま　ゆうき)

武庫川女子大学短期大学部生活造形学科 兼 生活環境学部生活環境学科講師　博士(生活環境学)

滋賀県立大学人間文化学部生活文化学科卒業，武庫川女子大学大学院生活環境学研究科博士後期課程修了

武庫川女子大学助手，神戸松蔭女子学院大学専任講師を経て現職

主要執筆図書

新版 衣生活の科学 テキスタイルから流通マーケットへ(共著)アイ・ケイコーポレーション

生活を科学する(共著)光生館

被服学事典(共著)朝倉書店

著　者

青山(あおやま)　喜久子(きくこ)　金城学院大学名誉教授　博士(学術)

井上(いのうえ)　尚子(たかこ)　椙山女学園大学生活科学部生活環境デザイン学科准教授　博士(学術)

内丸(うちまる)　もと子(もとこ)　滋賀県立大学人間文化学部生活デザイン学科非常勤講師　博士(工学)

澤田(さわだ)　和也(かずや)　大阪成蹊短期大学生活デザイン学科教授　博士(工学)

篠塚(しのつか)　致子(ともこ)　熊本大学教育学部非常勤講師　博士(環境科学)

野田(のだ)　隆弘(たかひろ)　公益財団法人一宮地場産業ファッションデザインセンター
繊維製品品質管理士(TES)，技術士(繊維・縫製)　博士(工学)

古田(ふるた)　貴美子(きみこ)　神戸女子短期大学総合生活学科講師　家政学修士

森下(もりした)　あおい　滋賀県立大学人間文化学部生活デザイン学科教授　博士(学術)

山下(やました)　義裕(よしひろ)　福井大学繊維・マテリアル研究センター教授　博士(工学)

渡邉(わたなべ)　加奈(かな)　名古屋文化短期大学生活文化学科准教授

(五十音順)

序章　生活材料学へのいざない

生活材料学とは何だろうか。「材料」という語は，直感で理解できるだろうが，「材料学」というと少し難しく思えるかもしれない。「生活」の「材料」の学問とはどういうことだろうか。この序章で本書における生活材料学の定義を記すとともに，生活材料を科学的に捉えることの魅力を伝えたい。

1. 生活材料学とは

生活材料，すなわちわれわれの生活で目にする材料は衣食住，電機，情報通信など実にさまざまなものがある。材料を科学的に捉えることは工学では一般的であるが，広く社会全般の工業製品，インフラ，素材のための材料などきわめて広範なものを対象とし，生活材料といえるものは一部にすぎない。生活材料学は人間の生活に密着した材料に特化して科学的に捉えるための学問である。しかし，多種多様な生活材料を一冊の書物で科学的に論じることには無理がある。そこで本書は，衣に加えて，インテリア，産業資材にも使われる繊維材料に重点をおいてまとめられている。科学に関する学問の本質は，知識の暗記ではなく，物事の見方や考え方，すなわち科学的思考を習得することである。本書で得た科学的思考は繊維以外にも通ずるため，あらゆる生活材料への応用が可能となろう。

なお，被服学領域では被服材料学という学問があり，糸，布の構造や物性，試験法などを学ぶ。これは被服学領域(表序－1)を各論的に捉えたもので，被服整理学，構成学，衛生学などの被服学他分野を併せて学ぶことが望まれる。対して，本書では取り上げる内容を拡張し，領域の垣根も取り払い，繊維各論から取り扱い，造形，先端材料に至るまで幅広く収録している。おのおのの繋がりを感じながら学べるため，最終製品や生活に結びつくことを期待する。

表序－1　被服学に含まれるさまざまな学問と本書との関わり

繊維学	繊維の化学構造，特性，歴史，用途など	1, 2章
材料学	糸や布の構造や物性，種類，用途など	3～6章
染色学	染色・染料の科学，伝統染織，技法など	7章
整理学・管理学	洗浄・洗剤の科学，アイロン，保管など	8章
衛生学・生理学	被服内気候，人体温熱生理，快適性など	9, 10章
構成学	縫製，パターン作成，各種製作技術など	11, 12章
服飾美学・服飾史	各国各時代の服飾の美，服飾の変遷など	
心理学	被服の心理的，社会的，審美的機能など	

本書の13章以降では，住・食空間におけるインテリア繊維製品，今の繊維業界において最大の稼ぎ頭である産業資材，今後の活躍が期待される医療用繊維について触れる。また，近年の世界の標準化の流れにおいて変動が激しくなっている品質表示も簡潔にまとめている。

2. 材料を科学的にみる

材料を科学的にみることがなぜ必要なのか。物を感性で捉えるだけでも美しい造形は作り上げられる。しかし，そこに機能や強度は保証されない。材料を科学的に把握してこそ，美しさと機能性，耐久性が兼ね備えられる。また，消費者も物を科学的に捉えれば適切な取り扱いがなされるだろう。

近年は材料の科学的知識もインターネットから容易に得られるようになった。たとえば，綿の性質について検索すると，きわめて多数の情報が表示され，物づくりや取り扱いの参考にできる。ならば，ネットやスマートフォンが普及したことで，製品の質や消費者の取り扱いのスキルは向上したといえるだろうか。やはり，製品や情報の移り変わりの激しい現代社会で真に役立つのは材料の表層的知識ではなく，科学的思考である。ネット上の情報は，現象の理由が正確に記載されていないことが多く，思考の獲得につながらない。関連項目が適切に集約された書物を使って系統的に学び，さらに，実地実習や職場，生活での応用を経験し，ようやく科学的思考の獲得に至る。次に，こうして獲得した科学的思考が社会で役に立つ例をそれぞれの立場から示す。

(1) 生産者側から

昭和中期頃まで日本の繊維関連産業は強大であった。明治以降，蚕から絹を生産し，輸入綿花から綿紡績，織布を生産したことが日本の国力発展の原動力であった。化学繊維，染色工業なども発展し，それらは太平洋戦争後もいち早く復興，「ガチャ万，コリャ千」という風刺でも知られる好景気を経て，高度経済成長を支えた。研究開発競争力も有し，ビニロン，アクリル，炭素繊維などの研究や，独自の渦巻き式洗濯機の開発などもその頃行われた。洋装化の進展や所得の増大からアパレル産業は大いに栄えた。

しかし，20世紀後半に入り事態は変わる。新規の化学繊維や染料も，開発からおよそ20年後の特許失効を機に，発展途上国で安価品の生産が始まる。さらに1985年のプラザ合意を契機とした急速な円高進展により，繊維の国内生産は大幅に減少した。1960年代に日米貿易摩擦が沖縄返還とつり合いにかけられ，「糸で縄を買った」と揶揄されるほど大量に輸出していた繊維製品も，20世紀後半にかけて国内生産は減少を続け，統計によると1991年から2014年の間だけでも繊維産業の事業所数と製造品出荷額は4分の1に，国内衣料品の輸入浸透率(2013年)は数量ベースで96.8%，金額ベースで77.0%に達している。

そのなかでも，日本の繊維関連企業の研究開発は，国際的に強い競争力を持ち続け，機能性材料(20世紀後半に開発された機能性繊維を新合繊とよぶ)や機能性加工を次々に開発している。織編，縫製，染色加工などで秀でた生産技術を有する企業や産地も多い。これらを結集すれば国際的競争力を有する優れた製品が作られる。2015年から経済産業省の指導のもと純国産の優れた繊維製品に対する「J∞QUALITY」認証制度が開始した。膨大な数の素材や技術を理解しマッチングさせるには科学的思考が必要である。高い品質を確保するだけでなく，消費者の多様なニーズに寄り添った視点も重要である。

（2） 流通・販売側から

日本国内は2011年あたりから人口減少社会に突入した。高齢化と世帯数減少もあいまって，今後の国内消費は低下していく。繊維関連産業においてもアパレルメーカーや流通，小売業の競争激化が予想される。グローバル化への対応は欠かせないものとなり，科学的知識に基づいた適確な商品展開が要求される。

また，昨今は世界の自由貿易や効率化のために標準化が推し進められている。日本も1995年のWTO（世界貿易機構）のTBT協定（貿易の技術的障害に関する協定）により，国際規格を基礎とした任意規格の制定などを進めることになった。衣料品の取り扱い表示も2016年12月よりISO（国際標準化機構）に準拠したものに変更された（16章）。今後もISOが改訂される都度，国内表示は変わる。サイズ表示の標準化に向けた国際協議も続けられている。

そうしたなか，販売・接客担当者は消費者に対し，商品の情報を正しく伝えることが重要となってくる。科学的思考に裏づけられた適確な商品知識から，顧客の望みに応じた適切な助言は消費者にとってもプラスとなり，社会全体がよりよい衣生活に向かうことが期待される。

（3） 消費者側から

ファストファッションの台頭などを背景とし，ファッション性の高い衣服が安価に入手できる時代となった。その反面，死蔵・廃棄衣類の増加が危惧される。また，今後の世界人口の増加（2017年の国連の予測では2055年に100億人突破の見込み）で，地球環境，資源問題は人類にとって大きな課題となっている。繊維製品の消費では，3R（Reduce，Reuse，Recycle）などを意識し，個人も含めた社会全体の環境行動が望まれる。消費者は適切な品質，用途を見きわめ，賢い消費行動を行いたい。クール・ビズはすっかり定着した感があるが，科学的思考に基づいた適切な着こなしによって，冷暖房エネルギーの節減が可能となる（10章）。

3. 生活材料解体新書

さまざまな生活材料を科学的視点で見てみよう。このような見方が科学的思考につながる。

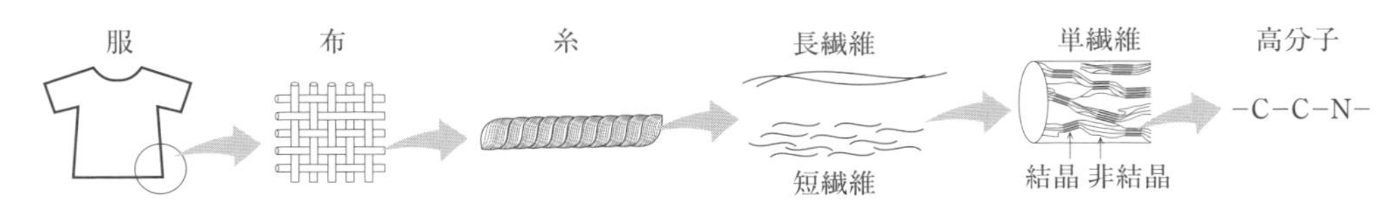

図序−1 服を科学の目でズームイン

3-1 服，装身具

（1） 外 衣

生地は織物や編物（ニット）などの布である（4章，5章）。織り方，編み方が異なるさまざまな布がある。起毛織物やパイル織物などもある。それら布は糸でできている（3章）。糸もさまざまな太さ，外観のものがある。糸は単繊維が集まって撚られてできている。単繊維1本が繊維（綿，ポリエステル，ポリウレタンなど）である（1章，2章）。染色されているものは色素が繊維内部に存在する(7章)。樹脂加工やはっ水加工など用途に合わせて，さまざまな加工剤も付着している(8章)。

毛皮(ファー)*も使われる。ダウンジャケットは水鳥の羽毛が入っている。

*毛皮：屠殺した動物の毛皮である。羊のように食用を兼ねる場合と，ミンクのようにほぼ毛皮用途だけの場合がある。後者は動物愛護団体の抗議対象となり，特に近年は欧米での風当たりが強まっている。アクリルなどの合成繊維で毛皮を模して作られた素材がフェイクファー(エコファー)である。

生地以外に副資材(副素材，付属品)も使われる。縫糸や刺繍糸などそのままで使われる糸は副資材に分類される。小さなブランドネームやタグも織物が多いが，近年のタグはしなやかな薄地織物に両面プリントが施され，皮膚刺激が低減している。スーツはフェルトや不織布の芯地が使われる(12章)。接着芯地は接着剤として熱可塑性樹脂が含浸されている。ワイシャツの襟に樹脂や金属でできたカラーステイ(カラーキーパー)という芯が入ることがある。ボタンは樹脂(PET，ABSなど)が多いが，貝，金属，植物(クルミ，木など)も使われる。スライドファスナー(ジッパー，日本ではチャック)は金属(アルミや銅合金など)や樹脂である。樹脂製の面ファスナー(ベルクロ，日本ではマジックテープ)も使われる。ホックも金属製が多いが，固すぎず緩すぎず適切な強度で開閉できるものが優良品である。他に装飾や補強などの目的でリボンやテープ，パッド，中綿などさまざまな副資材が使われる。屋外での高視認性安全服に再帰反射材が使われ，近年新たな規格が制定され注目されている。

(2) 靴

革靴のアッパーは天然皮革である(6章)。人工皮革や合成皮革でできたものはケミカルシューズとよばれる。合成皮革ではポリウレタンの経年劣化(加水分解)がしばしば起こり，保管環境にもよるが，製造後数年程度の耐久性しかない製品もある。靴底(ソール)は合成ゴムが多いが，皮革や木なども使われる。スニーカーはズックなどの織物やゴム引き布も使われる。小学校の教室上履きの白い靴や樹脂サンダルはポリ塩化ビニルが使われている。

(3) 衛生用品

ディスポーザブル(使い捨て)のサージカルマスクは，ポリプロピレンなどの不織布でできている(6章)。ゴム紐が天然ゴムの場合はゴムアレルギーも起こり得る。

浴用ナイロンタオルはナイロン編物で剛性が大きく皮膚刺激が強いため，長期間の強い擦り付けによる皮膚の色素沈着の症例が報告され続けており，気をつけたい。

紙おむつや生理用品は不織布が主体である(6章)。吸収部に高吸水性樹脂(ポリアクリル酸ナトリウム)の粉末が入っている。これはきわめて親水性の高い高分子で，水素結合で多量の水を吸着して膨潤し，高分子同士の電気的反発によってさらに膨張し，大量の水分を保持できるものである。

(4) 装身具

メガネレンズは軽量の樹脂(プラスチック)が主流ある。当初はガラスより低屈折率で厚くなりがちだったが，近年は高屈折率の薄型レンズが普及している。コンタクトレンズも樹脂(ソフト：ポリビニルピロリドン，ハード：ポリメタクリル酸が主成分)である。

アクセサリーは金属も使われるが，金属アレルギーに気をつけたい。アレルギーは一般的な毒物とは異なり，感作を有する人のみが症状を発する。チタン，金，プラチナ，銀は起こりにくいが，合金に多いニッケル，コバルト，クロムは起こりやすい。

3-2 合成樹脂製品

合成樹脂はプラスチックともよばれる。100年以上の歴史をもつ古典的なものに，硝酸セルロースからなるセルロイドやベークライトとよばれるフェノール樹脂がある。ガラス転移点以上の高温で軟化し成形後に冷却固化できる熱可塑性樹脂と，そのような性質はないが耐熱性に総じて優れ，繊維強化プラスチック(14章)にも多く使われる熱硬化性樹脂に大別できる。熱硬化性樹脂はフェノール樹脂，メラニン樹脂，尿素樹脂，エポキシ樹脂などがあり，コンセントカバーや食器などに使われる。

なお以下に挙げる樹脂は，ほぼ熱可塑性である。

(1) 汎用樹脂製品

身近にさまざまな樹脂が使われている食品包装容器を例に紹介する。食品トレーは肉を入れる白色の発泡スチロール(ポリスチレン：PS)や刺身を入れる透明の低密度ポリエチレン(LDPE)が使われる。トレーのラップは貼付性に優れる軟質ポリ塩化ビニル(PVC)と酸素や臭気物質などの気体分子が透過しにくいポリ塩化ビニリデン(PVDC)が多い。軟質の塩ビ(PVC)は塩ビレザー(6章)や消しゴムにも使われるが，樹脂中の可塑剤が滲み出して硬化する場合があり，特にドライクリーニングなどの有機溶剤付着は避けなければならない。一方，可塑剤が使われない硬質ポリ塩化ビニルは耐久性にきわめて優れ，地中パイプなどにも使われる。

レジ袋は高密度ポリエチレン(HDPE)で，俗にスーパーマーケットのナイロン袋とよばれるロール状の透明ポリ袋もナイロンではなくポリエチレンである。HDPEはLDPEよりも高分子が直鎖状で結晶化度が高いため，硬質で，その袋はシャリシャリと音がする。ペットボトルは，ポリエチレンテレフタレート(PET)で，樹脂は酸素などをわずかに透過するため，酸化で味が変わりやすいビールなどを入れるためには開発上の工夫が必要であった。ペットボトルキャップはポリプロピレン(PP)である。ポリエチレンやポリプロピレンはポリオレフィンともよばれ，ポリスチレンも含めて比重が1より小さいため水に浮く。

プリンカップはポリプロピレンやポリスチレンなどが使われる。透明のポリスチレンは衝撃で割れやすく，有機溶剤にも弱く，柑橘類の皮に含まれるオイル(リモネンなど)に触れただけでも損傷するため，ボタンなど耐久品への使用はできない。

飴の個包装はセロファンも使われる。セロファンはシート状に成形したレーヨンで，セルロースが主成分である。セロファンテープとしても使われるが，強度や耐久性，耐水性ではポリプロピレンで作られたOPPテープが勝る。

裏面が金属光沢のスナック菓子の袋は，アルミニウムなどを蒸着させた樹脂(ポリエチレンなど)で，ファッションの世界では，これをスリット状に割いたラメ糸も使われる。金色のものは金糸ともよばれ，古くに金箔を貼付けた和紙が使われたが，現在は黄色着色透明樹脂にアルミニウムなどの金属を蒸着させたものが主流である。また，樹脂と金属の多重積層フィルムはレトルトパウチになり，光や酸素を通さないので長期常温保存可能食品の容器となる。

洗濯バサミを屋外で長期間使用すると脆化するが，これは主に紫外線によって引き起こされる自動酸化によるものである。特にポリプロピレンはCH部の結合エネルギーが低いため分解されやすい。分解を遅らせるために酸化防止剤が配合されるが，よく使われるBHT（ジブチルヒドロキシトルエン）などのフェノール系酸化防止剤は，それに触れている繊維製品などを黄変させる可能性がある。フェノリック黄変とよばれるこの現象は，窒素酸化ガスの接触で引き起こされる。同様の黄変は段ボールなどに含まれるリグニンから生成するバニリン（バニラの香り）でも引き起こされる。

（2） 高機能樹脂製品

前述のポリスチレンを改良したものにABS樹脂（アクリロニトリル，ブタジエン，ポリスチレンからできた樹脂）があり，家電製品，PCの筐体やスーツケースなどに多く使われる。環境を考慮し生分解性を付与した樹脂として，デンプンから作られるポリ乳酸がある。繊維のポリ乳酸は2007年に家庭用品品質表示法における指定用語に追加されたが，耐熱性，耐久性に難点をもち，高コストも災いして普及は進んでいない。

ネイルやアクセサリーのレジンも樹脂である。近年普及している紫外線で固めるタイプはUVレジン（光硬化性樹脂）とよばれ，配合されている重合開始剤が紫外線で活性化して主成分のモノマーやオリゴマーの重合が始まり，高分子が生成して固化する。これを施す際，高エネルギーの電磁波である紫外線が眼にダメージを与えるため注意して処置すべきである。

これまでに述べた樹脂は汎用樹脂とよばれるが，近年は優れた特性を有するエンプラ（エンジニアリングプラスチックの略）やスーパーエンプラが登場している。例えば，高強度，高透明性のポリカーボネートはスーツケースの軽量化に貢献し，CDやスマートフォンの樹脂ボディにも使われる。前述のポリエチレンも通常の分子量（30万以下）より大きくなる（100万以上）と超高分子量ポリエチレンとよばれ，きわめて高い強度を有する。他にも耐熱性，耐薬品性などさまざまな特徴をもつエンプラ，スーパーエンプラがある。それらの高分子が繊維になるとスーパー繊維とよばれ，1960年代に登場した高強度のパラ系芳香族ポリアミドと耐熱性に優れるメタ系芳香族ポリアミドを皮切りに，前述の超高分子量ポリエチレン（東洋紡のイザナス）は高強度・接触冷感素材として，他に有機物で最強ともいわれ防弾チョッキにも使われるPBO繊維（東洋紡のザイロン），低温湿潤環境にも強いため宇宙と地球を結ぶエレベーターの材料としても期待されるポリアリレート繊維（クラレのベクトラン），高温下耐薬品性に優れるPPS繊維，ほぼ不燃で撥水撥油性も有するフッ素繊維など各種開発されている。長時間の高温に耐えるポリイミド繊維は空気中の窒素と酸素を分離して取り出す中空糸膜としても使われる。

炭化水素骨格ではない樹脂として，−Si−O−Si−のシロキサン結合による高分子のシリコーンがある。耐熱性，耐候性に優れたきわめて安定な高分子で，高分子鎖の置換基によってはっ水性など種々の性質を発現させられる。柔軟剤やリンスなどにも配合されている。

3-3 スポーツ

(1) ウェア

パフォーマンスを追求する競技用ウェアは，高価格の新素材も採用されやすく，まるで高機能繊維の見本市のようである。競泳用水着の素材の開発競争が世界的な物議を醸したのは2008年の北京五輪であるが，それまでも五輪のたびに改良と進化を繰り返してきた。ちなみにポリウレタンが競泳水着に採用されたのは1976年のモントリオール大会であるが，ファッション水着は，それより早く1964年以降に採用された。

20世紀末に登場したポリアクリレート系繊維はきわめて大きな水分率を有し，高い吸湿発熱効果が期待されるため，ウィンタースポーツのウェアに採用された。その後，レーヨンなどを用いた冬用肌着はヒット商品となった。加熱されると遠赤外線を放出するケイ酸ジルコニウムや赤外線を吸収して発熱する炭化ジルコニウムの発熱繊維も使われている。

(2) 自転車，用具

シティサイクルの本体は，ステンレスやスチールが多いが，スポーツタイプは軽量のアルミニウムも使われる。近年は繊維強化プラスチック(FRP)も使用され，軽量化が実現，長距離を楽に走行できるようになった。炭素繊維強化プラスチック(CFRP)は，1972年にゴルフクラブのシャフト，1974年にテニスラケットに初めて採用され，普及している。CFRPは今後，適合する熱可塑性樹脂の開発によって，自動車への本格採用が期待されている。

ゴルフボールは新素材を採用して飛距離や安定性での進化を続けている。それに対し，野球の硬球は伝統に沿って，ゴム芯にウールを巻きつけ，牛革で縫い合わせたものである。

3-4 その他

住宅ではインテリア繊維製品を13章で解説しているが，他に構造材料として木材，レンガ，石膏，コンクリート，モルタルなど多数ある。ガラスや金属も使われる。日常生活では紙も多用している。紙はセルロースを基本とするが，原料や製法によって洋紙と和紙に分けられ，さらに表面加工などで種々の性質が与えられている。他に食，医療，介護分野など，挙げられる材料に限りはない。国立科学博物館が公開している「技術の系統化調査報告」が参考になる。

4. 材料が繰り広げるドラマ

今後も新たな材料が登場するだろう。現在，大きな期待が寄せられている材料にセルロースナノファイバーがある。無尽蔵に存在するバイオマスから得られるきわめて高強度の素材であり，20年後には幅広く使われているかもしれない。一方で期待されながらも思ったような活躍ができない素材は少なくない。例えばPTT繊維はストレッチ性と高強度を兼ね備えており，2000年代初めには大いに期待されたが，現在まで当初の計画通りに普及していない。優れた材料でも高価格すぎては普及しないし，特性を活かす適切な用途の開拓が重要である。大量生産されれば価格は下がるため，PTT繊維の今後に期待したい。

残念ながら役割を終えて消えていく素材もある。シルクライク繊維として，数十年前まで合成繊維のポリオキシエチレンベンゾエート繊維（ベンゾエート），最近まで牛乳カゼインとアクリロニトリルの共重合繊維であるプロミックスが生産されていた。また，ポリ塩化ビニルとポリビニルアルコール（PVC，合成糊やビニロンに使われる）をブレンドしたポリクラールは難燃性繊維であった。いずれも他の素材との競争を繰り広げたすえ，生産を終了した。

アスベスト（石綿）のように広く使われていた素材の毒性が問題となることもある。ポリ塩化ビフェニル（PCB）は絶縁性を有するオイルで変圧器や蛍光灯の安定器に多用された。1968年のカネミ油症事件をきっかけに毒性が発覚し使用禁止となったが，世に出回ったPCBの無害化処理に長い年月と多大な労力を要することになった。

染料や加工剤などの毒性も，それを扱う友禅職人や靴職人に特有のがんが多いことなどをきっかけとして後年に明らかになり，使用禁止となったものがある。近年の世界の流れとして「発がん性の特定芳香族アミンを生成するアゾ色素の規制」のように，予防的観点から実害が明らかになる前に規制されることが多い。そのなか，危険性が心配されて一時的に使用が自粛されたが，科学的な検討によって通常の使用では問題がないとされたものに1990年代のポリ塩化ビニル（PVC）が挙げられる。ダイオキシンは，ごみ焼却場の高温燃焼では発生しにくいし，発生しやすい低温燃焼では食塩からも発生する。内分泌攪乱物質（環境ホルモン）として危険視されている可塑剤も使われていなかった。しかし，一次的な社会の不安を招き，店頭ではポリエチレン製の食品ラップの取り扱いが増えた。科学的に解決したあとも社会に残るマイナスイメージは払拭しきれておらず，本来は耐久性からPVCが適切とされるスポーツバッグなどが性能の劣る代替素材に置き換わるケースも未だ起きている。

新機能材料は発明から発展と競争を経て，生活の場に普及すれば一般的な材料として認識される。そのなかで新規用途開拓などの出世や，逆に苦難に遭遇することもある。いずれは新たに開発された新規材料に置き換わり，材料としての生涯を閉じる。

以後の章で，生活材料に親しみをもって学んでもらえれば幸いである。

1章　天然繊維

天然繊維の歴史はきわめて古い。繊維の前段階の衣服として，獣や魚，樹皮などの皮を用いたと考えられる。それが細くなれば繊維とよばれる形態になり，いずれ織り・編みの技術が見出され，機能的な布が作られるようになったのであろう。繊維は有機物であり長い年月を経て残っていないため，これらは推測の域を出ない。

こうして生まれた天然繊維は，時代が経つにつれ進化を遂げてきた。主な天然繊維を図1-1に示した。そのうち，現代のアパレル製品に用いられる汎用繊維は綿，麻，絹，毛の４種となっている。

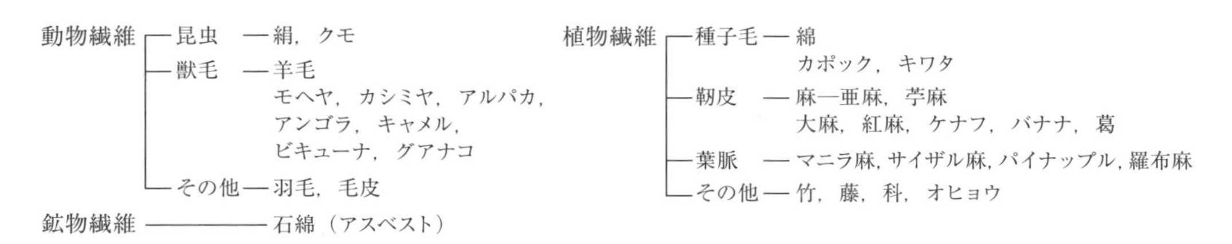

図1-1　天然繊維の種類

1．天然繊維の一般的特徴

水になじみやすい(親水性)こと，複雑な構造のため保温・はっ水などさまざまな付加性能をもつことが挙げられる。また，天然繊維に新たな機能を付与させるため後加工などの技術開発も続けられ，抗菌性・防汚性などのさまざまな特徴を備えた天然繊維が登場している。

（1）　植物繊維

綿，麻に代表される植物繊維は植物の種子を覆うワタや，茎や葉脈の繊維分(すじ)などを利用したものである。取り扱いやすく，丈夫で強いものが多い。主成分はセルロース(β-D-グルコースのポリマー)である。

（2）　動物繊維

毛，絹に代表される動物繊維は羊やヤギなどの獣の毛や，昆虫のサナギの繭の糸などを利用したものである。優れた機能性や美しい外観をもつが，取り扱いにくいものが多い。主成分はたんぱく質(アミノ酸のポリマー)である。

2．植物繊維「綿」

家庭用品品質表示法の指定用語は「綿」「コットン」「COTTON」である。一般的に木綿（もめん）ということも多いが，指定用語ではない。「綿」はかつて絹の真綿（まわた）など今とは異なるものを指していたため，本来はキ偏の「棉」のほうがふさわしいかもしれないが，これも指定用語ではない。

2-1 綿のキャラクタリゼーションと品種

アオイ科，ワタ属の植物の種子を覆う種子毛繊維である。糸を作るには，ある程度の繊維長が必要で，繊維用に栽培される綿植物は野生種を品種改良した品種である。春に播種すると夏に白い花が咲く。花はすぐに赤く色づいて枯れ，子房が膨らみ始め，2か月弱で成熟し綿毛が吹き出る。これを綿花(コットンボール)という(図1-2)。綿毛には，紡績で糸になる長い繊維のリントと，糸にはできず溶かしてレーヨンなどになる短い繊維のリンターがある(図1-3)。紡績とは単繊維を集めて引きそろえ，撚りをかけて糸にすることで，綿100%の糸でも食糧の白米のように複数品種をブレンドすることがある。また，綿にポリエステルの短繊維をブレンドすれば混紡糸ができ，綿の風合いをもちつつ速乾性に優れた素材となる。E/C混，T/C混などとよばれることもある(図1-4)。

綿植物は害虫がつきやすく多量の農薬が必要である。また雑草に対する除草剤も使われる。その削減を目指した遺伝子組み換え(GMO)技術が1996年以降実用化されている。これらは，急速に拡大し，現在はアメリカ，中国，インドの綿作を中心に世界の綿花の大半を占めるが，それに対する批判的な意見も多い。

一方で，オーガニックコットンは，禁止された化学肥料や農薬，刈取り時の枯れ葉剤を一切用いずに生産(有機栽培)し，特定の団体から認証を受けたものを指す。

認証団体や国による有機農法の基準(CODEX)の違いにより，栽培転換期間や混用率，繊維加工の使用薬品などは異なる。健康・環境意識の高まりなどから注目されているが，最終製品の品質や安全性が高まるわけではなく，生産者や生産地域の環境を保護するエシカルファッションとしての意味合いが大きい。先進国を中心に高付加価値製品などに使用されるが，量としては綿全体の0.5%(2016年)で，近年は増加していない。また，綿花の時点から茶色の茶綿，緑色の緑綿などカラードコットンの生産もされている。緑綿はクロロフィル由来の色のため，耐光性は低くベージュに褪色しやすい。

図1-2 綿花をつけた一株(初秋)

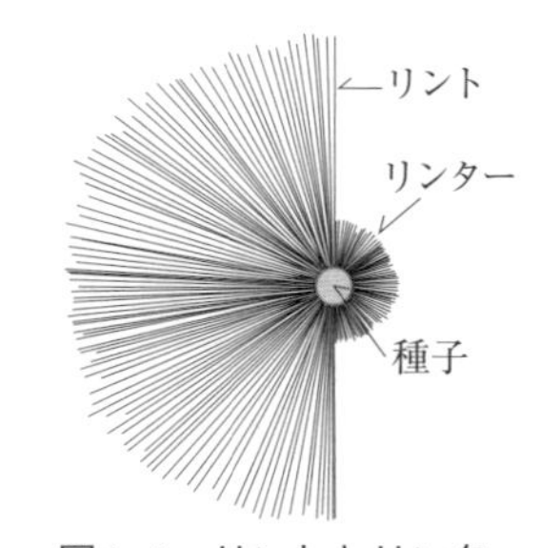

図1-3 リントとリンター

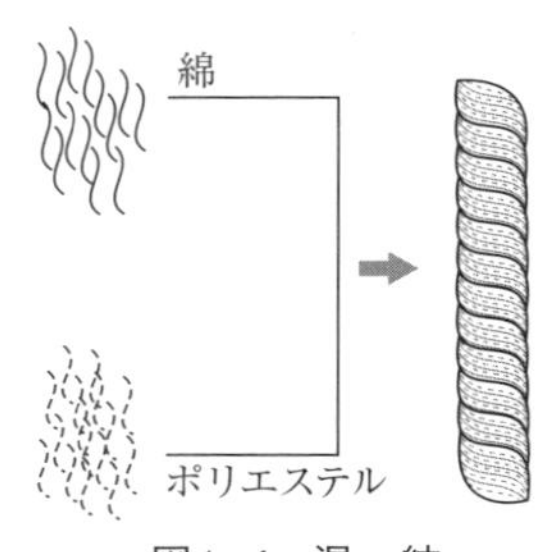

図1-4 混 紡

実用綿品種は，次の3つに大別でき，[ ]内に繊維長を示す。

(1) アップランド綿(米綿) [中繊維綿：20.6～25.4 mm，中長繊維綿：26.2～27.8 mm]

陸綿ともいう。ヒルスツムとよばれる種で，海島綿を除いた米国原産の綿の総称であり，19世紀に世界に広がった。栽培しやすく，機械紡績にも適するため，今では全世界の綿花生産量の9割を占める。長年かけて品種改良が繰り返され，多くの品種がある。品質は中級が多い。

(2) デシ綿(インド綿)［短繊維綿：20.6 mm 未満］

インド周辺を原産とするアルボレウムとよばれる種で，温暖な地域で栽培される。アジア在来種ともよばれる。また日本に古く入った品種でもあるため和綿ともよばれ，河内木綿や丹波木綿，三河木綿など各地域で栽培された。繊維は太く短いため，薄くて光沢のある布は作れないが，弾力性があり，帆布や布団わた，脱脂綿などに利用される。

(3) 長繊維綿［28.6～33.3 mm］，超長繊維綿(E. L. S，超長綿)［34.9 mm 以上］

バルバデンセとよばれる種で，繊維長が長く，細い糸が作られる。綿布も薄くしなやかなものとなり，高級綿製品となる。世界各地でさまざまなブランド名を冠して栽培されている(図1-5)。

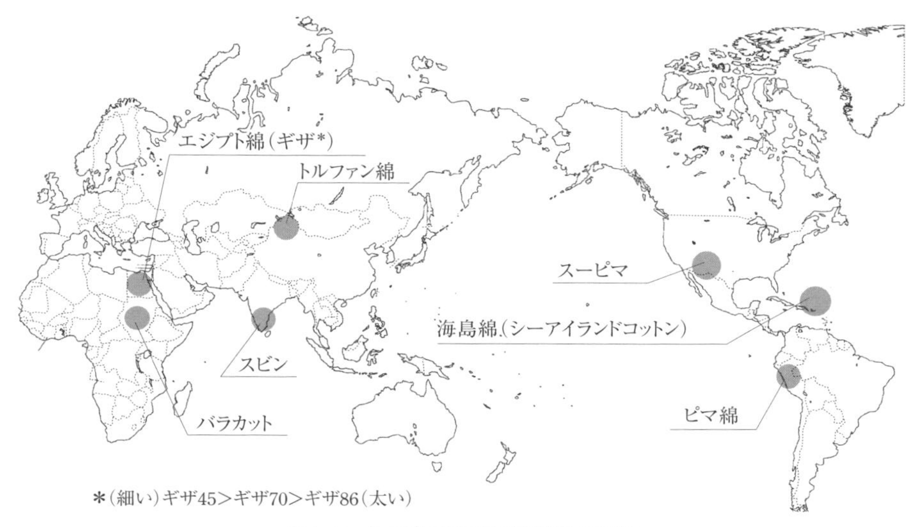

図1-5　世界各地の超長繊維綿の産地

2-2　綿の歴史と現在

インドおよび中南米では，少なくとも B.C.3000 頃には綿が栽培されていた。A.D.100 頃にはギリシャでも綿の栽培が始まった。中国には隋から唐の時代に伝わり，A.D.1000 頃には全土で栽培されるようになった。その後，栽培の地域を徐々に拡げていくが，綿が今日のように大量に用いられるようになるのは18世紀後半の産業革命以後である。

日本には，大陸から伝えられた8世紀の綿の裂(きれ)が残っている。綿の栽培は遅れ，種子は8世紀末にインド方面からの漂着船によって三河に入ったが育たず，その後も幾度となく失敗している。15世紀に栽培が可能となってからは，主に武家で使用された。江戸時代に入ると日本全国に栽培が拡がった。1867年，薩摩に島津氏が「鹿児島紡績所」というイギリスの技術を導入した近代紡績工場を建て綿業が発達した。明治時代には輸入綿花を用いた紡績業が発展し，太平洋戦争前は世界一の綿業国として，日本の発展に貢献した。

現在は世界で最も多く使われている天然繊維である。産業革命による近代紡績技術の確立以後，長らく繊維の主役の座に立っていた。2016年において，世界の全繊維に占める割合は約25％で，59％のポリエステルに次いで多い。同年の世界最大の綿花生産国はインド(650万トン)で，中国(570万トン)，米国(330万トン)，パキスタン(220万トン)と続く。インドは21世紀に入ってからの生産拡大が大きく，2008年に米国を抜き，2014年に中国を抜いた。綿紡績は中国，インド，パキスタンの順に多く，綿花の輸出高では米国が最も多い。

2-3　綿の構成成分

原綿のおよそ90％超がセルロースで，残りは不純物としてたんぱく質，ペクチン質，灰分，ろう脂質などが含まれる(図1-6)。不純物は精練*と漂白によって取り除かれるが，完全に除去されるわけではないので，製品の品質や風合いに多少の影響を及ぼす。例えば安価なタオル製品ではあえて精練を控え目にして肌触りのよい製品が作られるが，一方で吸水性は損なわれている。単繊維はセルロースが束のように集まったミクロフィブリルから構成され，表皮，一次壁，二次壁に分けられる。それぞれがよじれをもった非常に複雑な構造をしている。

図1-6　セルロース分子

＊綿の精練　強アルカリ性，界面活性剤の存在下において，高温で行う徹底した洗浄工程のこと。

2-4　綿の性質

(1)　長所，短所

単繊維は扁平円筒形で，よじれをもち，中心部にはルーメンとよぶ中空がある。これは，柔軟性，保温性，吸水性，紡績性などに繋がり，また比重(1.54)の割に重さを感じさせず，肌に密着しないため肌触りのよさもある。合成繊維と比較し熱伝導性が小さく，からだの熱を放出しにくいため，冬用のニットにも適している。また，水と水素結合する水酸基(−OH)を多数もつため大きな吸湿性をもつ。皮膚の過度の乾燥は防げる一方で，綿布が一度濡れると乾きにくく，しわもできやすいという欠点につながる。夏場の多量発汗では，こまめに着替えることが要求され，スポーツ競技の衣料には適さない。

(2)　その他の諸性質

耐熱性は大きいが，100℃を超える高温に長時間晒すと脆化し，家庭用アイロンでも高温設定では数十秒あて続けるだけで炭化する。焦げは漂白でも落とせない。プレス(アイロン)は乾燥した非膨潤状態では，繊維間水素結合も相まって難しく，霧吹きなどで湿らせ高温でかけるのがよいとされる。商業クリーニングでは濡れがけされる。プレス後は速やかに乾燥，常温に戻したい。

化学薬品への耐性において，酸性には弱く，濃塩酸に溶け，塩酸蒸気に数時間曝すだけでも脆化する。一方，アルカリ性には強く，水酸化ナトリウム水溶液にも耐え，綿の精練やシルケット加工(マーセライズ)でも用いられる。綿，絹，毛の耐酸，耐アルカリをまとめると表1-1に示す対称な構図となる。

表1-1　天然繊維の耐酸性・アルカリ性

耐酸性	耐アルカリ性
強　毛＞絹＞綿　弱	強　綿＞＞絹＞毛　弱

漂白剤は，酸化漂白剤の酸素系・塩素系，還

元漂白剤ともに常温の薄い液であれば損傷を受けない。ただし，酸素系漂白剤が金属の触媒作用によって過剰にはたらけば損傷を受ける。また，塩素系漂白剤では，セルロースが過度に酸化されてカルボニル基を経てカルボキシ基が生成する。この変化は高温の倉庫内などの劣悪環境での長期保管でも生じ，表1-2の方法で確認できる。よく燃え，炎を離しても燃え続ける(自燃性)。綿ネルなどの毛羽のある製品は表面フラッシュや着衣着火も生じやすいため高齢者用衣服の袖元などの使用には注意を要する。

表1-2　セルロースの酸化を検出する試験[1)]

ハリソン試験	ターンブルブルー試験
銀鏡反応である。すなわち繊維にアンモニア性硝酸銀水溶液を作用させると，還元性を有するアルデヒド基が存在すれば銀メッキが生じる	繊維の陰イオン部分に鉄(Ⅱ)イオン(Fe^{2+})を吸着させた後，ヘキサシアノ鉄(Ⅲ)酸カリウム水溶液($K_3[Fe(CN)_6]$)を作用させ，青色を呈すればカルボキシ基の存在を示す。繊維の劣化を促進する鉄の検出反応にもなる

2-5　綿に対する仕上げ・加工

①　仕上げ

防縮のサンフォライズ仕上げ，光沢付与のカレンダー仕上げ，毛羽除去の毛焼き，綿ネルなどの起毛が行われる。

②　シルケット加工(マーセル化，マーセライズ)

1844年に発見された古典的な加工で，綿を20%程度の水酸化ナトリウム水溶液に浸漬し，張力を加えると，強度，光沢，染色性，風合いが向上する(図1-7)。安価な加工で，実施頻度も高い。

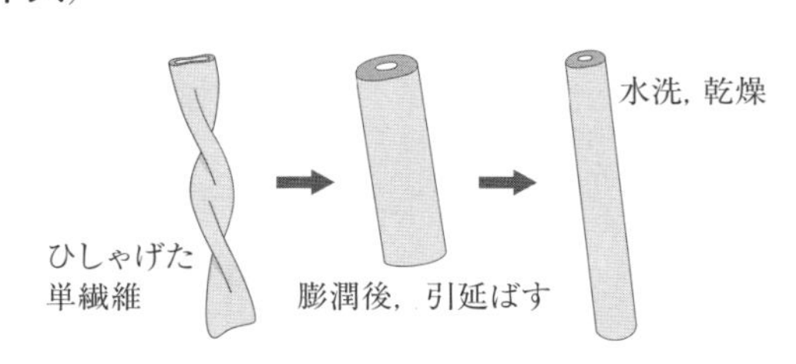

図1-7　シルケット加工

③　液安加工

沸点－33℃以下の液体アンモニアはセルロースを膨潤させる作用をもち，シルケット加工に似た効果を得ることができる。シルケット加工よりも仕上がりの風合いがよく，形態安定性に優れている。

④　擬麻加工

低温でシルケット加工を施せば，綿に亜麻のようなシャリ感を与える。

⑤　カチオン化処理

セルロースに第4級アンモニウム塩を共有結合させてカチオン性を付与し，天然染料などのイオン性染料の染着を大幅に改善させるものである。

3.　植物繊維「麻」

麻は数種類の植物繊維の総称で，亜麻，苧麻(ちょま)，大麻，黄麻の4つが基本である。家庭用品品質表示法では，亜麻と苧麻のみ指定用語があり「麻」，「亜麻」=「リネン」，「苧麻」=「ラミー」である。大麻と黄麻に指定用語はなく，「植物繊維(大麻)」などの表記となる。

3-1　麻のキャラクタリゼーションと品種

双子葉植物の茎の維管束にある靭皮(じんぴ)部という場所から取れる繊維を靭皮繊維という。また，葉の葉脈の維管束から同様に採取した繊維を葉脈繊維という。それらを総称して麻といい，さまざまな植物がある。亜麻や苧麻などの主要な麻は靭皮繊維である。

図1-8　亜　麻

（1）　靭皮繊維

①　亜麻，リネン

亜麻科，草丈1.2～1.5 m。ヨーロッパやロシアなど北方の比較的寒冷な地域で栽培される(図1-8)。主に衣料用に使われ，綿よりも硬いが，毛羽が少ないため皮膚との接触面積が大きく，冷感が得られるため，夏の衣料に適する。日本で最も主要な麻繊維である。ニットにも使える。

②　苧麻，カラムシ*，ラミー

イラクサ科，草丈2.0～2.5m。中国やインドを主産地とする。苧麻とラミーの性質および外見は類似しているが，苧麻は葉の裏面に短い白毛が密生している。繊維長～250 mm と大変長く，機械紡績にも適する。植物繊維の中で，引張強力や耐熱性が最強である。精練・漂白した繊維は絹様の光沢のため絹麻とよばれることもある。夏の衣料として古くから用いられたが，亜麻よりも硬く刺激が強いため皮膚に直接触れるような製品には不向きである。

＊日本各地に雑草として生えるカラムシから糸をとる方法は，カラムシの茎のみを使い，まず茎の表皮を剥いで除いた後，数時間水に浸しておく。その後，表面の茶色い甘皮をそぎ落として除き，残った茎(青苧(あおそ))を乾燥させ，細かく裂く。

③　大麻，ヘンプ

桑科，草丈3 m。繊維は硬く強く，伸度は小さい。硬い繊維で衣料用には適しているといえず，植物から繊維を取り出す工程も大変で，機械化も現状では困難である。日本ではかつて普通に自生し，庶民にとって最も馴染み深い繊維の一つで，麻といえば大麻のことを指した。今では神社の注連縄(しめなわ)やバッグなど雑貨に用いられるが，大麻草は麻薬となり得るので無断で栽培できない。国内では許可を得た地域で少量のみ栽培されている。

④　黄麻，ジュート

シナノキ科。インドやバングラデシュなどで生産されている。亜麻や大麻に比べて強度が弱く，耐久性も低く，摩擦にも弱い。色も茶色であり，漂白によって白くすることも難しい。衣料用としては，ほとんど用いられず梱包用紐や袋，敷物などに用いられる。

（2）　葉脈繊維

①　マニラ麻，アバカ

芭蕉科。19～20世紀のフィリピンの繊維産業の中核をなすものであった。繊維は粗く，硬く，強く，ロープや袋，帽子，小物などに用いられる。

②　サイザル麻

中南米やアフリカなどで栽培されている。マニラ麻に近い性能をもつが，色は薄く，白に近い。水中使用にも耐えるためロープなどによく使われる。

3-2 麻の歴史と現在

麻植物は世界各地に自生し，綿や絹よりも古くから使われた。現存する世界最古の繊維はジョージアの洞窟から発見された，およそ3万年前の亜麻である。当初，西洋では亜麻，東洋では苧麻と大麻を中心に発展した。その後，いずれの麻も世界に伝播したが，18世紀に綿紡績技術が革新的な進化を遂げると，麻の利用は減少した。日本でも縄文土器には縄や敷物の痕跡が残っている。江戸時代までは，大麻やカラムシから糸をとって作った衣服が庶民の普段着として利用された。現在の日本ではカラムシは雑草としてよくみられるが，大麻は戦後すぐに制定された，大麻取締法により根絶やしにされた。

日本では，室町時代以降，「上布」とよばれる苧麻や大麻による夏物高級織物が作られた。越後上布（小千谷縮），宮古上布，近江上布（高宮布）などが現代に伝承されている。

麻は生産量が少ないながらも，その個性を活かし，存在感を示している。

表1-3に世界の麻生産量を示した。なお，苧麻は中国が世界計（112千トン）の95%以上を生産している。

表1-3　麻の生産量（2014）[2]　（単位：千トン）

種　類	世界計	1位		2位		3位		4位	
亜　麻	320	フランス	74	ベルギー	73	ベラルーシ	48	中　国	47
大　麻	66	中　国	20	北朝鮮	14	オランダ	13	チ　リ	4
ジュート類	3,393	インド	1,968	バングラデシュ	1,349	中　国	30	ウズベキスタン	20
サイザル	248	ブラジル	138	タンザニア	30	ケニア	22	マダガスカル	18

3-3 麻の構成成分

綿と同様にセルロースを主成分とするが，その割合は綿より低い。複合多糖類のペクチンやペントザン（ヘミセルロース），フェノール性高分子のリグニンなど不純物が多く含まれる。不純物のうち水溶性のペクチンなどは精練（苧麻では蒸解）と漂白によって除かれるが，不溶性のリグニンは残存する。リグニンが多くなるほど硬く，粗い風合いとなり，少ないほうから亜麻，苧麻（ともにペクトセルロース），大麻（リグノ，ペクトセルロース），黄麻（リグノセルロース）の順である。すなわち，亜麻が最も綿に似た柔らかい風合いとなる。

3-4 麻の性質

（1） 長所，短所

綿よりも強く，綿と同様に湿潤状態ではミクロフィブリルにかかる荷重が分散されやすくなるため強度が増す。綱引きや祭事の綱，上布の糸作り（苧績み（おうみ））では繊維が切れないよう水で濡らす。また，結晶領域が多く，分子の配向度が高いため，綿よりも伸びにくく，硬く，しわになりやすい。そのためナチュラルな，しわを売りとした商品が企画されることが多い。単繊維が平滑でよじれが少ないため，光沢をもち，適度な空隙を保ちつつ皮膚に触れるため冷感が得やすい。綿よりは乾きやすく気化熱の冷却作用が期待でき，夏の衣料に適する。

（2） その他の諸性質

基本的に綿に近いが，薬品などに対して綿よりも弱い。塩素系の漂白剤にもやや弱く，越後上布の雪晒しなど，伝統工芸では天日晒しも行われる。耐酸，耐アルカリ性も綿よりやや劣る。

4．その他の植物繊維

上記以外にも人類の歴史のなかで繊維として使われた植物は多い。また，地球環境・資源問題対策として，これまで繊維には使わなかった植物から繊維を得ようとする動きが20世紀末の日本を中心に活発となった。

4-1 古代日本の繊維

古代日本では「木綿」は「もめん」ではなく「ゆう」と読み，楮(こうぞ)や藤の蔓(つる)などの繊維を指した。その布は太布(たふ)などとよばれた。楮による太布は徳島県の木頭に，藤は京丹後に伝承されている。葛(くず)の蔓から得た葛布(くずふ)は静岡県の掛川周辺に残る。樹高数mに達するシナノキの幹を剥いだ皮からは科布が作られ，山形県や新潟県の一部に残る。アイヌはオヒョウという高木の樹皮からアットゥシという織物を作った。沖縄では琉球王国時代からイトバショウの葉脈を用いた芭蕉布や竜舌蘭(りゅうぜつらん)の葉脈繊維を用いた桐板(トンビャン)が作られた。

4-2 世界で使われたその他の植物繊維

① ケナフ（洋麻）

ジュートに近い繊維が得られる。きわめて成長がはやく，日本でも一時環境面から注目されたが外来種のため安易な栽培には注意を要する。

② カポック（パンヤ）

熱帯に生息する高木の実（10～30 cm）の中の白いワタを用いた繊維，大きな中空をもつため，軽く，保温性が高い。ワタとして救命胴衣などにも適する。

③ キワタ

アジア原産の高木の実の種子毛を使ったワタである。パンヤと混同されやすい。

④ ラフィア

アフリカ原産のラフィアヤシの葉脈繊維である。

セルロースナノファイバー

綿の単繊維は12～28 μmで極細繊維ではないが，パルプなどを徹底的に微細化するとセルロースミクロフィブリルからなる4～100 nm程度の超極細繊維が得られる。これをセルロースナノファイバー（CNF）という。軽くて強く，自然界に無限に存在する資源として繊維強化プラスチック（FRP）用途などに期待され，本格的な実用化にむけた研究が進められている。

⑤　羅布麻(ロープーマ)

中国内陸部に自生する植物で，漢方，茶にも使われる。

4-3　現代新規開発，または復興された植物繊維

①　バナナ繊維

食用バナナを収穫した後の廃棄される幹を繊維として利用する。数百年以上の歴史をもつが，再注目されている。繊維長が短いため，主に綿との混紡で糸になる。

②　パイナップル繊維(ピーニャ)

フィリピンの非食用パイナップルの葉から得る葉脈繊維である。かつては台湾や海南島でも生産された。

③　竹繊維

竹は繁殖力が高く，再生可能な天然資源で，放置されて荒れ放題の竹林の対策にもなる。抗菌性の期待ももたれるが，再生繊維型(表1-4)には，ほぼないとされている。

表1-4　竹繊維の分類

呼開織紡績型	再生繊維型(バンブーレーヨン)
竹を砕いて繊維にし，紡績する。繊維長が短く100%の糸は困難で，綿や合成繊維と混紡される	砕いた竹をビスコース法で溶かしノズルから紡出する。100%の糸が得られる。分類上はレーヨンである

④　その他

月桃(サンニン)，い草，ラベンダーなども繊維化されている。

5. 動物繊維「絹」

指定用語は「絹」「シルク」「SILK」である。

5-1　絹のキャラクタリゼーションと品種

蚕蛾の蛹の繭から得られる繊維である。ほとんどが飼育した蚕(家蚕)で，より白く大きい繭を得るための品種改良が繰り返され，人の指先ほどの大きさの成虫は羽をもつが飛べない。元々は桑の葉しか食べないが，近年は人工飼料も開発されている。一つの繭(0.4 g)から得られる生糸は1本が連続して繋がっており，1,000～1,500 m の長さがある(図1-9)。天然繊維では唯一の長繊維(フィラメント)が得られ，毛羽のない絹糸による優美な光沢が特徴である。成虫が孵化して繭に穴を空けてしまった屑繭からは長繊維の生糸が得られないため，通常は蛹の状態で蚕を殺す。屑繭からも真綿や，短繊維を紡績した絹紡糸を使って富士絹などの織物が作られる。家蚕の品種も多数あるが，現在はほとんどが一代雑種の繭が生産され，「錦秋 × 鐘和」などの品種明記になる。固定種の小石丸は皇后陛下の御養蚕で知られる。

野蚕は山野に生息する野生種で，日本ではヤママユガが有名である。白色のサクサン(柞蚕，タッサーシルク，ニット用)やエリサン(真綿や絹紡糸の原料)などは東南アジアなどに生息し，

図1-9　繭を作る蚕

図1-10　天蚕用クヌギ畑

野良着などの実用衣料にも使われる。天蚕とよばれる野蚕は幼虫にカシやクヌギ畑(図1-10)の葉を食べさせる。緑色の繭を作り，その色を活かした製品が多いが，耐光性はよくない。日本では，長野県安曇野などで生産される高価な繊維である。

近年は遺伝子組み換え蚕の研究も日本を中心に進められており，オワンクラゲの緑色蛍光を発するたんぱく質を生成する遺伝子を導入した蚕から光る絹が試作されている。

5-2　絹の歴史と現在

蚕は中国やインドが原産である。中国にて約4,500年前に五帝の一人，黄帝の妃である西陵が野蚕の繭から絹糸がとれることを偶然に発見したという記述がある。蚕の原種はクワコであり，この頃から品種改良の歴史が始まった。中国では古くから織機が作られ，養蚕も行われたが，これらの技術は国外秘とされ，絹織物だけがヨーロッパに輸出された。この交易路がシルクロードである。絹は金と同じ価値で取引されたという。

中国の専有技術であった養蚕がヨーロッパに伝来したのはA.D.550頃，ペルシャの僧が杖の中に隠して蚕の卵を持ち出し皇帝に献上したという。コンスタンティノープルから絹産業が興り広まった。ただ，養蚕の生産効率は低く，絹織物は中世まで上層階級のものだった。18世紀の産業革命を経て効率が向上し，庶民も手にできるようになった。日本には渡来人によってB.C.200頃に養蚕が入ってきたが，江戸時代まで庶民は屑繭から作った真綿や紬などしか所有できなかった。明治以降は一般にも拡がり，御召，銘仙など，絹の着物が多数生産された。19世紀後半，欧州では蚕の伝染病により絹が壊滅状態となったが，当時の日本は高品質な絹を生産していたため，横浜や神戸などの港から大量に輸出された。明治末期から昭和初期にかけては日本が世界一の生糸供給国となり，外貨の獲得と日本の発展に大いに貢献した。

家蚕生糸生産量(2015)は中国が圧倒的に多く122千トン，ついでインド20.5千トン，ウズベキスタン1.2千トン，タイ698トン，ブラジル463トンと続く。日本はかつて1930年頃に44千トンを生産していたが，2017年においてはわずか20トン，養蚕農家数も338戸(2015年)まで落ち込んでいる[3)]。

5-3　絹の構成成分

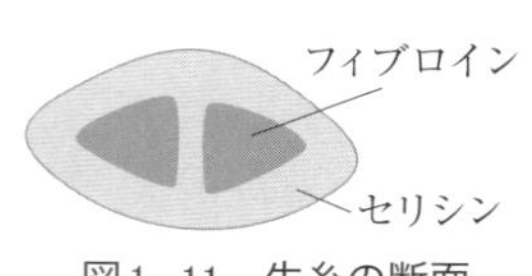

図1-11　生糸の断面

生糸は，たんぱく質であるフィブロインとセリシンが主成分でおよそ97%を占める(図1-11)。その他，微量のろう脂質，無機質も含む。

(1) フィブロイン

生糸の70～80%を占め，精練後の絹糸の主成分である。アミノ酸組成はグリシン41%，アラニン29%の無極性アミノ酸が多く，次いでセリン13%，チロシン11%，バリン3%と続く[4)]。セリシンと比べ，イオン性は弱い。

(2) セリシン

生糸の15～25%を占める水溶性タンパク質で，フィブロインを覆い固めている。水溶性たんぱく質で，これを弱アルカリ(せっけん)や酵素，高圧高温水(セリシンの化粧品などへの再利用が可能なため近年多い)などで溶解して取り除くことが精練である。アミノ酸組成は，セリン27%，アスパラギン酸(酸性アミノ酸)17%，グリシン9%，スレオニン7%，グルタミン酸(酸性アミノ酸)7%，アルギニン(塩基性アミノ酸)6%と続く。側鎖のイオン性が強いためイオン性染料で染まりやすいが，セリシンとともに脱落する褪色も起こりやすい。また，セリシンは一様ではなく，水溶性の程度により3段階に区分され，難溶性のセリシンも10～20%含まれる。繭を熱湯につけるとセリシンが軟化し，1本の長い繊維を巻き取ることができる。この工程を製糸，得られた糸を生糸という。その後，精練した絹を練(ね)り絹という。十分にセリシンを落としたものが本練りで，糸の状態で精練する先練りと製織して織物にしてから精練する後練りがある(表1-5)。セリシンをある程度残存させた半練り(3, 5, 7分練りなど)もある。セリシンの残存具合は，精練前後の重量割合である練減率でも表せる。セリシンが存在すれば黄変しにくく，摩擦にも強くなるが，かたく，しわになりやすく，光沢も弱くなる。日本では江戸時代以前は精練をしない生絹(きぎぬ)が一般的であった。

表1-5　精練方法による絹織物の分類

先練織物	後練織物	生絹織物
タフタ，ファイユ，グログラン，御召，銘仙，甲斐絹，博多織	羽二重，塩瀬，縮緬，シャンタン，シフォン	オーガンジー

5-4　絹の性質

(1) 長所，短所

精練でセリシンを取り除くと三角形断面をしたフィブロインが表面に現れ，優雅な光沢と手触り，きゅっという絹鳴り(絹繊維同士がこすれて発せられる特有の音。きぬずれとは別もの)が生じ好まれる。光沢は三角形断面以外にフィブロインを構成するミクロフィブリル1本1本が引き起こす光の屈折・反射も関係する(図1-12)。

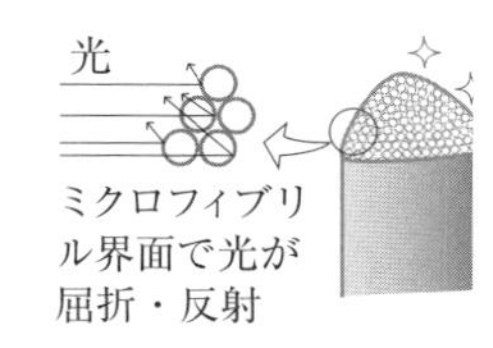

図1-12　優美な光沢の発現

(2) その他の諸性質

耐熱性は乾燥状態では羊毛よりも強いが，湿潤状態では残存セリシンの脱落などによりフィブリル化や収縮，風合いの変化が生じやすくなる。アイロンは乾燥させた状態での中温以下が望ましく，また過度の摩擦を避けるため，あて布の使用が望まれる。フィブリル化とは，フィブロインを構成するミクロフィブリルが裂けてしまうことで，髪の毛の枝毛のように，光沢や滑らかさが失われる(図1-13)。程度が酷く，毛羽立ち，ピリングができたものはラウジネス現象とよばれる。業界ではすれともいう。アルカリ性に弱く，かつて洗濯に使われたセスキ炭酸塩程度でも脆化しフィブリル化も生じやすい。アルカリ性洗剤の使用は避けるべきである。一方で繊維の強度は弱そうに思われがちだが，綿と同程度はある。濡れると強度が低下する。

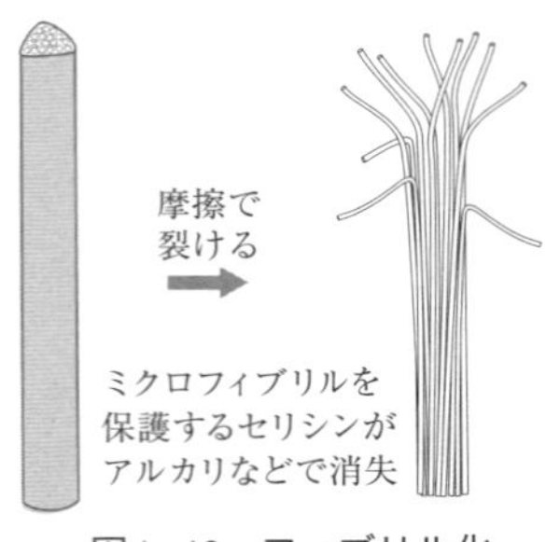

図1-13　フィブリル化

日光(紫外線)の影響で黄変，脆化するが，黄変の原因となるチロシンを多く含むため毛よりも黄変は生じやすい。黄変したものを元に戻すことはできない。暗所保管でも水分や香料などが影響し黄変が生じる。カビに対する耐性も大きくはなく，虫害も毛よりは少ないながらも受けるので保管に注意を要する。また，塩素系酸化漂白剤に対し弱く，黄変，脆化するため，漂白は，酸素系酸化漂白か還元漂白が適する。ただし，市販の過炭酸ナトリウムを基剤とする酸素系漂白剤は，弱アルカリ性であるため，絹や毛は使用不可とされている。

5-5　絹に対する仕上げ・加工

(1)　増量加工

絹は種々の物質を吸着する。スズやタンニンによる増量処理は風合いをよくし，強度も増し，防しわ性も与えるなどの利点がある一方で，黄変，脆化などが促進される。かつてネクタイ地などに非常に多く行われていたが，近年はあまり行われなくなっている。

(2)　塩縮加工

塩化カルシウムなど中性塩濃厚溶液に浸漬し，織物を収縮させてしぼを付与する。

(3)　その他

はっ水・撥油加工や防縮加工などによって水洗可能な絹織物も開発されている。

6.　動物繊維「羊毛」

指定用語は「毛」「羊毛」「ウール」「WOOL」である。

6-1　羊毛のキャラクタリゼーションと品種

羊(毛羊種)の毛を刈り取って得た繊維である。通常は年1回，春に1枚の毛皮状に連なったフリースを刈り取る。これを原毛という。原毛は油脂や土，植物質などを20%以上も含むため，洗浄し，整えてから紡績する。羊1頭から1回の毛刈りで2～3kg(洗毛後)が得られ，紳士スーツおよそ2着分に相当する。

羊は古くから家畜とされた動物だが元々は褐色や黒色の毛をもち，白い毛を得るため長年品種改良が重ねられてきた。品種は多いが，スペイン原産のメリノ種が千年以上もの長きにわたり良質だとされ，今もオーストラリア産の主力品種である。ニュージーランドは山岳地帯が多いため丈夫なコリデール種(図1-14)が主で，メリノ種よりもクリンプが大きくニット向きである。英国種は多種あるが，いずれも剛毛でツイードなどに向く。

図1-14　コリデール種

6-2　羊毛の歴史と現在

羊毛の起源は古く，B.C.3000頃から織物の痕跡が複数発見されているが，実際はさらに太古から用いられていたと推測される。羊はヨーロッパや中央アジアなど，気候が飼育に適している地域では家畜として飼われてきた。毛織物やその技術はシルクロードを通って東洋にも伝わり，文化の融合により独自の発展を遂げ，正倉院にも花氈(かせん)というフェルト敷物などがある。このように日本にも唐から入ってきたが，衣服としては拡がらず，安土桃山時代に南蛮から羅紗などの毛織物が入ってきてから陣羽織などに用いられるようになった。日本は多雨のため羊の飼育には適さず，明治に入るまで成功しなかった。

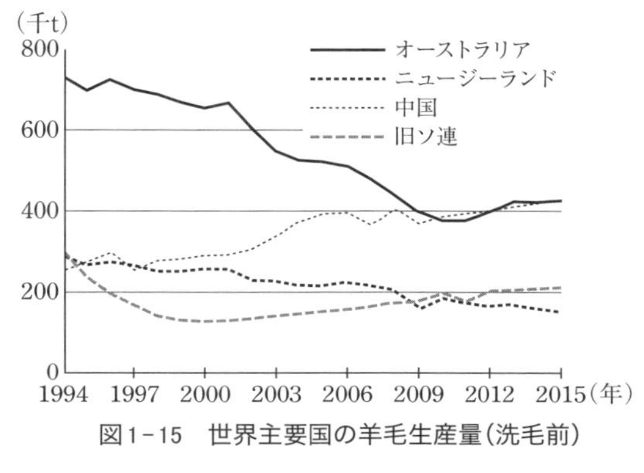

図1-15　世界主要国の羊毛生産量(洗毛前)

かつて多数を生産していたオーストラリアやニュージーランドは価格の高い，ラム肉用途への移行が進み，生産を大きく減らしているが，全世界合計は20年間ほぼ横ばいである(図1-15)。日本の毛織物生産は盛んだが原毛は，ほぼ輸入に頼り，相手国は中国30%，ニュージーランド17%，マレーシア14%，オーストラリア13%である。

6-3　羊毛の構成成分

たんぱく質のケラチン*が主成分で，組成はイオン性のアミノ酸も多く，含硫アミノ酸のシスチンも10%程度含む。品種によっても多少異なるが，人毛に近い組成である。繊維が細いほど高品質とされ，繊度19.5 μm以下をスーパーファインウール，21 μm以下をファインウール，それ以上をストロングウール，コースウール，ブロードウールなどとよぶ。

*ケラチンは角，爪，毛髪，羽毛，羊毛などを構成するたんぱく質の総称である。たんぱく質分解酵素の作用を受けにくく人間など動物が食べてもほぼ消化されない。含硫アミノ酸のシスチンが多く，たんぱく質同士が硫黄同士の強固なシスチン結合を形成しているためである。

6-4　羊毛の性質

①　フェルト化

羊毛には表皮(キューティクル)と皮質(コルテックス)がある。表皮の大部分は鱗片(スケール)とよばれるもので，毛の生え際から先端に向かってたけのこの皮と同じ方向に魚の鱗状に重なっている。これが原因となってフェルト化*が生じる(図1-16)。羊毛が洗濯で収縮する主な原因で，収縮した羊毛は完全な修復はできない。この性質を積極的に活用した加工がフェルト化(縮絨（しゅくじゅう）)によるミルド仕上げで，毛ならではのものである。

*フェルト化とは，羊毛のトップ(単繊維の束)を洗剤で湿らせ力をかけることで，1枚の不織布になる。これがフェルトで，手工芸でも行われる。毛の種類によってフェルト化のしやすさは異なる。

② はっ水性と吸湿性

表皮の最外層(エピキューティクル)は18-メチルエイコサン酸という疎水性の物質で覆われている。そのため，水蒸気は繊維内部に通して吸湿するが，液体の水ははじく。また，水をいくらか含むとスケールが開き，吸水性も表れる(図1-17)。

③ 捲　縮

羊毛(特にメリノ種)の皮質はバイラテラル構造をとり，オルソコルテックス(吸湿性大・染色性良)とパラコルテックス(吸湿性小・染色性悪)の2種類の成分からできており，二相(バイラテラル)構造をしている(図1-18)。それぞれ細胞の成長具合が異なるため特有の縮れ(捲縮（けんしゅく），クリンプ)をもち，吸湿するとさらに縮れが強くなる。

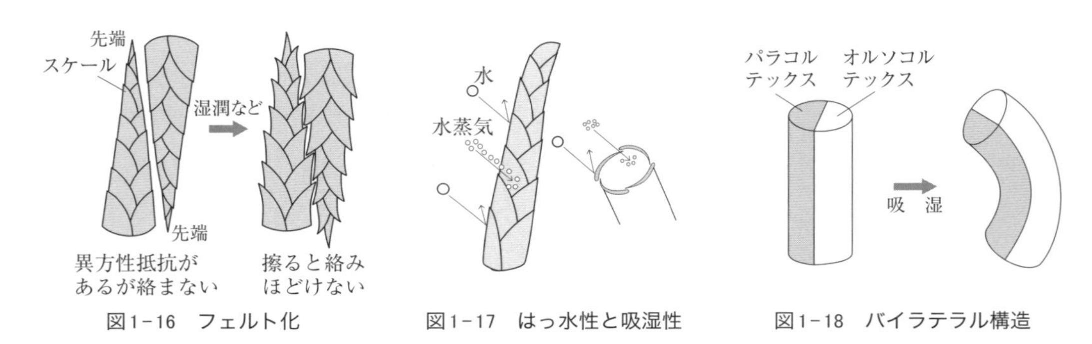

図1-16　フェルト化　　図1-17　はっ水性と吸湿性　　図1-18　バイラテラル構造

④ 消臭性

大きな比表面積をもつうえ，たんぱく質側鎖にイオン性官能基が多く，またシスチン残基が酸化還元作用を有するため，種々の臭気物質を除去する消臭作用をもつ。

⑤ 難燃性

水分率が高く，燃焼に寄与しない窒素元素含有率も高いため，主要天然繊維のなかでは最も燃えにくい繊維である。LOI値はこの数値以上の酸素濃度(%)において燃焼し続けることを示すが，羊毛は23.8である。ザプロ加工を施せば，さらに高い難燃性が得られる。

⑥ しわがつきにくい

綿は濡れると分子間水素結合が再構成，また膨潤が生じてしわになるが，羊毛は分子間がシスチン結合で結ばれていて元の形へ復元しやすく，しわがつきにくい。

⑦ 染色性に優れる

絹よりもイオン性側鎖が多いため，イオン性染料が染まりやすい。天然染料でも絹より濃色に染まるが，紅花など低温染色を要求する染料は染まりにくい。

⑧ ハイグラルエクスパンション(HE)

吸放湿によって可逆的に伸縮する特性をいう。例えば，雨の日にスーツの背中部分が波打つ。

⑨ その他

毛は難燃性だが熱には強くはなく中温アイロンでも焦げやすいため，スチームを活用するとよい。化学的性質では，酸に対して綿や絹よりも強いが，pH2程度で長時間煮沸すると脆化する。一方，アルカリ性に対しては全繊維中で最も弱く，弱アルカリ性でも脆化，収縮する。

6-5 毛に対する仕上げ・加工

① クリア仕上げ

上述のミルド仕上げとは対照的にフェルト化させず，表面の毛羽も除去して織り目が表からもはっきりと見える毛織物で，夏用スーツは全てこれである。

② シロセット加工

耐久性のある折り目やプリーツをつける。繊維分子間のシスチン結合をチオグリコール酸などの還元剤で切断，折り目を与えた後に酸化剤を用いて再結合して得られる。この加工法をシロセット加工という(図1-19)。人間の頭髪で行ったものがパーマネントウェーブ*である。

*セットに巻いた髪に還元剤をかけて，このシスチン結合を切断し，ロットの形に分子がずれたら，酸化剤をかけて再生させ，ウェーブを固定する。

③ 防縮加工

毛の取扱いはドライクリーニングが基本で，ニットでは中性洗剤で手洗い(弱い押し洗い)も可能である。型崩れしやすいスーツ等は水洗い困難であったが，近年は防縮加工と形態安定加工によって水洗濯可能となったウォッシャブルウールが登場している。防縮加工はスケールをプラズマ処理やコロナ放電，塩素系の薬品などで除いたり，樹脂で覆ったりして，毛特有のフェルト収縮を生じなくさせる。それでもアルカリ性洗剤は使用不可である。

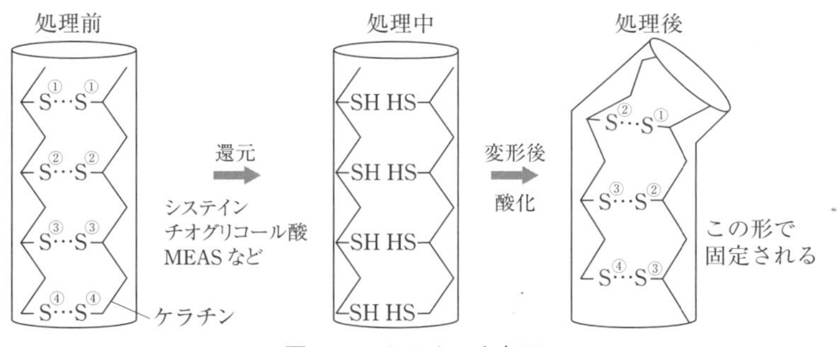

図1-19 シロセット加工

7. 動物繊維，その他の獣毛

(1) カシミヤ

指定用語は「カシミヤ」，「毛」である。

カシミヤ山羊のうぶ毛で，羊毛よりも細く柔らかい。中国北方の内モンゴル自治区や外蒙古，中央アジア諸国の山岳地帯で飼育される。1頭から採れる毛の量は年200gほど(羊毛の10～20分の1程度)で高価になる。近年は世界的に虚偽表示が問題に挙げられるが，羊毛との見分けは容易ではなく，DNA鑑定も行われる。生成りの色は白，灰，紫，黄褐色などさまざまある。

（2） モヘヤ（モヘア，アンゴラウール）

指定用語は「モヘヤ」，「毛」である。

南アフリカ，トルコ，アメリカ大陸などで生産されるアンゴラ山羊の毛である。非常に繊細な動物で，飼育・管理が大変だという。繊維は羊毛より太いが，縮れが少なく，白く優美な光沢が長所である。太く，皮膚刺激が強いためニットなど肌に直接触れる製品には使いにくい。若いほど細くて良質な毛（ヤングゴート）が採れ，特に，キッドモヘヤとよぶ生後半年の子ヤギの初めて刈り取られる毛が最高級品である。

（3） アンゴラ

指定用語は「毛」，「アンゴラ」である。

アンゴラウサギの毛である。太平洋戦争前の日本では毛と食肉用に飼育が広く奨励され世界一の生産量だったが，現在はほとんどが中国産である。通常のウサギと違って毛が羊のように長く伸び続ける。繊維は美しいが，直毛のため抜け落ちやすい。

（4） らくだ（キャメル）

指定用語は「らくだ」，「キャメル」，「毛」である。

中国やモンゴルの砂漠地帯にいる双こぶラクダで，毛刈りをするのではなく，自然に落ちた毛を集めて利用する。茶色をしており脱色して染めることは難しく，生産量も少ない。

（5） その他の獣毛

以下，①～③はいずれも南米，アンデス山脈の高地に生息するラクダ科の動物である。

指定用語はアルパカ「毛」，「アルパカ」，その他は「毛」，「毛（動物名や商標等）」である。

① アルパカ

家畜として放牧されている。近年は動物自体も日本で有名になっている。

② ビキューナ

家畜化できない野生種である。最も高価な獣毛繊維で，日本国内でコートが300万円などで売られている。アンデスのキング，神の繊維などといわれる。一時，密猟の乱獲で減少し，現在はワシントン条約により保護され，毛刈りも神事として行われている。

③ グアナコ

家畜化できない野生種である。アンデスのクィーンとよばれる高級繊維である。ビキューナよりは低価格だがブランケット1枚が200万円などである。

8. その他の天然繊維

8-1 羽 毛

アヒルなど水鳥の羽毛は綿のような「ダウン」と赤い羽根募金のような羽の形の「フェザー」に分けられる。ダウンは直径1～2cmほどの球形のダウンボールで存在する。フェザーは大きく軸も硬いラージフェザーと，全長6.5cm以下のスモールフェザーに分けられる。

ダウンジャケットなどの羽毛製品にダウンとスモールフェザーを混ぜると，適度な嵩高さや弾性が得られる。

8-2　クモの糸，スパイダーシルク

クモが上から垂れ下がるときに使う牽引糸は，強度，伸度，耐熱性などの物理的性質に優れ，大変高性能な糸や布を得ることが期待できる。しかし，クモは肉食で共食いするため蚕のような大量飼育は困難で，また餌が与えられる飼育環境ではクモの巣を作らないため，家畜化して糸を集めることは不可能であった。

近年，蚕にクモの糸の遺伝子を導入し蚕が吐く糸をクモの糸の性質に近づけた繊維や，微生物(大腸菌，酵母など)に組換えDNA技術でクモの糸のたんぱく質を産生させた後に紡糸する微生物産生繊維の技術で作られた繊維があり，注目されている。スズメバチの幼虫が吐く機能性の高い糸もホーネットシルクとして研究が進められている。

8-3　鉱物繊維

天然の鉱物繊維として地中の岩石に含まれる繊維状結晶を利用した石綿(アスベスト)がある。日本を含む世界各地で産出し，数千年の歴史がある。日本でも江戸後期から用いられた。

長所…不燃。高い耐熱性。軽い。保温性が大きい。強度も大。化学的にきわめて安定。安価

短所…染色が困難。そして最大の欠点は人体への毒性

単繊維の繊維長は1 mm ～数cm，繊度が約20 nm (綿の1000分の1)で肉眼では見えないが，微粉塵として肺に入り込み，一部は肺組織に刺さり，体外に排出されずに蓄積する。化学的にきわめて安定で，肺内で長年が経過し，塵肺，特にアスベスト肺(石綿肺)という肺線維症(潜伏期間15年超)や中皮腫(潜伏期間20年超)，肺がんなどの健康被害を生じる。危険性は戦前からささやかれていたが，日本では1975年頃から吹付剤として使用禁止，しかしながらその他用途で使われ続けた。2005年に工場周辺住民の新たな健康被害が明らかになったことを契機に法律が強化され，石綿を0.1％以上含む製品の出荷が禁止，これで繊維としての役割は終えたが，すでに建材に大量に使われており，健康被害問題は今後も継続して考えなければならない。

参考文献　＊　＊　＊　＊　＊　＊

1)　浅沢 英夫：「繊維製品および繊維関連製品のトラブル原因解析概論」，大阪府立産業技術総合研究所(2016)
2)　「繊維ハンドブック2018」，日本化学繊維協会(2018)
3)　シルクレポート　2018年7月号　No.58，大日本蚕糸会(2018)
4)　皆川基：「絹の科学」，関西衣生活研究会(1981)

2章　化学繊維

化学繊維は天然繊維とは異なり，人間が作り出した繊維である。天然繊維中では，絹が一番高価であり，これを模倣することを追求し，完成した化学繊維を「人造絹糸」と名付けた。その歴史は，1884年にフランス人のシャルドンネ(Hilaire de Chardonnet)がニトロセルロースの溶液を細い孔(ノズル)から押し出して引き伸ばす(延伸)ことにより繊維を得たことに始まる。この方法は，湿式紡糸とよばれている。この章では化学繊維の作り方，その種類と特徴について説明する。

1．紡糸法の種類

1-1　湿式紡糸法(Wet spinning)

溶液から溶媒を取り除き，溶質である高分子(ポリマー　Polymer)を固化させるために，通常は凝固浴中に繊維を押し出す。湿式紡糸法は凝固浴中に直接押し出す方法である(図2-1)。レーヨン，ビニロン，アラミドなどの繊維はこの方法で紡糸される。

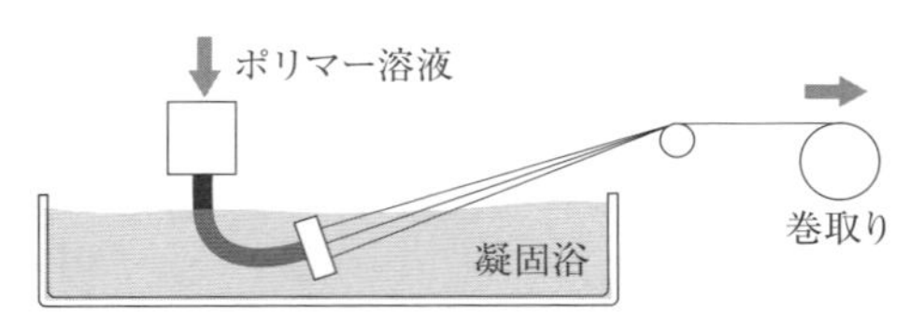

図2-1　湿式法[1]による繊維の紡糸

1-2　乾式紡糸法(Dry spinning)

乾式紡糸法は溶剤に溶かした高分子溶液を，熱雰囲気中でノズルから押し出して溶剤を蒸発させて繊維にする方法である。アセテート，トリアセテートなどの繊維がこの方法で紡糸される。

1-3　乾湿式紡糸法(Dry-wet spinning)

湿式紡糸と乾式紡糸を組み合わせた紡糸方法でノズルと凝固液との間に空気層を設ける方法(エアギャップ式湿式紡糸法ともいう)である。アクリル繊維などがこの方法で紡糸される。

1-4　溶融紡糸法(Melt spinning)

一方，溶融紡糸法はポリマーを溶融させてノズルから

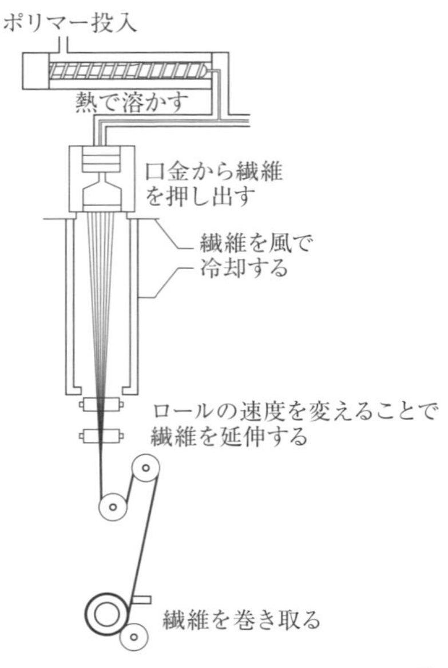

図2-2　溶融紡糸法による繊維の紡糸[1]

押し出すことで繊維を得る方法である(図2-2)。さまざまなポリマーの融点は150～280℃くらいにあり，その融点以上の温度で押し出し機内にてポリマーを溶融させた後，計量ギアポンプにより精密に流量を制御してノズルから押し出す。これを下方の装置で巻き取ることにより繊維が得られる。この繊維は分子鎖が，まだたるんだ非晶(アモロファス)状態のため分子鎖を繊維軸方向に並べて結晶化度を上げることで強くて伸びにくい繊維に性能を向上させる。その工程を延伸という(図2-3)。分子鎖を引き伸ばすためには回転速度の異なる複数のロール対の中を通すことで行う。結晶化度の向上は延伸時の温度を結晶化しやすい温度に保つことで行う。ポリエステル，ナイロン，ポリプロピレンなどの繊維はこの方法で紡糸される。

1-5　紡糸方法による繊維形状の変化

繊維が固まる早さによってできる繊維の断面形状が変わる。早いとスキンコア構造や，いびつな断面になる。遅いと丸くなる。湿式紡糸では繊維断面は非円形でスキンコア構造になる。乾式紡糸は一般的には丸くなるが，繭型になるときもある。溶融紡糸の断面形状は丸いノズル孔から押し出せば丸くなる。孔の形状を丸以外にすることで異形断面の繊維が比較的容易にできる。また中空，芯鞘，分割繊維なども作ることができる。

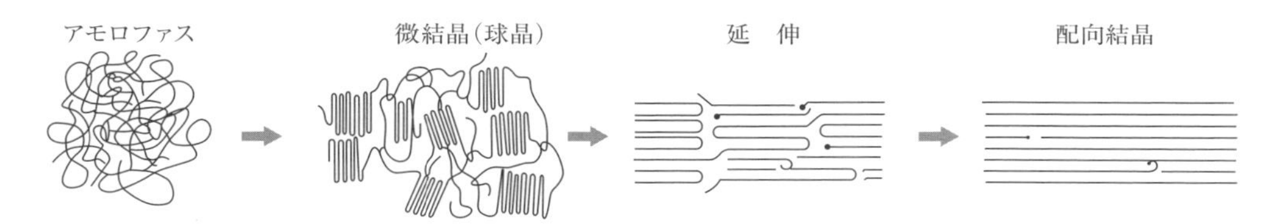

図2-3　ポリマーの延伸における分子鎖の配向の変化[2)]

2. 化学繊維の種類

化学繊維は無機繊維，再生繊維，半合成繊維，合成繊維の4つに大別される。無機繊維は無機物を人工的に繊維としたもの，再生繊細は木材パルプや綿などの植物セルロースを取り出して溶かし繊維に作り変えたもの，半合成繊維はセルロースやたんぱく質の天然高分子を溶かしてさらに化学的に処理をして繊維にしたものをいう。合成繊維は石油を原料とした有機低分子を重合させて作った高分子を原料とする繊維のことをいう。再生繊維にはセルロース(Cellulose)を原料とするレーヨン(Rayon)，キュプラ(Cupra)，テンセル(Tencel)などがあり，半合成繊維には，アセテート(Acetate)，合成繊維には，ナイロン(Nylon)，ポリエステル(Polyester)，アクリル(Acrylic)，ウレタン(Polyurethane)，ビニロン(Vinylon)，ポリプロピレン(Polypropylene)，ポリエチレン(Polyethylene)などがある。これらは炭素が骨格となりできているので有機繊維ともよばれる。一方，アクリル繊維を炭化して作成した炭素繊維(Carbon fiber)やガラスを溶融して作ったガラス繊維(Glass fiber)は炭素原子を繊維中に含まないので無機繊維(Inorganic fiber)とよばれる。表2-1に化学繊維の分類と略称を示した。

化学繊維は人が作る繊維であるから，繊維の太さや長さ，断面形状などは自由にコントロールすることができる。この点が天然繊維とは大きく異なるところである。化学繊維はその強度，

表2-1　化学繊維の分類と略称

化学繊維	無機繊維	金属繊維	金糸，銀糸，ピアノ線
		ガラス繊維	GF
		炭素繊維	CF
	再生繊維	再生セルロース繊維	レーヨン
			ポリノジック
			キュプラ
			リヨセル
	半合成繊維	酢酸セルロース繊維	アセテート（ジアセテート）
			TAC
	合成繊維	ナイロン	Nylon 6，Nylon 66
		ポリエステル	PET, PTT, PBT, PLA
		アクリル	PAN
		ビニロン	PVA
		ポリウレタン	PU
		ポリプロピレン	PP
		ポリエチレン	PE

表2-2　世界の主要な繊維の生産量[3]（2016年）　（単位千トン）

合成繊維	59,940
再生繊維	5,354
綿	22,480
羊　毛	1,099
絹	191

表2-3　世界の主要国の合繊繊維の種類別生産量[4]（2016年）　（単位千トン）

ポリエステルフィラメント	36,192
ポリエステルステープル	16,206
ナイロン	4,785
アクリル	1,794

表2-4　国別の合成繊維の生産量[4]（2016年）　（単位千トン）

中　国	42,173
インド	4,926
ASEAN	2,942
アメリカ	1,973
西　欧	1,836
台　湾	1,776
韓　国	1,368
日　本	612

弾性率などは天然繊維を凌駕したが，肌ざわりや触感，吸湿などの快適性などの風合いはまだ天然繊維には及ばないところもある。そのため元の短繊維の天然繊維と化学繊維を短繊維にして混紡した糸を用いて織物を作ることもある。表2-2は合成繊維，再生繊維，天然繊維の生産量をまとめた。合成繊維は天然繊維よりもはるかに多く生産されていることがわかる。また合成繊維のなかでは今日では圧倒的にポリエステルが主流である（表2-3）。また合成繊維は中国が世界の2/3を生産している（表2-4）。

2-1　再生繊維（Regenerated fiber）

18世紀に錬金術師が金を作ろうと夢見ていた頃，同様に人は絹をなんとか自分たちの手で作ることはできないかと夢見ていた。その夢は1884年にフランスのシャルドンネが発明したニトロセルロース（Nitrocellulose）レーヨンにより実現した（図2-4）。現在ではニトロセルロースは燃焼性が高いために繊維としては利用されていないが，ニトロセルロースを有機溶剤に溶かしピロキシリンとして傷口の保護や「さかむけケア」医薬品として販売されている。また綿状のものは手品用のフラッシュコットンとしても利用されている。

図2-4　シャルドンネが作ったニトロセルロースレーヨン
（東京農工大科学博物館）[5]

再生繊維のことを「レーヨン(Rayon)」とよぶが，これはでき上がった再生繊維の表面に凹凸があり，独特の絹のような光沢があることからつけられた名前である。セルロースから繊維を再生するレーヨン工業は，天然の繊維を一度溶解した後，再生して繊維を形成するという化学工業的方法で生産を行っており，この点で天然繊維の生産とも異なるし石油や石炭から作られる合成繊維とも著しく異なる。再生繊維は天然の素材である木材パルプ，綿花のタネの周りの繊維（コットンリンター）などを溶剤に溶かしたのち，ノズルから押し出し，引き伸ばして繊維を作られる。19世紀の終わりに植物繊維を溶かす方法が発明されたことで可能なになった。

綿花や木材パルプの主成分であるセルロースは，そのままでは溶剤に溶けないがセルロースと硝酸を反応させたニトロセルロース（硝化綿）にすると有機溶剤に溶解した。シャルドンネはガラスノズルから溶液を押し出して紡糸し，人類史上初めて長繊維のレーヨン（人造絹糸）を製造する技術を完成した。しかしニトロセルロースのままでは，燃えやすいので実用化せず，その後に脱エステル化したレーヨンの工業化は1900年頃に軌道に乗った。レーヨンの製造方法として，その後，銅アンモニア溶液にセルロースが溶解することを応用したキュプラアンモニウム法がドイツで工業化された。この方法で再生されたレーヨンをキュプラとよぶ。さらにセルロースを水酸化ナトリウムで処理したあと二硫化炭素と反応させビスコースとよばれる粘稠（ねんちょう）液を作り，これを硫酸浴中にノズルから押し出してセルロースを再生させるビスコース法も1901年にドイツで最初に工業化された。この方法で再生されたレーヨンをビスコースレーヨンとよぶ。

(1)　ビスコースレーヨン(Viscose rayon)

日本では久村清太（のちに帝人社長）は大学同級生であった秦　逸三が1912年に米沢高等工業学校に赴任するとビスコース法の研究を開始し，1913年10月にはレーヨン製造の公開実験をする段階にまで到達した。その後その技術は比較的短期の間に企業化に成功し，帝人へと引き継がれた[7]。ビスコース法ではパルプを水酸化ナトリウムと二硫化炭素を反応させたアルカリ水溶液に溶かし，これをノズルから硫酸水溶液中に押し出し，引き伸ばしたのち，その繊維をよく洗って漂白することでレーヨン繊維ができる。この方法は有毒な二硫化炭素を使うので環境の面からは今日では好まれていない。

ビスコースレーヨンの特徴と用途を以下に示す。

①綿や麻に比べて重合度や結晶化度が低いので，綿や麻よりも吸湿性，吸水性が高い。

②繊維表面の断面の凹凸構造に基づく光の散乱効果により，独特のシルクライクの光沢と深色性をもたらす。

③扁平で凹凸のある繊維構造のために，繊維の腰が柔らかく，ドレープ性に優れる。

④水に濡れると弱くなる．またシワになりやすい。

⑤肌着，婦人服，カーテンなどに利用されることが多い。

重合度が400以上で，断面が均質円形であり，初期湿潤応力が大きく，寸法安定性，耐アルカリ性が高い改良されたビスコースレーヨンであるポリノジック（Polynosic）繊維もある（図2-5）。

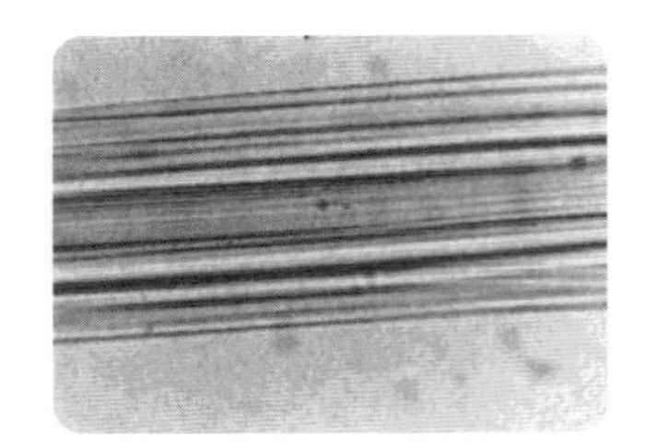
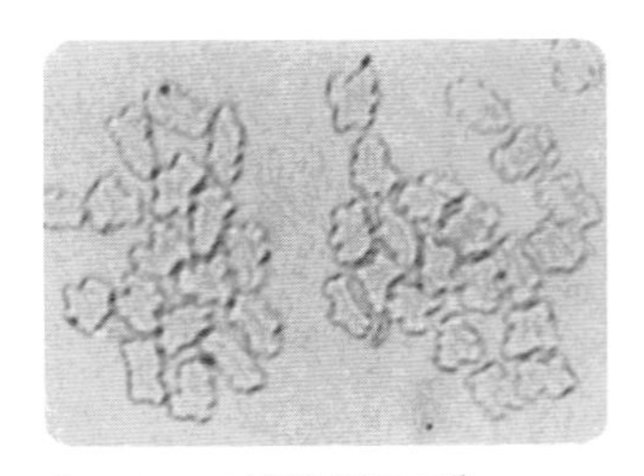

図2-5　ビスコースレーヨンの顕微鏡写真[6)]

（2）　キュプラ（Cuprammonium rayon）[7)]

キュプラアンモニウム法は，1857年シュバイツァーにより発明されたが1901年テイーレが緊張紡糸法を発明したことで工業化の目途がつき，1905年ドイツのバールメンにJ. P. Bemberg社が設立されキュプラ繊維が工業化された。日本では旭化成が製造し，「ベンベルグ」という

図2-6　キュプラの紡糸装置[5)]

商標で販売している。原料はコットンの種の周りの綿繊維リンターである。溶剤は銅アンモニア溶液である。このコットンリンターについている塵や油脂分を除いたのち，水酸化ナトリウム水溶液の加圧蒸気で繊維の精製を行った後，次亜塩素酸ナトリウムで漂白脱水して湿潤状態の精製リンターを得る。 コットンリンターの平均重合度は2,500前後である。一方，硫酸銅溶液とアンモニアを反応させ水酸化銅をつくり，これに濃厚アンモニアを加えると濃い紫色の「銅安液」ができる。これに精製リンターを溶解して銅アンモニアポリマー液を得る。この紡糸溶液をろうとの中を流下している水の中に紡糸して，水の流れによって引き伸ばしつつ，徐々に凝固させて繊維を作る。紡糸された繊維は断面が丸く，ポリマーの重合度も高いので，繊維にコシがある。図2-6はキュプラの紡糸機[5)]である。

キュプラの特徴と用途を以下に示す。

①単繊維は非常に細く，平均1.5 dtexである（図2-7）。

②断面は均一でスキンコア構造はない。

③ドレープ性，絹のような光沢と柔らかい風合いがある。

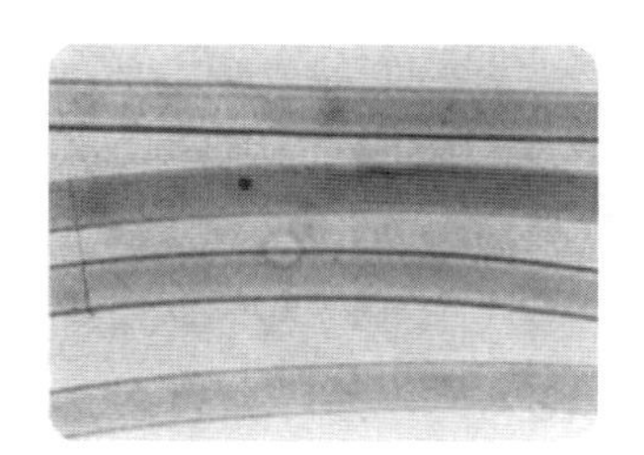

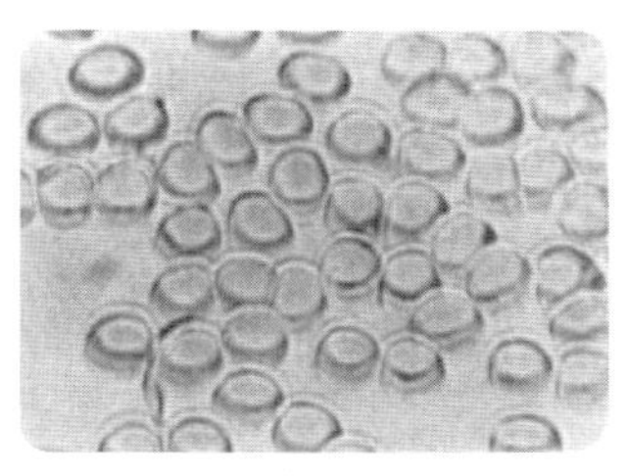

図2-7　キュプラ繊維の顕微鏡写真[6]

ビスコースレーヨン　キュプラ　絹

図2-8　再生繊維と絹の断面比較

④吸湿性に優れ，鮮やかに染まる。

⑤肌着，スカーフ，裏地などに利用されることが多い。

図2-8はビスコースレーヨンとキュプラの繊維断面を絹と比較した模式図である。

(3)　リヨセル(Lyocell)，テンセル(Tencel)[8]

1960年代後半から，再生繊維の製造工程における環境汚染問題を解決するため，新しいセルロースの溶媒ならびに再生繊維の紡糸に関する研究開発は活発に行われ，溶媒であるN-メチルモルフォリンN-オキシド（NMO)が提案された。NMOはセルロース分子鎖間の水素結合を切断してNMOとの新たな水素結合を形成することにより溶解させる(図2-9)。このNMOを有機溶媒とする再生セルロース繊維の紡糸が 工業化され「リヨセル(Lyocell)」(欧州における品質表示名)ならびに「テンセル(Tencel)」(日本における商標名)として市販されている。

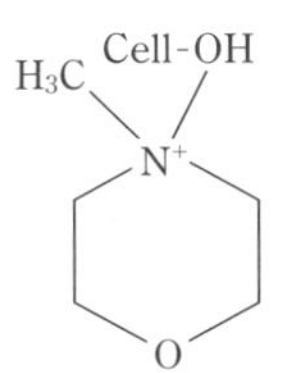

図2-9　NMOがセルロース分子のヒドロキシ基と相互作用するメカニズム[9]

テンセルの特徴と用途を以下に示す。

①NMO溶媒の溶解力が大きいのでこれまでのレーヨンよりも重合度の高いセルロースを繊維化できる。

②これまでのレーヨンに比べて工程が簡素化できるのでエネルギー消費量が少ない。

③これまでのレーヨンに比べて引張り強度が大きく，湿潤による強度の低下が小さい。

④フィブリル化しやすいので染色の不均一性やピリング発生につながる。そのため染色前にフィブリル化させ，発生する毛羽を酵素で溶解除去する加工が一般になされている。

⑤ユニフォーム，ジャケット，寝具などに利用されることが多い。

2-2　合成繊維(Synthetic fiber)

合成繊維の歴史はナイロンの発見から始まる。合成繊維の原料である高分子の発見は1953年ノーベル化学賞を受賞したヘルマン・シュタウディンガー(Hermann Staudinger)が有名であるが，彼の受賞はカロザースが低分子から合成された高分子であるナイロンを発明したことにより彼の考えの正しさが立証されたことによる。

（1） ナイロン（Nylon）

ウォレス・H・カロザース（Wallace H. Carothers）は1915年9月にミズーリ州タルキオのタルキオ・カレッジに入学し，科学コースを専攻し同時に商業部で助手としての地位を取得したのち，1920年にタルキオ・カレッジを学士号で卒業しイリノイ大学の化学部に入学し1921年の夏に芸術学修士号を取得した。彼は1922年にイリノイ大学に戻り，1924年にPh. Dの学位を取得した（図2-10）。1928年デュポン社はデラウェア州ウィルミントンの中央研究所で基礎研究の新しいプログラムを開始する計画をして，カロザースは有機化学の研究を率いるために採用された。そして彼は1928年2月14日，コーネル大学のジョン・R・ジョンソン博士に手紙で次のように書いている。

図2-10 ウォレス・H・カロザースの研究風景[10)]

> 私が仕事を始めるつもりの問題の一つは高分子量の物質と関連しています。この問題を合成面から攻撃したいのです。高分子量成分と既知の構成成分を合成することです。フィッシャーの4200という記録を破る可能性は非常に高いと思われます。AとBが二価のラジカルであり，xとyが互いに反応することができる官能基であるyByに対する物質xAxの作用を研究することであり，AとBがかなり短い場合，この方法で多くのものが合成された単純な環につながりますが，長ければ小さな環の形成ができないため，大きな環や無限の鎖のいずれかで反応が起こらなければなりません。

まさしくこれは高分子重合の本質を見抜いていた内容である。デュポン社は1938年には世界初の溶融紡糸を始めた。そして「クモの糸よりも細く鋼鉄よりも強い」としてナイロンが販売された。

日本でも1951年に東洋レーヨン（現東レ）がデュポン社とのナイロンに関する技術提携契約調印し，戦前からの研究を引き継ぎ衣料品を中心とした本格的な繊維の生産を始めた。ナイロンはアミド結合－CONH－）からなる脂肪族ポリアミド高分子であり，繊維以外にも，樹脂製品，テグス，漁網，テニスガット，ロープなどに使われている。ナイロンmnと表すとき，mはジアミン成分の炭素数，nはジカルボン酸の炭素数を表す。ナイロン66はヘキサメチレンジアミンとアジピン酸，ナイロン46はテトラメチレンジアミンとアジピン酸を縮重合して作られる。また別の方法として作られるナイロン6は分子内にアミド結合を含む環状アミドであるε-カプロラクタムの開環重合により作られる。

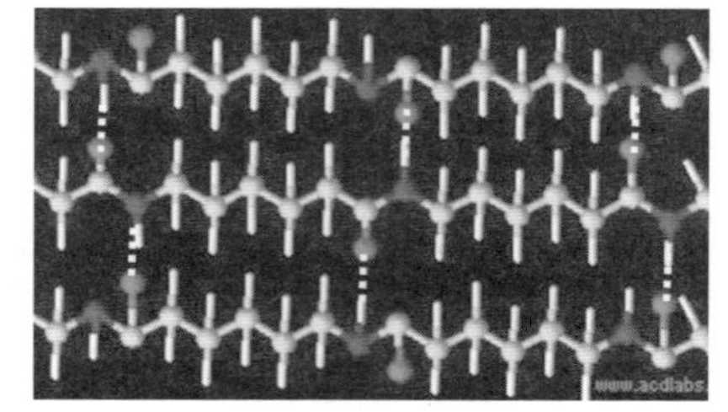

図2-11 ナイロン6の結晶構造

ナイロンは脂肪族の柔らかい分子鎖からなるにもかかわらず，丈夫で磨耗にも強いのは分子鎖間のアミド結合同士が水素結合で結ばれているからである。図2-11に示すようにナイロンはこの水素結合で結ばれた分子鎖が平行にきれいにファンデルワールス距離を隔てて並んで結晶ができているため融点が高い。ナイロンの融点は225℃である。ナイロン66のほうがナイロン6よりも配列がきれいなため融点はさらに約40℃高い。

ナイロンの特徴と用途を以下に示す(図2-12)。

①磨耗に強いのでスポーツウエアに用いられる。

②繊維に適度な伸びがあるので水着などに用いられる。

③染色がしやすく色がきれいである。

④熱セットができるので，かさ高加工がしやすい。

⑤原料コストがやや高い。

⑥長期間の使用でやや黄変する。

⑦用途にはストッキング，インナーウエア，水着，防寒衣料，カーペット，産業資材，傘布地などがある。

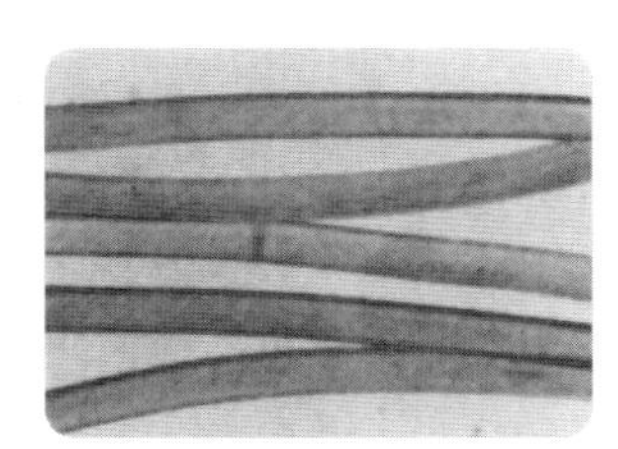
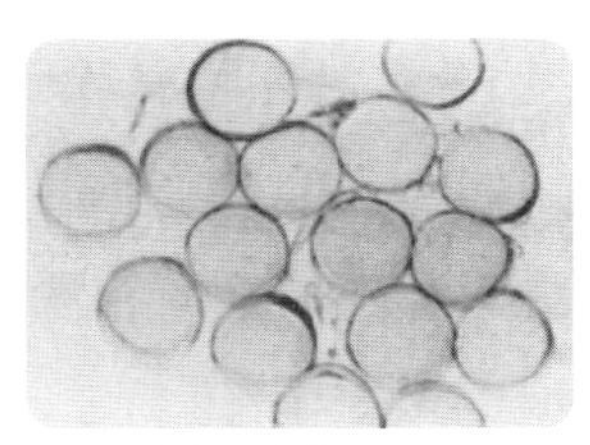

図2-12　ナイロン繊維の顕微鏡写真[6)]

(2)　ポリエステル(Polyester)

今日の合成繊維といえばポリエステルが全盛時代を迎えている。カロザースはナイロンを発見する前にセバシン酸とエチレングリコールからなる脂肪族ポリエステルからの繊維を研究していた。残念ながら脂肪族ポリエステルは融点が低すぎて繊維としては使い物にならなかった。カロザースの論文をもとにイギリスCalio Printers Associatioのウィンフィールド(J. R. Whinfield)とディクソン(J. T. Dicson)は芳香族ジカルボン酸であるテレフタル酸とエチレングリコールからポリエステルを作ることを思いついた。彼らは1942年にイギリス特許を取得し，1944年にはICIと共同で実用化を始めた。デュポン社は1953年にICIからこのライセンスを入手して生産を始めた。日本では特許料が高額だったため，帝国人絹(帝人)と東洋レーヨン(東レ)が共同でICIから1957年に技術導入して「テトロン(Tetoron)」の名前で生産を開始した。1964年から1965年に東洋紡，ユニチカ，クラレが，特許を回避するために，それぞれイソフタル酸，*p*-オキシ安息香酸，ペンタエリスリトールを第三成分とする共重合ポリエステル繊維を製造，さらに1968年に特許権消滅を待って，旭化成，三菱レイヨン，カネボウも参入した。

ポリエステルは当初は染色が難しいという問題もあったが，今日ではこれも解決し，高い耐熱性，シワになりにくい，プリーツをつけやすい，コシがあるなどの優れた特徴が好まれ，今では世界で最もたくさん作られている合成繊維になった。

ポリエステルはエステル結合(−COO−)をもつポリマーをさす。一般にはテレフタル酸のジカルボン酸とエチレングリコールのジオールからなるポリエチレンテレフタレート(PET)が繊維に用いられるが，最近ではとうもろこしを原料にしたポリ乳酸から生分解性のある脂肪族ポリエステル(PLA)も実用化されている。

ポリエステルの耐熱性はそのポリアルキレンテレフタレート中のアルキレン鎖の数に影響する。PETは$n=2$であるが，$n=3$のPTTや$n=4$のPBTでは結晶が変形しやすいので，柔らかい繊維になる(図2-13)。

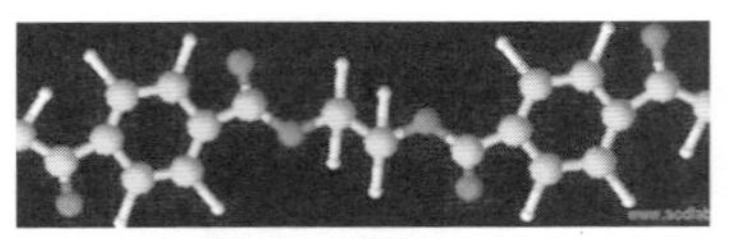

PETの分子構造(n=2)

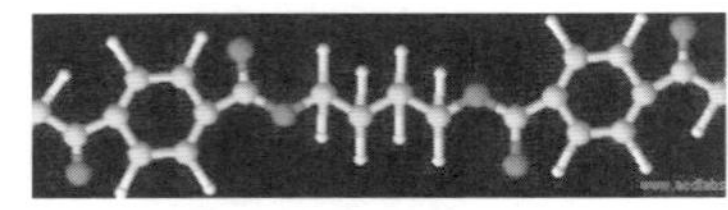

PBTの分子構造(n=4)

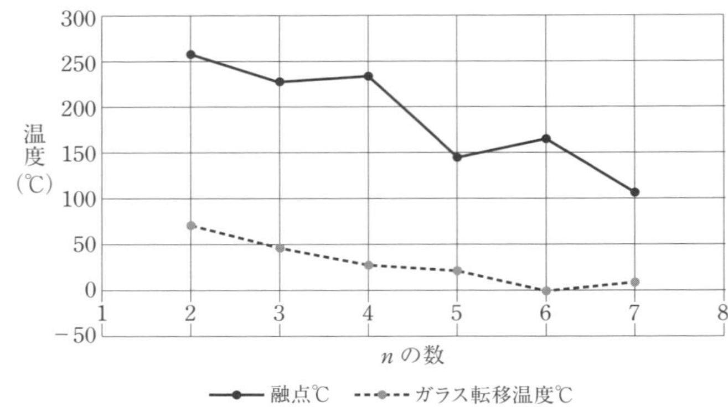

図2-13　PET，PBTの分子構造とポリアルキレンテレフタレート中のアルキレン鎖数が融点とガラス転移温度におよぼす影響[11)]

ポリエステルの特徴と用途を以下に示す。

①風合いが優れている。繊維には適当な張りやコシがある。元々は絹を模倣することから始まっているので，絹の風合いに近く，繊維の太さや断面形状を変えたり，アルカリ減量加工で風合いを調整することが可能である。

②繊維は強さ，伸び，しなやかさを備えている。またシワになりにくく，紫外線に対しても劣化しにくい性質がある。

③熱に強く，かさ高加工が容易である．また熱セット性に優れているので，プリーツ性がよい。三宅一生のデザインにもこのプリーツが応用されている。

④溶融紡糸がしやすく，また丸断面以外の異形断面や超極細繊維，複合繊維などが比較的作りやすい。

⑤アルカリ減量加工により繊維表面を溶かすことで，繊維が細くなり風合いが柔らかくなる。

⑥分散染料を使用して，キャリア剤なしで染色するには100℃以上で染める必要がある。今は130℃まで温度を上げる高圧染色機が普及し，発色や堅ろう度などの問題も解決した。

⑦生産量が飛躍的に伸びたこともあり，原料を含めてコストが安くなった。

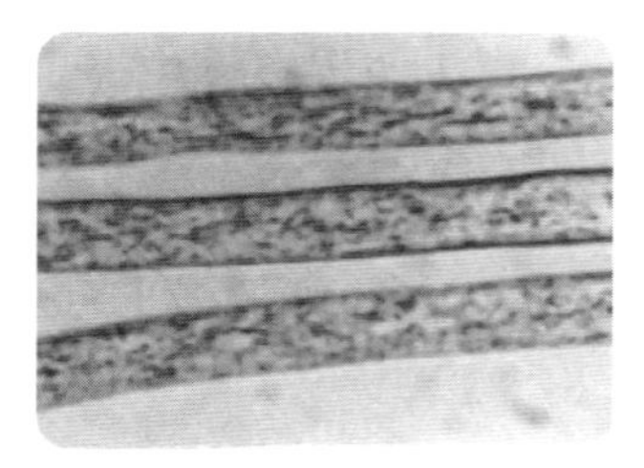

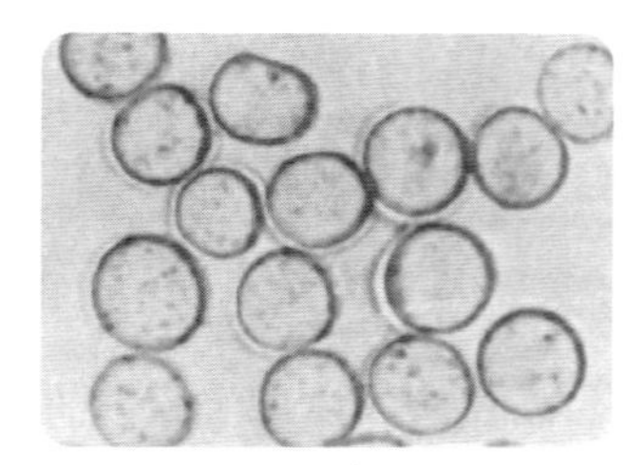

図2-14　ポリエステル繊維の顕微鏡写真[6)]

⑧ポリエステル長繊維としてだけでなく短繊維として綿との混紡により，乾きやく，シワになりにくく，強いシャツやスラックスなども作れる(図2-14参照)。

⑨欠点としては吸湿性が低いたいため，静電気が発生しやすいことがある。

(3) ポリウレタン(Polyurethane)[12)]

ポリウレタンは，ゴムのようによく伸びることが特徴である。1937年にドイツで発明され1962年にデュポン社が「ライクラ」として販売した。アメリカではスパンデックスとよばれており，日本でも通用するが，一般的にはポリウレタン繊維として周知されている。製造原料や製造方法によりさまざまなタイプが存在する。最大の特徴はゴムのように伸び縮みをすることである。

ポリウレタンがよく伸びるのは硬いハードセグメントの部分が加硫された天然ゴム(例：輪ゴム)で表現すると，加硫により生じた架橋点のようになり，ソフトセグメントの部分が天然ゴム成分のようによく伸びることによる。ハードセグメントの結晶化度が高いので伸びてもまた元の長さに戻る(図2-15)。

図2-15　ハードセグメント■とソフトセグメント～からなるウレタン構造の模式図

ポリウレタンは乾式紡糸，および湿式紡糸のどちらかで製造される。主原料は種々のポリオールあるいはジイソシアネートであり，ポリオールの末端水酸基と反応してウレタン結合を有したプレポリマーを生成する。これに鎖延長剤(ヒドラジン，エチレンジアミンなど)が反応してポリウレタンが完成する。ポリウレタンの紡糸はジメチルホルムアミド(DMF)あるいはジメチルアセトアミド(DMAc)を溶媒とするポリマー溶液を空気中に押し出す乾式紡糸法と湿式紡糸法がある。乾式紡糸法はポリウレタン溶液から押し出された繊維から蒸発した溶媒を加熱ガスで除去する方法である。一方，湿式紡糸法はポリウレタン溶液を凝固浴に吐出して繊維を得る方法と，前述の線状プレポリマーを直接ジアミン溶液に吐出して繊維を得る方法がある。鎖延長剤にジオールを用いたポリエーテルタイプのポリウレタンが用いられることも多い。

ポリウレタン繊維の特徴を以下に示す。

①ゴムひもよりも柔らかい。

②ゴムひもよりも細デニールの糸を製造できる。

③引っ張ると元の長さの5～7倍にまで伸び元へ戻る場合もゴムとは異なり緩やかに縮む。

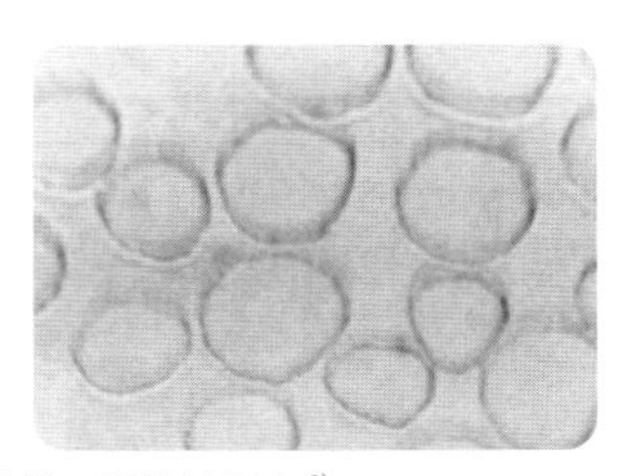

図2-16　アクリル繊維の顕微鏡写真[6)]

④ゴムに比べて紫外線や熱には強い。
⑤染色が可能であるが湿熱状態で放置すると色落ちや他繊維に対する移染や色泣きなどの原因になることがある。
⑥塩素に触れると黄変や繊維の脆化を引き起こす。
⑦用途は水着やブラジャー，ガードルなどのファンデーション類，パンティストッキング，サポーターなどのインナー用途から，主によこ糸に使用されてストレッチパンツやジャケットなどにも幅広く用いられている。
⑧パンティストッキングは細いポリウレタンの糸に細いナイロンフィラメント糸を巻きつけたカバードヤーンを使って，フィット性の優れた商品ができたので，爆発的に広がった。

(4) アクリル (Acrylic)

アクリルは低温でも柔らかくなるため，形状が変わりやすく織物には向いていないので編物やつめ綿に用いられている。またアクリルはアイロンの温度で生地のかさ高さがつぶれてしまい，アイロン当たりが出て生地が光沢をもつ。アクリルはアクリルポリマーの合成をアクリロニトリル100%のモノマーから開始すると，分子間力が強すぎて柔軟性に乏しく，溶媒にも溶解しにくく，さらに染料との親和性がないため，硬くて染まりにくい繊維になる(図2-16)。そのため染料と親和性のある物質を共重合して作られる。さらに共重合アクリルは炭素繊維を作る原料にもなる。きれいな炭素繊維の芳香族環は，共重合アクリルのほうができやすいといわれている。アクリロニトリルが85 wt%以上のものをアクリル繊維とよぶ。ポリアクリロニトリルの溶剤には硫酸や塩類溶液以外の溶剤は，当初なかったが，1942年にDMF溶媒が開発された。

アクリル繊維の特徴と用途を以下に示す

①風合いが羊毛に似ているので，羊毛と混紡して使われることが多い。紡績しにくい太くて安価な羊毛にアクリルを混ぜて均一な糸を作ることで，羊毛糸のコストも下げることができる。
②染色が容易で，発色が綺麗．また変退色しないこと，屋外で使用しても耐候性に優れていることなどから，旗，のぼり，毛布，ぬいぐるみなどにも利用される。
③短繊維が主体で紡績しやすい。
④量産しやすく，コストが安い。
⑤熱で溶けないが，80℃付近で柔らかくなる。

2-3 無機繊維(Inorganic fiber)

(1) ガラス繊維(Glass fiber)[13]

無機繊維であるガラス繊維の歴史は1939年アメリカのOwens Corning Fiberglass社が工業的生産を始めたことによる。代表的なガラス繊維の組成を表2-5に示す。

ガラス繊維は直径1～2 mmの細孔を有する白金ノズルから溶融紡糸により繊維状にガラスを引出す。繊維は空気中で急冷したのち，表面処理剤を付与して巻き取られる。繊維の直径は

表2-5　ガラス繊維の組成[14)]

(wt%)	Eガラス	Dガラス	NEガラス	Tガラス
SiO_2	52～56	72～76	52～56	62～65
CaO	16～25	0	0～10	0
Al_2O_3	12～16	0～5	10～15	20～25
B_2O_3	5～10	20～25	15～20	0
MgO	0～5	0	0～5	10～15
Na_2O, K_2O	0～1	3～5	0～1	0～1
TiO_2	0	0	0.5～5	0

数μm～数十μmである。耐熱性，耐薬品性，電気絶縁性に優れているので，複合材料の補強材，プリント基板の絶縁クロス，建築材料などに広く利用されている。

(2)　炭素繊維(Carbon fiber)[15)～18)]

無機繊維である炭素繊維は1956年にアメリカでレーヨンを原料として開発されUCC社によりレーヨン系炭素繊維が生産され始めた。一方，大阪工業技術試験所では，進藤昭男博士が米国での動向を知り，レーヨンとは別にポリアクリルニトリル繊維の炭素繊維化に取り組み1959年9月にPAN系炭素繊維に係る基本特許が出願された。開発当時はPAN系炭素繊維は耐熱性と電気的特性を特徴とする材料として注目されていたが，その後は構造用材料としての研究へと方針を大きく転換した。進藤博士は工業化の可能性を検討する立場から炭素繊維の優れた次の特性，①耐薬品性，②耐熱性，③高い電気伝導性，④高強度・高弾性率複合材料が得られる，⑤高い帯電防止性，⑥炭素繊維の織物が可能などを期待し，そして今日につながっている。

炭素繊維はアクリル繊維を高温で焼成することで製造される(図2-17)。この工程でグラファイト結晶を繊維方向に配向させることにより高強度・高弾性率を発現させることができる。この繊維とエポキシ樹脂からなる炭素繊維強化複合材料(CFRP)は，比重が鉄の1/4，重量当たりの強度，弾性率がそれぞれ鉄の10倍と7倍もある。

炭素繊維の製造メーカーの一つである東レは「トレカ(TORAYCA)」の商標で1971年に商業生産を開始し，T300が世界標準の炭素繊維として広い用途で使用されている。その後，主として航空機用途向けに高強度炭素繊維が，高性能スポーツ用途向けに高弾性率炭素繊維を開発してきた東レは，高強度と高弾性率化の両立を実現するためにナノレベルで繊維構造の欠陥を

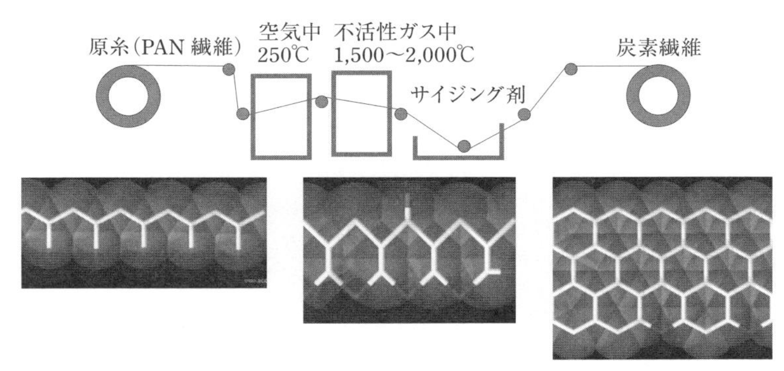

図2-17　炭素繊維の製造プロセスとアクリロニトリルの炭化の様子[16)]

なくし，構造を緻密にコントロールする焼成技術を開発した(図2-18)。さらに'90年には品質・コストのバランスの取れた高強度T700Sを上市し広く一般産業用途に展開している。特に航空機用途では金属部材をCFRP部材に置き換えることで金属対比20～30％の部品軽量化が確認され，1982年B767の方向舵，昇降舵，スポイラなどの2次構造材への実機採用に至った。さらに1982年にA310-200の2次構造部材にCFRPが実機採用された。以降1985年にはA310-300の垂直尾翼，1988年にはA320の水平尾翼と1次構造部材にもCFRPが実機採用されるようになった。B787やA380の新機種ではその使用比率が機体構造重量の50％にまで増加している。

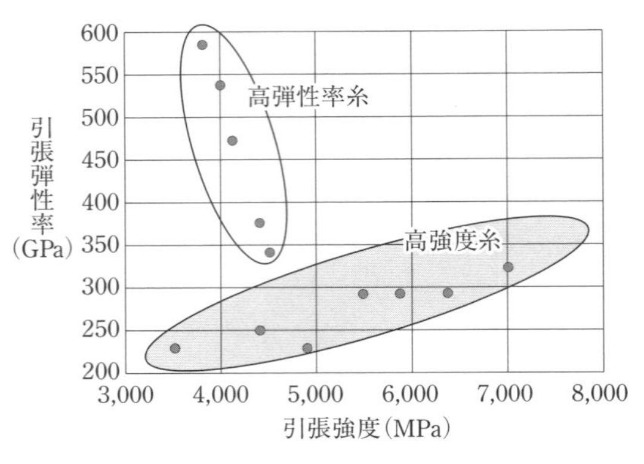

図2-18　東レ「トレカ」の力学特性

参考文献　＊　＊　＊　＊　＊　＊

1)　鞠谷雄士：繊維学会誌，59(2003)，252-258
2)　安田浩，伴　薫，大田康雄：繊維学会誌，47(1991)，595-601
3)　「内外の化学繊維生産動向2016」，日本化学繊維協会
4)　Fiber Organon, American Fiber Manufacturers Association
5)　東京農工大科学博物館所蔵品
6)　愛知県尾張繊維技術センター編：TEXTILE HANDBOOK，愛知県繊維振興協会(1999)
7)　野間忠夫：紙パ技協誌，12(1958)，704-706
8)　野村春治：繊維学会誌，53(1997)，41-45
9)　曹成鎬，蒲田昌美，早水朗，柴山充弘，野村春治：繊維学会誌，51(1995)，422-431
10)　https://www.britannica.com/biography/Wallace-Hume-Carothers
11)　鈴木東義：繊維学会誌，59(2003)，220-227
12)　古谷哲朗：繊維学会誌，56,(2003)，105-110
13)　春日袈裟：高分子，14,(1965)，202-204
14)　宮里桂太，鈴木芳治：エレクトロニクス実装学会誌，4(2001)，98-101
15)　中村治，大花継頼，田澤真人，横田慎二，篠田渉，中村修，伊藤順司：Synthesiology Vol.2 No.2(2009)，159-169
16)　西原正浩：Journal of JWEA(2011)36-39
17)　額田健吉，小堀清臣：高分子，23(1974)，445-463
18)　山根千弘：高分子，44(1995)，670-673

3章　糸

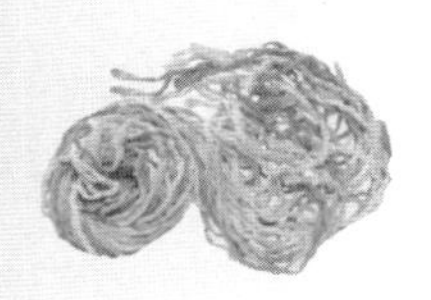

糸は，一般には繊維を集束して長く線状にしたものをいう。糸には多くの種類があるが，大きく分類すると，短繊維に撚りをかけて糸にする紡績糸と，長繊維を１本から複数本集束して糸にするフィラメント糸に分かれる。素材別に分類すると，綿糸，麻糸，毛糸，絹糸，レーヨン糸，ポリエステル糸などとなる。異なる素材や形態の糸を混合して作られる複合糸の分類では，混紡糸，混繊糸，コアスパンヤーン，カバードヤーン，ラッピングヤーン，精紡交撚糸などがある。糸の撚り合せ方・撚り数によって分類すると，単糸，諸撚(もろよ)り糸，片撚り糸，甘撚(あまよ)り糸，普通撚り糸，強撚糸(きょうねんし)となる。用途別には織糸，編糸，レース糸，縫糸のように分類でき，糸はその用途に応じて，求められる性質(外観特性，荷重伸長特性，曲げ特性など)を有した糸に製造される。

1．原料繊維の形態による分類

糸には多くの種類がある。糸を形態によって分類すると，紡績糸，フィラメント糸，複合糸に分けられる。すべての糸は，このどこかの分類に属している。

1－1　糸の分類

(1)　紡績糸

紡績糸とは，綿，羊毛，麻のような天然繊維の短繊維(ステープルファイバー)や，目的に合わせてフィラメントの化学繊維をカットした短繊維に撚りをかけ，糸の状態に固定化したものをいう。紡績糸は，外観に繊維端の毛羽が存在する含気率の高い構造の糸となる。

(2)　フィラメント糸

天然繊維のなかで絹糸はフィラメント糸である。化学繊維は，紡糸されたまま糸に用いる場合はフィラメント糸である。1本の太いフィラメントをそのまま糸とするモノフィラメント糸，複数本の繊維を集束したマルチフィラメント糸がある。化学繊維のフィラメント糸は，表面が平滑で緻密な糸である。熱可塑性の合成繊維については，その性質を利用してマルチフィラメント糸に捲縮(けんしゅく)やねじれの加工を施し，伸縮性やかさ高性を付与した加工糸が開発されている。

(3)　複合糸

複合糸とは，2種類以上の繊維を合わせた糸のことをいい，基本的には各繊維の長所を生かし，短所を補うために製造される。近年，糸の新しい風合いや機能をつくるためにいろいろな複合糸の開発が行われている。異なる種類の短繊維を合わせて紡績した糸を混紡糸という。例えば，綿とポリエステルの混紡糸は，綿の吸湿性，風合いのよさ，ポリエステルの強度，防しわ性，プリーツ性を生かした糸となるために，多用されている。異なる複数の長繊維を合わせた糸を混繊糸という。かさ高性の付与，風合いの変化などの効果を得ること目的としている。フィラメントと紡績糸を合わせて高感性・高機能性を付与した加工糸が製造されている。

2. 糸の製造と加工

紡績糸の各種製造方法と，絹糸および特殊な構造のフィラメント糸の製造方法の例を示す。

2-1 紡績糸

綿，麻，毛，副蚕糸(絹くず)や化学繊維を短繊維にカットしたステープル繊維は，撚りをかけて紡績糸とするが，繊維原料により異なる紡績方法が存在し，綿糸紡績，毛糸紡績，麻糸紡績，化学繊維紡績に分かれる。

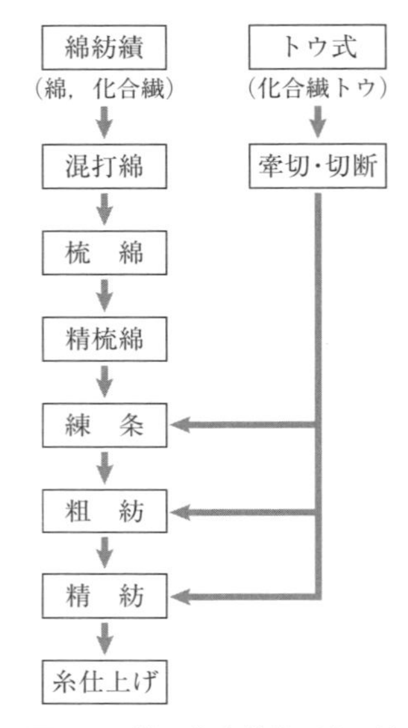

図3-1　綿，化合繊(トウ)の紡績工程[1)]

(1) 綿糸紡績

綿糸紡績の工程を図3-1に示す。

① 混打綿工程(ブローイング)

綿の繊維塊を開織し，糸に要求される品質や経済性などを勘案し，原綿を調合し，混打-不純物の除去を繰り返し行って厚いシート状のラップを製造する。

② 梳綿工程(カーディング)

ラップを梳綿機(カード機)にかけて，ラップ中の短繊維を除去し，繊維配列を向上させて，太いひも状のスライバーを作る工程である。ラップは梳綿機の針布が巻かれたローラー上を通過することにより，機械的作用を受けて繊維配列が整えられる。

③ 精梳綿工程(コーミング)

コーマ機の梳り(くしけず)作用によって，スライバー中に残る細かい不純物や短繊維を除去し，繊維の配列をさらに向上させる工程である。精梳綿工程を通して作られた綿糸をコーマ糸，この工程を省略して作られた綿糸をカード糸とよぶ。コーマ糸はカード糸より強度や光沢に優れており，高級な糸となる。

④ 練条工程(ドローイング)

スライバーの太さむらを修正するために，スライバーを数本合わせて，引き伸ばす(ドラフト)工程である。これを2～3回繰り返すことにより，繊維配列のよい，太さむらの少ない均整なスライバーとなる。

⑤ 粗紡工程(ロービング)

精紡工程にかけるために，練条スライバーをさらにドラフトして細くし，軽く撚りをかけて粗糸(そし)を製造する工程である。

⑥ 精紡工程

粗糸を精紡機にかけて，設計した所定の太さまでドラフトし，撚りをかけて綿糸を製造する工程である。リング精紡機*やオープンエンド精紡機**を用いる。リング精紡機は，生産性は高くないが，製造される糸の質がよく汎用性が高い精紡方式である(図3-2)。オープンエンド精紡機は，生産性が高いため広く実用化されている。オープンエンド精紡機が使用される場合は，粗紡工程は省略され，練条スライバーが直接，綿糸となる。

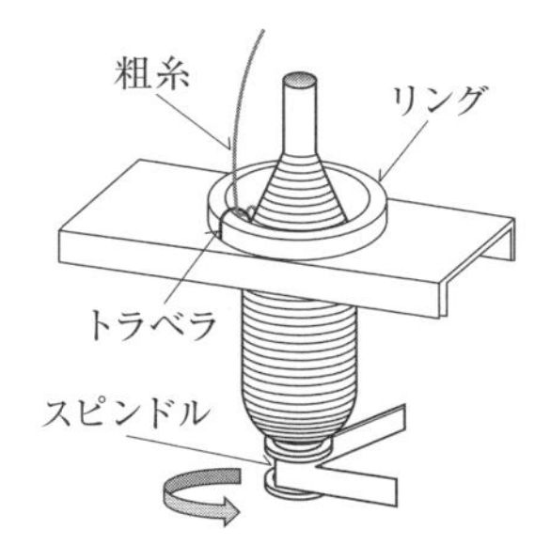

図3-2 リング精紡機

＊ドラフトローラで細くした粗糸を，リング上を回転するトラベラに通し，スピンドルの回転により加撚し，ボビンに巻き取る精紡方式である。
＊＊スライバーを開繊ローラに通して開繊し，ロータ部で再び加撚する精紡方式である。

(2) 梳毛紡績

毛糸は，原料と紡績方法の違いにより，梳毛糸と紡毛糸に分けられる。梳毛糸には，細く繊維長の長い良質な羊毛繊維を選別して用いる。梳毛紡績の工程を図3-3に示す。

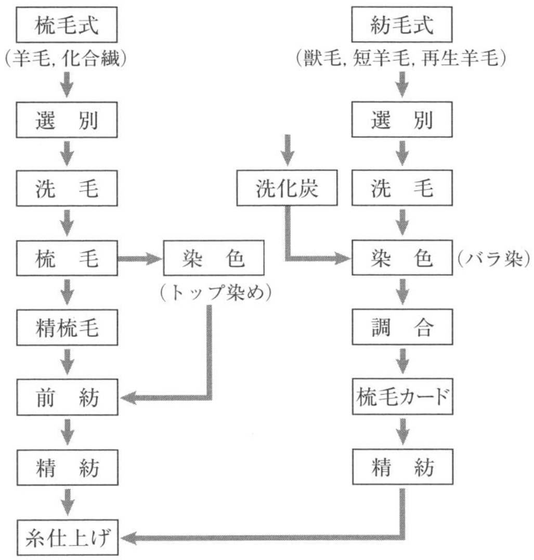

梳毛式(羊毛，化合繊) → 選別 → 洗毛 → 梳毛 → 精梳毛 → 前紡 → 精紡 → 糸仕上げ
梳毛 → 染色(トップ染め) → 前紡

紡毛式(獣毛，短羊毛，再生羊毛) → 選別 → 洗毛 → 染色(バラ染) → 調合 → 梳毛カード → 精紡 → 糸仕上げ
洗化炭 → 染色(バラ染)

図3-3 梳毛・紡毛紡績工程[1)]

① 選別(選毛)

羊毛繊維の状態は，生育環境や体の部位によって大きく異なる。また，毛を刈り取ったフリースの部位による汚れの状態なども合わせて，細かく選別される。

② 洗 毛

選別された原料に付着する羊毛脂，糞尿，土砂などを，洗剤を用いて洗浄し除去する。廃液中の羊毛脂(ラノリン)は，薬品や化粧品の原料に使用されている。

③ 梳毛工程(カーディング)

綿紡績の梳綿工程に相当し，梳毛カード機を通して，繊維の開繊や繊維の配列を向上させる工程である。羊毛は綿より繊維長が長く，捲縮(クリンプ)があるため，梳毛カード機は機械作用による繊維切断を防ぐための工夫が施されている。

④ 精梳毛工程(コーミング)

綿紡績の工程と同じで，繊維中に残る夾雑物を除去し，繊維の配列をさらに向上させる工程である。コーマ機にかけた後，ギルボックスという櫛状の針が植えられた針板を有する機械に通し，スライバーをさらに梳り集束性を高める。スライバーは，巻いてトップ(図3-4)とよばれる5～10 kgの玉状にして，次の工程に送られる。梳毛紡績の染色はトップの状態で行うことが多く，これをトップ染めという。

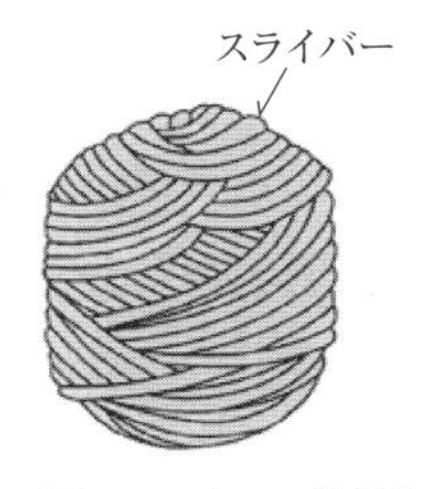

図3-4 トップ外観

⑤　前紡工程

トップを複数本合わせて，ギルボックスという機械に数回通して，細い篠に仕上げる工程である。工程の前半は，羊毛繊維を針により梳り，後半はローラーによって引き伸ばして太さむらをなくし，繊維配列を向上させて，粗糸を製造する。

⑥　精紡工程

精紡機に粗糸を投入し，所定の太さまでドラフトし，撚りをかけて目的の糸に仕上げる。主にリング精紡機が用いられている。糸染めを行う場合は，この工程の後に行う。新しい紡績法として，図3-5に示す2本の粗糸をドラフトした後，合わせて加撚するサイロスパン紡績などがある。

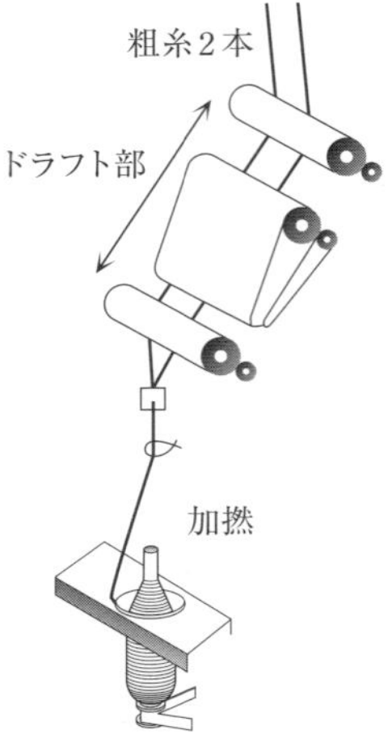

図3-5　サイロスパン紡績

（3）　紡毛紡績

繊維長の短い羊毛または獣毛を原料に用いる紡績である。紡毛糸は，いろいろな毛を混毛することにより，梳毛織物よりも多様な商品展開が可能である。紡毛紡績の工程は，図3-3に示すように，梳毛紡績の工程より短い。

①　選　別

②　洗　毛

①，②の工程は梳毛紡績の工程と同様である。

③　化炭処理

紡毛紡績には精梳毛工程がないため，除去できない植物性不純物の除去のために行う紡毛紡績の特有な工程である。硫酸で植物性不純物を炭化し除去する。

④　梳毛工程(カーディング)

梳毛紡績と同様のカード機を使うが，紡毛紡績では，梳毛紡績の前紡工程がなく，カード機からいきなり精紡機に進む。紡毛カード機ではウェブを分割して，複数本の細い粗糸を一気に製造する。

⑤　精紡工程

粗糸をドラフトして所定の細さにし，加撚して糸にする工程である。主にミュール精紡機*が使用されるが，中～太番手糸用には，リング精紡機が改良されて使用されている。

*リング精紡機のように連続して精紡する方法ではないために生産性は低いが，紡毛糸の膨らみのあるよい風合いの糸を製造するのに適した精紡方式である。

（4）　化学繊維紡績

化学繊維紡績は，長繊維束(トウ)を原料にして紡績糸を造る方法があり，これをトウ紡績法とよぶ。原料トウを所定の長さにカットして，トウから一気にスライバーにして捲縮を付与して紡績をしやすくする。綿紡績または梳毛紡績法で紡績糸にする(図3-1参照)。

2-2 製　糸

絹繊維は，繭から解舒（かいじょ）して採取するフィラメント糸である。繭糸を数本集束し，セリシンで接着抱合した糸を生糸（きいと）とよび，生糸を製造する工程を製糸という。生糸を石鹸やアルカリを用いてセリシンを除去すると，絹独特の光沢と滑らかな手触りの練糸となる。

2-3 加工糸

フィラメント糸を改質し，新たな伸縮性やかさ高性の機能を付与する加工をテクスチャード加工といい，製造された糸を加工糸という。繊維の熱可塑性の性質を利用し，直線形状のフィラメントに新たな形状を付加させることにより，伸縮性，かさ高さ，含気率に富む布を構成する糸になる。ポリエステルやナイロンなどの合成繊維に対して行われる。

(1) 加撚―ヒートセット―解撚法

熱可塑性のフィラメント糸に，図3-6のように強撚をかけて巻き取り，ヒートセットする。冷却後，解撚すると，糸に捲縮が固定される。

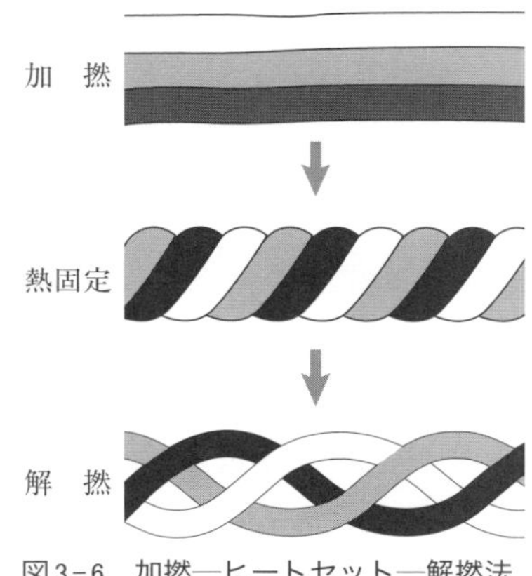

図3-6　加撚―ヒートセット―解撚法

(2) 仮撚法

熱可塑性のフィラメントに対し，主に行われている生産性の高い加工方法であるが，加工の原理は(1)と同じである。糸は供給ローラーと仮より装置の間で加撚され，ヒートセットされた後，引き取りローラー間で解撚されて巻き取られる。

(3) 擦過法

加熱した熱可塑性フィラメントの側面をナイフの鋭角なエッジで擦過することにより，擦過面と反対側の面の物性差を生じさせて捲縮を付与する方法である。

(4) 押し込み法

熱可塑性フィラメント糸を箱に押し込んで座屈させ，ヒートセットし，捲縮を与える方法である（図3-7）。

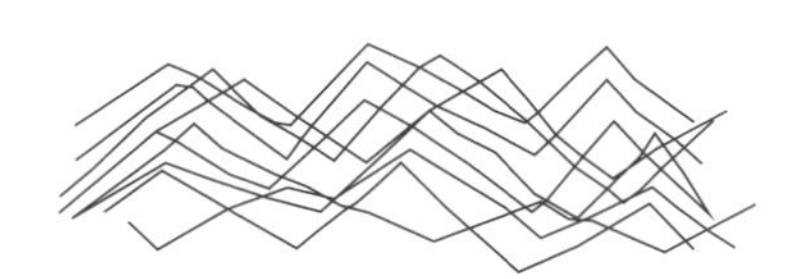

図3-7　押し込み法による加工糸の形態

(5) 賦型法（ふけいほう）

熱可塑性フィラメントに対して行われる方法であり，ギア法やニットデニット法がある。ギア法は，一対の歯車間に挟んで，その波形を熱セットすることで捲縮を与える方法である。ニットデニット法は，糸を編成して，ヒートセットすることにより編目の捲縮を付与する方法である（図3-8）。

図3-8　ニットデニット法による加工糸の形態

(6) 空気噴射法

供給される繊維配列を高速空気流によって乱し，ループやたるみを付与する方法で，熱可塑性ではない糸にも適用できる。この方法による加工糸は，かさ高性は付与されるが，伸縮性に関しては特に付与されない(図3-9)。

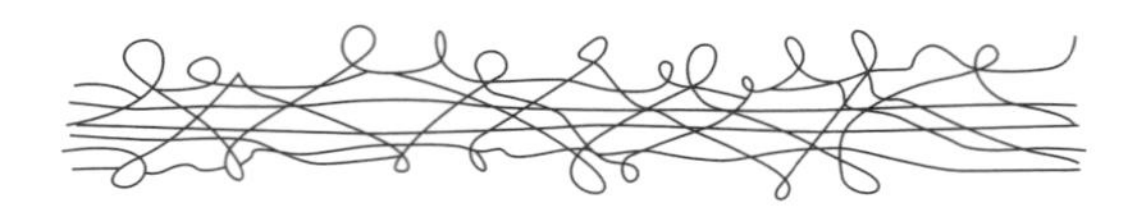

図3-9 空気噴射法による加工糸の形態

2-4 ステープルとフィラメントの複合糸

ステープルとフィラメントを合わせて作られた複合糸には，コアスパンヤーン，カバードヤーン，ラッピングヤーン，精紡交撚糸などがあり，高感性，高機能性が付与された糸である(図3-10)。コアスパンヤーンは，芯(コア)にフィラメントのポリエステル糸やポリウレタン弾性糸を用い，短繊維(綿や羊毛)で包むように紡績した糸である。工業縫製における針温による糸切れ防止のためのミシン糸やストレッチジーンズなど用いられている。カバードヤーンは，芯にポリウレタン弾性糸を用い，紡績糸や長繊維(例えばナイロン)を巻きつけることにより高伸縮性の糸となる。水着やスポーツウェアなどに用いられている。ラッピングヤーンは，短繊維束(無撚り)を芯として周りに糸を巻きつけて作る糸である。ふくらみが求められるハンドニット糸などに用いられている。精紡交撚糸は，サイロスパン精紡機(図3-5)を用い，異種のステープルやフィラメントを交撚した糸である。

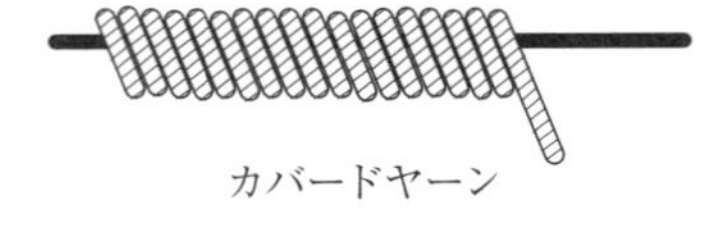

図3-10 複合糸

2-5 飾り糸

飾り糸は，意匠糸，ファンシーヤーンともよばれ，織物や編物に，デザイン効果(配色，外観，風合いなど)を与える糸である。一般には，芯糸のうえに飾り糸を巻きつけ，ずれを防止するために押さえ糸を巻きつけて押さえる。飾り糸の種類を図3-11に示す。

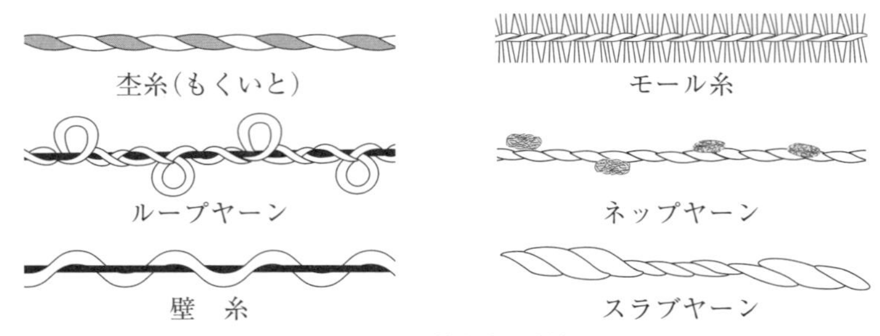

図3-11 飾り糸の種類

3. 糸の構造と性質

3-1　糸の太さ(番手)

糸の太さは，糸の長さと重さから求められる番手で表される。番手の基となる重さと長さを定め，長さを基準として表す恒長式番手と，重さを基準として表す恒重式番手の2種類がある。表3-1に糸の番手の表示法を示す。

表3-1　糸の番手表示法

番手方式		糸の種類	基準重さ(g)	基準長さ(m)
恒長式	テックス(tex)	すべての糸	1	1,000
	デニール(D)	フィラメント糸	1	9,000
恒重式	綿番手(Ne)	綿糸，絹紡糸，化繊紡糸	453.59	768.1
	麻番手(Ne)	麻糸	453.59	274.32
	メートル番手(Nm)	梳毛糸，紡毛糸	1,000	1,000

(1)　恒長式番手

デニールとテックスの表示法がある。デニール(D)は，フィラメント糸に適用され，テックス(tex)はすべての繊維，糸の表示に適用される。SI単位(International Systems of Units：国際単位系)ではテックス番手を使用する。基準長さを定めて，糸の重さが基準重さの何倍になるかによって太さを表す方法で，糸が太くなるほど番手の数字は大きくなる。テックスの基準長さは1,000m，基準重さは1gである。例えば，1,000mの重さが20gのポリエステル糸は下式に当てはめて20texとなる。テックスは補助単位として，基準質量が1mgであるミリテックス(mtex：10^{-3})，基準質量が0.1gであるデシテックス(dtex：10^{-1})，基準質量が1,000gであるキロテックス(ktex：10^{3})が用いられている。市場では，デニール(D)と同じ桁数で近似した数値となることから，デシテックス(dtex)が多く使用される傾向にある。

デニール D ＝ $9{,}000/1 \times w/l = 9{,}000 \times w/l$

テックス tex ＝ $1{,}000/1 \times w/l = 1{,}000 \times w/l$

l：番手を求める糸の長さ
w：重さ

(2)　恒重式番手

綿，麻，毛などの紡績糸の太さに用いられる表示法であり，基準重さが定められ，糸の長さが基準長さの何倍になるかによって太さを表す方法で，糸が細くなるほど番手の数字は大きくなる。繊維の種類(糸の製造法)によって表示法は異なり，綿番手(Ne)，麻番手(Ne)，毛糸に用いられるメートル番手(Nm)がある。綿番手の基準重さは453.59g(1ポンド)，基準長さは768.1m(840ヤード)である。綿糸の長さが基準長さの20倍(768.1m×20)であれば，20番手となる。

綿番手 Ne ＝ $453.59/768.1 \times l/w = 0.5905 \times l/w$

麻番手 Ne ＝ $453.59/274.32 \times l/w = 1.654 \times l/w$

メートル番手 Nm ＝ $1{,}000/1{,}000 \times l/w = 1.0 \times l/w$

l：番手を求める糸の長さ
w：重さ

（3） 糸の番手間の換算方法

糸の番手間は，表3-2に示す番手係数を用いて換算することができる。例えば，20番手の綿糸は，29.53 tex（590.54/20 = 29.53）となる。

表3-2 番手換算表

番手	tex	D	Ne	Nm
tex	−	9×tex	590.54/tex	1,000/tex
D	0.1111×D	−	5,314.88/D	9,000/D
Ne	590.54/Ne	5,314.88/Ne	−	1.69/Ne
Nm	1,000/Nm	9,000/Nm	0.5905/Nm	−

Ne：綿番手の場合

（4） 糸の太さの表示

単糸の太さが20番手の場合，糸の太さの表示は表3-3のようになる。

表3-3 糸の太さの表示例

糸	テックス	綿番手・麻番手	メートル番手
20番手単糸	20 tex	20^{S}	1/20
20番手2本撚り糸（双糸）	20 tex×2	$20/2^{S}$	2/20
20番手引き揃え糸	20 tex//2	$20//2^{S}$	2//20

3-2 糸の撚り

（1） 撚りの効果

糸に撚りをかける目的をまとめると，以下のようになる。

① 繊維の滑脱防止と引張強さの付与

短繊維を紡績糸にするためには，繊維間に摩擦を作用させて糸形状を保持する必要がある。加撚により繊維間の摩擦力を増加させると，撚り数が適度であれば，繊維の滑脱は阻止され，引張強度が増加する。

② 糸の外観・風合いへの影響

加撚により糸は締まり，表面の毛羽は減少する。糸の撚りは，糸の柔軟性，外観や風合い，保温性などに大きく影響を及ぼす。

（2） 撚り方向と合糸

糸の撚り方向は，図3-12に示す2方向であり，撚りの傾斜方向が「S」または「Z」の文字の傾斜に一致した撚りをS撚りまたはZ撚りという。糸を解撚したときに，繊維状に分離すれば，それは単糸である。フィラメントは片撚り糸とよぶことがある。紡績糸の単糸は一般にZ撚りが多い。単糸を数本引き揃えて撚りをかけた糸を諸撚り（もろより）糸というが，単糸にかけた撚りを下撚りとよ

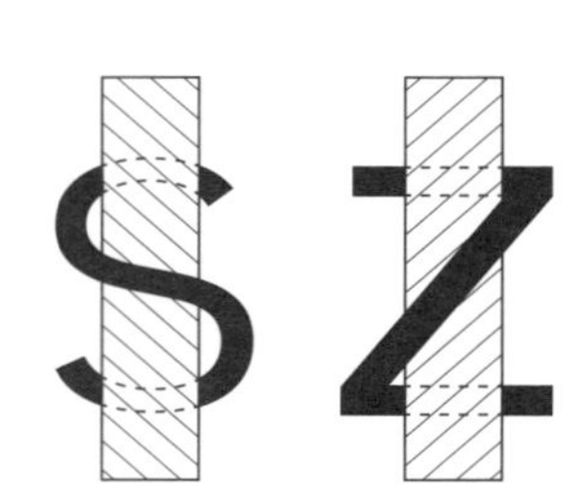

図3-12 糸の撚り方向

び，諸撚り糸を作るためにかけた撚りを上撚りとよぶ。上撚りは，糸の安定化のために下撚りと逆の撚りをかけるが，異なる糸も作られている。2本の単糸を撚り合わせた諸撚り糸を2本諸撚り糸（双糸，二子糸（ふたこいと）），3本合わせたものを3本諸撚り糸（三子糸（みこいと））とよぶ。複数の単糸を合わせただけで撚りをかけない糸は引き揃（そろ）え糸とよぶ。

（3） 撚り数と撚りの強さ（撚り係数）

単位長さ当たりの撚り回数を撚り数という。単位長さは2.54 cm（1インチ）間，または1m間の撚り数で表す。綿番手の場合は2.54cm間，毛糸やフィラメント糸は1m間の撚り数に，撚り方向を併記して下のように表示する。

綿番手：

2.54 cm当たり18回のZ撚りをかけた単糸（A）	Z18/2.54 cm
Aの単糸を2本以上引き揃え，12回のS撚りをかけた糸	Z18/S12/2.54 cm

メートル番手：

1m当たり500回のZ撚りを加えた糸（B）	Z500/m
Bの単糸を2本以上引き揃え，480回のS撚りをかけた糸	S480/Z500/m

撚りの強さは，撚り数と糸の太さ（番手）が関係する。糸が太いと撚り角度が小さくなるため，細い糸より撚りの効果が大きくなる（図3-13）。撚りの強さは，下式に示す撚り係数（K）によって示される。

恒長式番手の場合　$K = T \cdot \sqrt{D}$

恒重式番手の場合　$K = T/\sqrt{N}$

K：撚り係数，T：撚り数
D：恒長式番手，N：恒重式番手

綿糸の場合の標準撚り係数を表3-4に示す。単位長さが2.54cmの場合，撚り係数が5以上は強撚糸，4前後は普通糸，3以下は甘撚り糸に属する。ジョーゼットや縮緬には撚りを強くかけた強撚糸の糸が用いられ，ニットに用いられる糸は，撚りの少ないふっくらした甘撚りの糸である。一般に，織物のたて糸の撚り数はよこ糸より多い。

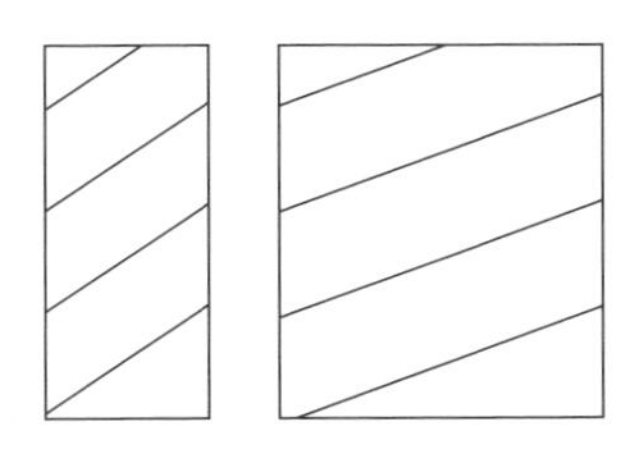
図3-13　糸の太さと撚り効果

表3-4　綿糸の撚り係数の例

種　類	用　途	撚り係数（K）
甘撚り	超甘撚りニット糸	2.0以下
↑	ニット糸	2.75～3.25
	タオル糸	3.10～3.30
普通撚り	織物　よこ糸	3.20～3.50
	織物　たて糸	3.75～4.00
↓	縮緬用糸	5.0以上
強　撚	ミシン糸	4.00～4.25

図3-14に示すように，フィラメント糸の引張強度は，撚り数の増加により低下する。紡績糸における撚りは，（1）で述べたように，まず短繊維の集束に必要であり，さらに繊維相互間の摩擦力の増加は引張強度に大きく影響する。しかし，撚り数に対して引張強度には最大値があり，過度の加撚は引張強度を低下させる。この最大値付近の撚り数を飽和撚り（普通撚り）という。

3-3　縫い糸の表示と構造

ミシン糸には，スパン糸，フィラメント糸の他に，フィラメント糸に捲縮を付与したウーリー糸，コアスパン糸などが使用されている。ミシン糸は一般に三本諸撚り糸(三子糸)構成であり，上撚りはミシンの縫い機構の関係からZ撚りである。縫い糸の太さは，「呼び」という縫い糸独自の表示方法がある。呼びの表示例を表3-5に示す。綿やポリエステルスパン糸のミシン糸の呼びは，単糸が20番手以上の糸の場合は，その番手の数値が呼びの数値となる。ポリエステルフィラメント糸の呼びは，糸の総繊度によって呼びが決められている。縫い糸の呼びの数値は，増加すると糸は細くなる。

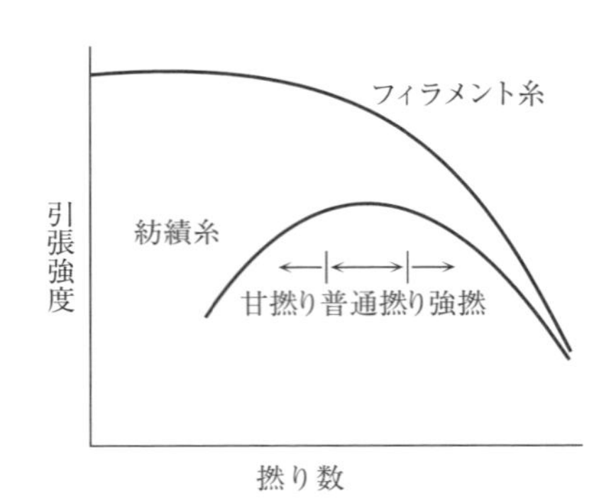

図3-14　撚り数と引張強度[1]

表3-5　縫い糸の表示の例
(綿ミシン，ポリエステルパン糸ミシン糸および手縫糸)[2),3)]

「呼び」	原糸繊度 dtex(原糸番手 S)	合糸数
＃30(3コード)	200(30)	3
＃50(3コード)	120(50)	3
＃50(2コード)	200(30)	2
＃60(3コード)	100(60)	3
＃60(2コード)	145(40)	2
＃80(3コード)	74(80)	3
＃100(3コード)	59(100)	3

参考文献　＊　＊　＊　＊　＊　＊

1) 繊維学会：「業界マイスターに学ぶ　せんいの基礎講座」，93, 101，繊維社(2016)
2) JIS L 2101「綿縫糸」，日本規格協会(2006)
3) JIS L 2511「ポリエステル縫糸」，日本規格協会(2006)

4章 織　　物

織物とは「たて糸とよこ糸を(織機によって)通常は互いに直角に交錯させてできた布」である。たて糸とよこ糸を直角に交錯させる技術の歴史はとても古く，わが国の場合では，6世紀後半に甲塚古墳で出土された機織型埴輪により織機の存在が明らかとなった。この甲塚古墳で出土した埴輪には「原始機」と「地機」が出土されている。

繊維からアパレル製品となるまでの道のりは長い。最初の紡績工程では繊維径数ミクロンから数十ミクロン，繊維長はcmから10数cmの繊維原料が糸となる。製布(製織・製編)工程ではm単位で織物，ニットの長さを評価する。そしてアパレル・縫製工程では衣服となり，枚あるいは点で数をかぞえる。大雑把にいえば，糸は一次元，布は二次元そして衣服は三次元とみなすことができる。

1．わが国における繊維材料の歴史

わが国における繊維材料の活用はまず，麻などのような長い靭皮繊維から始まり，3世紀前半に編纂された魏国の正史「魏志倭人伝」(編者：晋国の陳寿)には当時わが国では「桑を植え，蚕をかい，絹をつむぎ」の記載があり，すでに桑の木が植栽され，蚕を飼っていたことがわかる。799年には崑崙人が愛知県西尾市付近に漂着し，綿の種を伝えた。その後，綿の栽培は途絶えてしまったが(この間に木綿が朝鮮より輸入されていた)，約700年後に再び栽培が始まり(1510年永正年中記)，全国に普及し，16世紀中には国民の衣料素材は大半が綿となった。

衣食住の最初の衣は，このようにして国民に行き渡っていった。綿は元来，暖かい地域の植物なので主に太平洋側の各地で栽培された。一方，絹糸は製織の際に多湿であることが求められるので，冬季に多雪，豪雪地帯での貴重な業務となっていた。

明治以降，新産業の勃興により従来の絹，綿に加えて羊毛の導入，綿はコストが低廉でこれまでの国内産の綿より繊維の長い外国産への変更，あるいは絹のアメリカ輸出により第二次世界大戦前は，わが国の富国強兵に著しく貢献したことなどがあげられる。このように時代・環境の変化から，新素材・新技術の導入などにより，従来からの伝統的な業種が時代に適合した繊維産業として変貌し，わが国の地場産業の雄として地域産業の発展に大いに貢献している(図11-7参照)。

ニットは織物と比較すると，産業史の観点からみて非常に新しい業種であり，広く一般的となったのは第二次世界大戦後である。

2．織物組織

織物とは，たて糸(製織時に布の長さ方向にある糸)とよこ糸(製織時に布の幅方向にある糸)が直角に交錯して平面の布を構成するものである。このたて糸とよこ糸の交錯状態を第三者に伝える，あるいは後世に記録として残していくために織物のたて糸とよこ糸交錯の仕方を示す方法が自然発生的に生まれてきたのではと考えられる。このたて糸とよこ糸の交錯状態を意匠紙に図示したものを「組織図」という。織物でよこ糸の上にあるたて糸は意匠紙の上では小さな四角形「■」で塗りつぶす。一方，たて糸が下でよこ糸が上の場合には「□」で表す。すなわち，「■」が「たて糸が上」を，「□」は「よこ糸が上」を示す。なお，たて列にたて糸を，よこ列によこ糸を記入する。

3. 関係用語

① 組織(weave)

織物のたて糸とよこ糸の交錯の仕方を表したもの。

② 組織図(weave diagram)

意匠紙の上にたて糸とよこ糸の交錯の仕方を表したもの。
「たて糸が上」の場合には「■」を，よこ糸が上の場合には「□」のままである。

③ 意匠紙(design paper)

組織，意匠の図示に通じるようにたて，よこ方向に一定間隔をおいて線を引いた紙である。通常，たて線の空間がたて糸1本を表す。

④ 浮き(float)

隣接した組織点の間の糸の長さを示す。浮きの長さはよこ糸を飛び越しているたて糸の数，または，たて糸を飛び越しているよこ糸の数で表す。

⑤ 完全組織(weave repeat)

織物組織のパターンに必要な最小限のたて糸とよこ糸の本数である。平織ではたて糸，よこ糸2本ずつ，斜文織では3本ずつ，朱子織では5本ずつである。

4. 織物組織の分類

4-1 三原組織(Three foundation weave)

(1) 平 織(Plain weave)

織物組織の内で最も簡単なもので，「たて・よこ各2本ずつで循環し，いずれの糸も1本」ごとに浮沈して交錯を行う。各よこ糸が1本のたて糸の上下を交互に通り，たて糸は1本のよこ糸の上下を交互に通っている組織である。図4-1に示す。

(2) 斜文織，綾織(Twill weave)

少なくとも3本のたて糸・よこ糸からなる完全組織をもち，平織のように交互に浮沈せず，連続的に浮沈した組織点で斜め線を表す。これを斜文線(綾線)という。組織図と併用して分数の形で表示する。その方法は分数の横棒をよこ糸とし，分子にたて糸の浮き数，分母によこ糸の浮き数を記して組織とその糸の位置を示す。斜文線の方向を右側に矢印「↗」で表す。斜文織の種類を以下に示す。

① 種類(その1)

片面斜文：布面にたて糸とよこ糸の現れ方が不同な斜文で表裏の外観が異なるもの。

たて斜文：たて糸が多く現れて斜文線を構成しているもの(図4-2(1)，図4-3(1))。

よこ斜文：よこ糸が多く現れて斜文線を構成しているもの(図4-2(2))。

両面斜文：布面にたて・よこ糸の現れ方が同数で，表裏の状態が同じものをいう。ただし，斜文線の方向はどのような斜文でも表裏反対である(図4-3(2))。

② 種類(その2)

三枚斜文：斜文織の中で最も簡単な組織である。たて・よこ糸3本ずつで完全になる。一種類のみである。図4-2に示す。

四枚斜文：片面斜文と両面斜文の2種類のみである。図4-3に示す。

五枚斜文：片面斜文のみで3種類の組織を作ることができる。図4-4に示す。

六枚斜文：片面斜文3種類，両面斜文2種類を作ることができる。

八枚斜文：14種類作ることができる。

以下斜文枚数が増え，製作は可能である。しかし，あまり実用的ではない。

(3) 朱子織(Sateen weave)

朱子織とは少なくとも5本のたて糸とよこ糸を含む完全組織で，一完全中で同一のたて糸は1回だけよこ糸と交錯し，よこ糸の飛び数は1以上である組織のことである。たて一完全中の糸の数と飛び数とは公約数をもたないことに注意すること。

① 朱子織

たて朱子とよこ朱子がある。たて朱子とは，表にたて糸が多く浮いている朱子織(図4-5(1))であり，よこ朱子とは，表によこ糸が多く浮いている朱子織(図4-5(2))である。

② 飛び数

朱子織の場合のみに使用する用語に「飛び数」がある。飛び数とはある組織中の交錯点から，たての方向に前のたて糸の交錯点まで移動するときに数えるよこ糸の本数のことであり，一循環の糸数において公約数をもたない2つの数に分けることである。たとえば，五枚朱子の場合，公約数をもたない，「2」と「3」の2つの数に分けられる。同様に七枚朱子では「2」「5」の二つの数に分けられる。

五枚朱子：飛数　2と3　図4-5に示す。　　**十枚朱子**：飛数　3と7

七枚朱子：飛数　2と5　図4-6に示す。　　**十二枚朱子**：飛数　5と7

八枚朱子：飛数　3と5

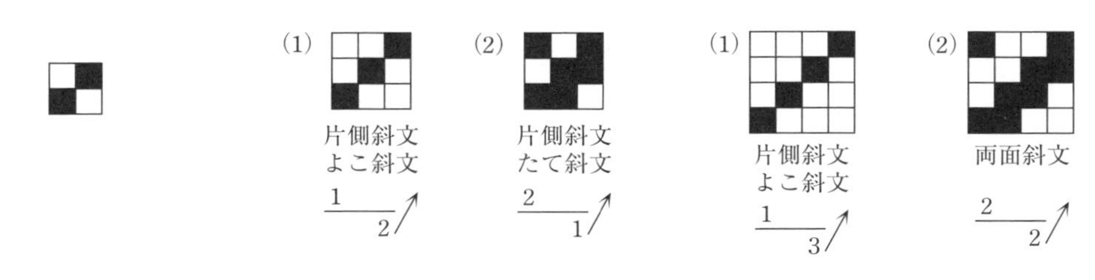

図4-1　平　織　　図4-2　三枚斜文織　　図4-3　四枚斜文織

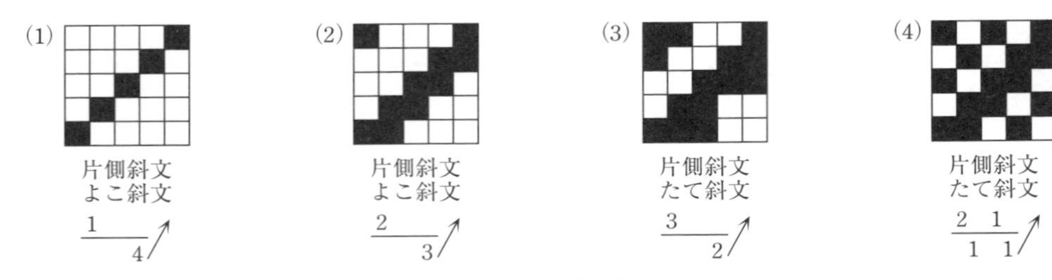

図4-4　五枚斜文織

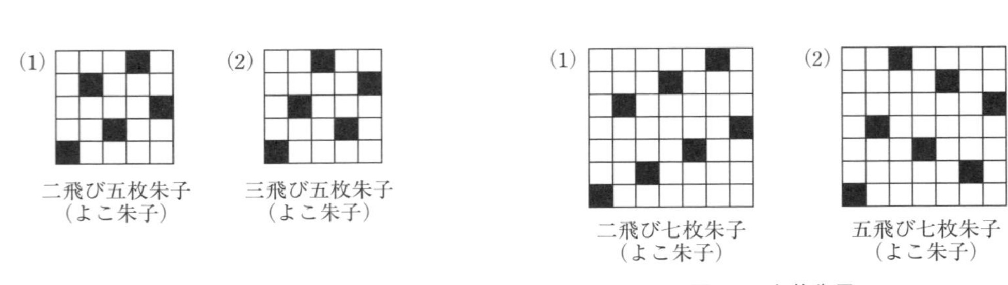

図4-5　五枚朱子

図4-6　七枚朱子

表4-3に平織，斜文織，朱子織の主な特長を示す。

表4-3　三原組織の主な特長，相違点

項　目	平　織	斜　文　織	朱　子　織
たて・よこ糸の構成本数	2本に限る。最も簡単で平ら，じょうぶな組織である	3本以上任意の糸数で構成され，布面に斜文線のある組織となる	5本以上任意の糸数で構成され，布面はたて，またはよこ方向の糸のみで構成された感じとなる
おもて・うらの組織	おもて・うらとも同じ組織である	組織により，いろいろ作ることができる。斜文線の方向は反対となる	おもてがたて朱子ならば，うらはよこ朱子となる
たて糸の屈曲回数	必ず，毎回交互に屈曲する	糸の屈曲は組織によりさまざまである	一循環に1回のみと糸の屈曲は最も少なく，表面は平滑である
手触り	生地は薄い。硬くてしわが生じやすい	生地は緻密，かつ厚くでき，柔軟である	生地は厚くなるが，最も柔軟である
摩　擦	強い	平織と比べ，やや弱いが，光沢がある	最も弱いが，最も光沢がある
応用範囲	製織が容易で，応用範囲は最も広い	応用範囲は広いが，平織よりは少ない	応用範囲は平織，斜文織に次ぐ

4-2　変化組織(Derivative weave)

変化組織とは，三原組織から誘導される組織の総称である。

(1)　変化平織

平織から直接誘導された，うね織とななこ織がある。さらに変化して飾りを付けたものがある。

うね織：たてうね織(図4-7)，よこうね織，飾りうね織

ななこ織：ななこ織(正則ななこ織(図4-8)，飾りななこ織，向かいななこ織)

(2)　変化斜文織

斜文織から直接誘導される変化斜文織には多くの種類があり，応用も多い。

昼夜斜文，飾り斜文，伸び斜文，急斜文織(図4-9)，緩斜文織(図4-10)，曲がり斜文，破れ斜文，トルコ朱子(図4-11)，飛び斜文，山形斜文，組斜文，重ね斜文，よじれ斜文，昼夜斜文，飾り斜文，ぼかし斜文(図4-12)，正則斜文(図4-13)などがある。

(3)　変化朱子織

朱子織から直接誘導される変化朱子織は以下のようである。

(ひろげ朱子，重ね朱子，スワンダウン(図4-14)，ベネシアン(図4-15)，インペリアルサテン，バックスキン，みかげ織，昼夜朱子(図4-16)，ぼかし朱子など)

(4)　特別組織

上記(1)～(3)に属さない組織(はちす織(通常はちす(図4-17)，ブライトンはちす織)，通常ハック織，模紗織，梨地織，スポンジ織(図4-18)など)

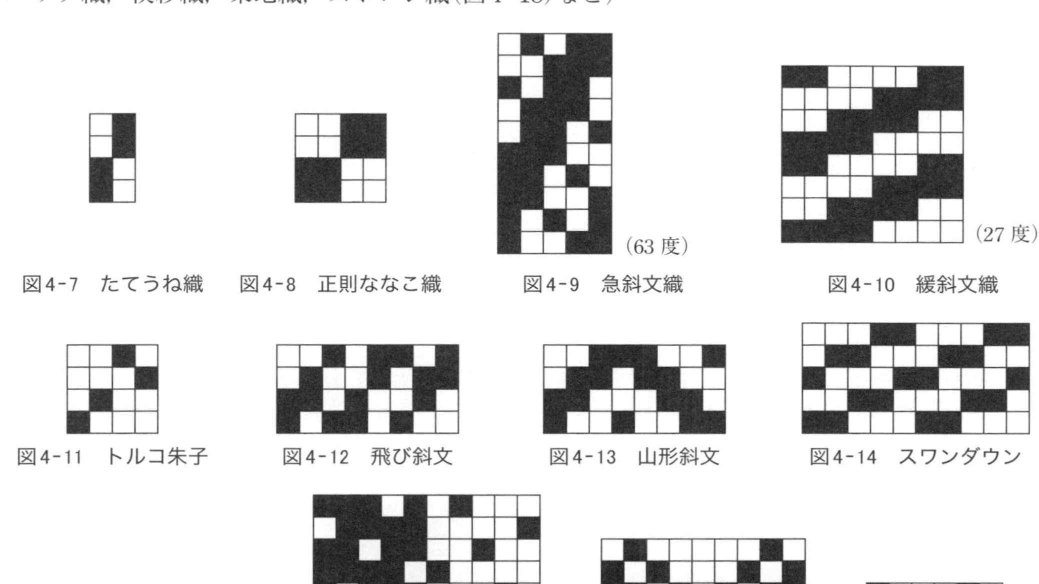

図4-7　たてうね織　図4-8　正則ななこ織　図4-9　急斜文織　図4-10　緩斜文織

図4-11　トルコ朱子　図4-12　飛び斜文　図4-13　山形斜文　図4-14　スワンダウン

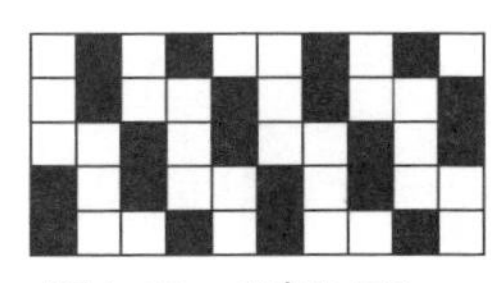

図4-15　ベネシアン

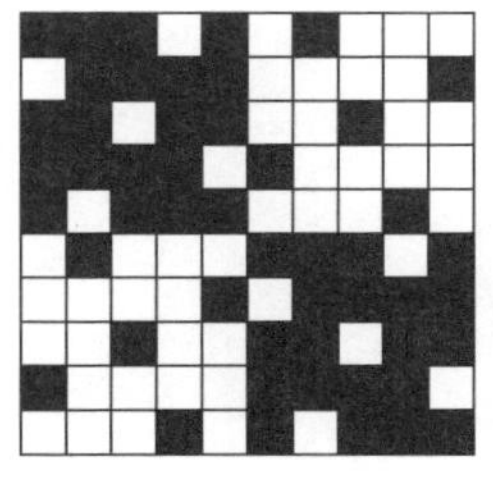

図4-16　昼夜朱子織

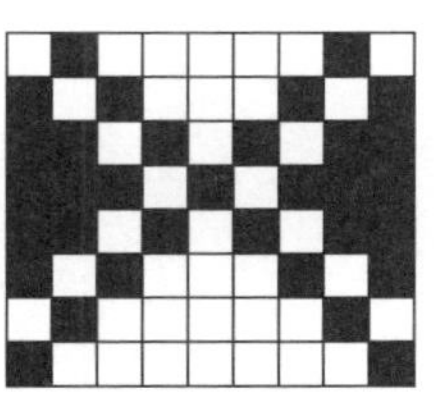

図4-17　はちす織

図4-18　スポンジ織

5. 織物機械

既述のようにわが国には全国各地に織物産地が存立している。産地で使用される繊維，繊維機械により，生産される織物の種類は千差万別である。産地により使用される織物機械はそれぞれ異なるので，本稿では糸が織物になるまでに使用される基本的な工程を順に説明する。

6. 製織準備工程

6-1 ワインダー

現在テキスタイルメーカーに入荷される糸の形態は，チーズもしくは綛（かせ）である（図4-19，20）。

図4-19 チーズ（筆者撮影）

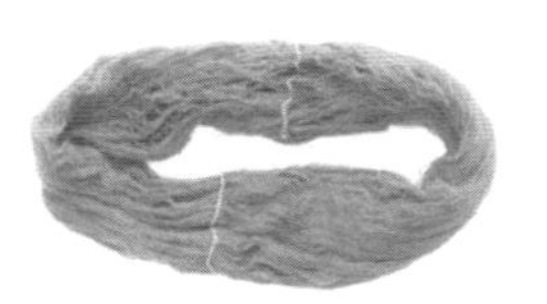

図4-20 綛（筆者撮影）

チーズを整経のたて糸用に準備する。チーズをたて糸用に必要な長さに巻き返し，長さをそろえ，小割りする機械がコーンワインダーである。

綛の場合にはチーズに巻き返し，整経に使用する。

6-2 糊付け

品質のよい織物を効率よく織るために，たて糸に糊付けすることは古くから行われており，糸の毛羽伏せ，強度の向上，伸度の保持により製織性の向上を図ることができる。すなわち，糊付けにより製織の際に，たて糸が綜絖（そうこう）や筬（おさ）との摩擦で毛羽立ち，切断原因となることを防ぐことができる。

6-3 整経工程

整経の目的は設計された織物の長さに応じて，各たて糸の長さを均一に決めること，設計に応じてたて糸の本数，密度，幅および順序を決めること，必要に応じて，異種のたて糸または異種染めのたて糸を配置して，たて縞とすること，などである。大別するとセクショナルワーパー（部分整経），ビームワーパー（荒巻整経）に分けられる。前者を図4-21に後者を図4-22に示す。

図4-21 部分整経機（筆者撮影）

図4-22 荒巻整経機（筆者撮影）

6-4 たて糸引き込み

製織企画書に準じてビームのたて糸を引き出し，綜絖，筬に通して，織機の機台に取り付ける。最後にドロッパピン(図4-23)を掛け，製織できるようにする。この業務を機上げという。製織準備の最終工程である。この業務は作業者の手作業，場合によっては自動機を併用して作業が進められる(たて糸の本数により，異なるが，数日単位の業務である)。最も進んだ自動機ではコンピュータ制御により，たて糸をドロッパピン，綜絖，筬に連続して通すことができる。きわめて正確で，誤りはない。また数時間で完了する。この装置はオートドローイングマシンとよばれる。図4-24にその装置を示す。

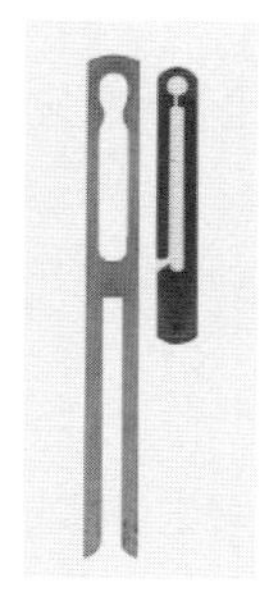

図4-23　ドロッパピン(筆者撮影)

図4-24　オートドローイングマシン
(出典：ITMA配布カタログ)

7. 製織工程

7-1 よこ糸準備

製織工程ではまず，よこ糸を準備する工程から始まる。有杼織機の場合には杼(シャットル)によこ糸が内蔵されており，このよこ管によこ管巻き機で糸を巻かなければならない。一方，無杼織機の場合にはチーズを織機の脇に設置し，よこ糸とする。

7-2 製織作業

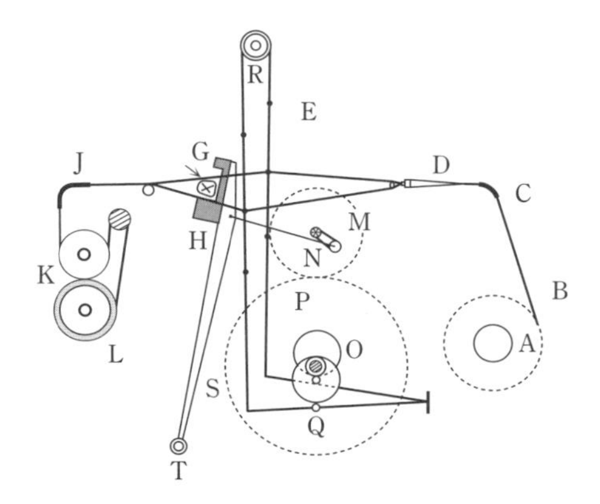

図4-25　織機の基本的な機構　(出典：機織Ⅰ)

製織とは平行に並んで，上下に分かれている，たて糸の間によこ糸を通すことである。有史以来，よこ糸を通す作業は人力で行われてきたが，18世紀以降，産業革命を通して，多くの先人たちの研究，開発，実用化によりさまざまな機構が考案されてきた。その結果，織機の稼働率と織上がった布の品質が大幅に向上した。人力に依存せず動力に基づき製織できる織機を力織機とよんできている。図4-25に織機の最も基本的な機構を示す。この力織機では主運動，副運動，補助運動の繰り返しにより，たて糸がよこ糸と交錯して織物となっていく。

（1） 主運動

主運動とは「開口運動」「よこ打運動」「よこ入運動」のことである。

① 開口運動

織物組織にしたがって，綜絖でたて糸を上下に分け，よこ糸を通すために杼口を作る運動である。すべてのたて糸は綜絖のメールに通され，開口装置によって綜絖枠もしくは通糸(つうじいと)（ジャカードの場合）の運動により開口部が作られる。たて糸とよこ糸が交錯されて織物をつくる基本的な運動である。

② よこ打運動

開口している，たて糸に挿入したよこ糸を筬で織前に打ち寄せる運動である。たて糸よこ糸の交錯を完結させる運動である。

③ よこ入運動

開口しているたて糸群の間によこ糸を挿入する運動である。

よこ入れ運動の方法と種類は，以下のようである。

有杼織機の場合：よこ糸を内蔵した杼が左右に移動することにより，織物が生産される。この杼は急激に送り出され，そして反対側の杼箱に入り，一瞬に停止する。この送り出しと停止によりさまざまな騒音が発生する。加えて，杼には重量があるので高速化には限界がある。さらに杼に内蔵されているよこ管の糸が消費され，新規のよこ糸補充のために停止しなければならないなど，高速化と作業効率の向上には限界がある。図4-26に杼を示す。杼は産地の製織する織物により大きさ，質量が異なる。

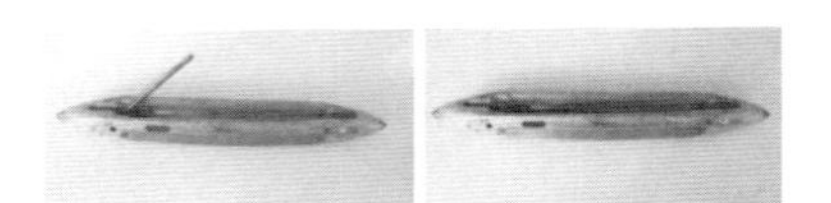

図4-26 杼

無杼織機の場合：このような有杼織機の課題を解決するための20世紀初めから各国で杼を使用しない，よこ入れ方式が開発・研究され，今日ではレピア，プロジェクタイル，ジェット（ウォータ，エアー）の3種類4方法が実用化されている。これにより，織機の大幅な高速化が可能となり，生産効率が大幅に向上した。これらは杼を使用しないので無杼織機あるいは革新織機とよばれている。無杼織機の開発により，上述の杼の場合の課題は解決された。しかし，これらはそれぞれ長所短所をもっている。また，従来からの有杼織機も無杼織機にはないすばらしい長所を有している。したがって，どの織機を使用するかは織物企画，設備の有無，作業者の技能レベルを勘案して決められる。以下に無杼織機の主な特徴を述べる。

レピア織機：レピアとは「細身の剣」のことである。織物幅が広い場合にはよこ糸を把持したレピア先端部が，上下に分かれて開口しているたて糸の中に挿入され，他方のレピアに受け渡してよこ入れを行う。織物幅が広くない場合にはよこ糸を把持したレピア先端部はたて糸の中に挿入され，他方でよこ糸を受け取る。現在では最大の織物幅は5.4mである。

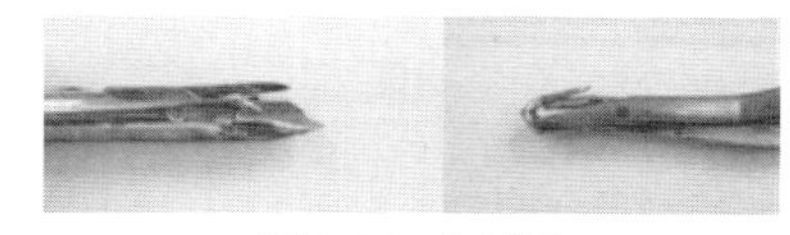
図4-27　レピア

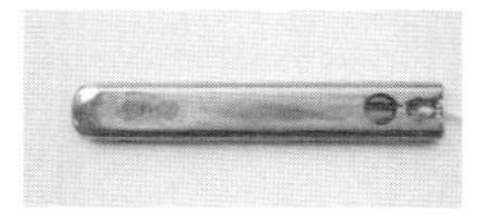
図4-28　グリッパ

図4-26, 27, 28筆者撮影

プロジェクタイル織機：以前はグリッパー織機と呼称されていた。90mm × 15mm × 6mm，重量40gの金属製グリッパーがよこ糸を把持し，開口しているたて糸の中に挿入される。ジェット織機にはエアジェット織機とウォータジェット織機の2種類がある。

エアジェット織機：空気の層流によこ糸端をのせて，開口しているたて糸の中に挿入される。空気の層流は減衰するので減衰分を補うサブノズルが設置されている。現在では最大の織物幅は3.9mの織機が市販されている。

ウォータジェット織機：水流によこ糸端をのせて，開口しているたて糸の中に挿入される。公定水分率の低い，あるいはほとんど水を吸水しない疎水性繊維の織物製造に使用される。現在では最大の織物幅は2.3mである。

(2)　副運動

主運動で織物が織られるにしたがって，後方(ビームの方向)から，たて糸を送り出し，製織された分を順次に前方へ巻き取って製織を続ける運動である。副運動とは，以下の2種類である。

①　巻取運動

織られるにしたがって，織られた布を巻き取る運動である。

②　送出運動

織られるにしたがって，たて糸を順次送り出す運動である

(3)　補助運動

主運動，副運動を補助し，力織機の働きを一層完全にするための他の諸運動，および諸装置を含めて補助運動という。織機にはすべての諸運動，諸装置を全部備える必要はなく，製造する織物の種類によって選択的に必要な運動，装置が備えられている。

①　杼箱運動(杼替運動)

有杼織機の特徴の一つで2種以上のよこ糸用いる場合，杼をたくわえる杼箱が必要である。よこ管の内蔵されている杼箱を上下に動かし，杼とシャトルレースが同一平面になるよう，調節し，同時に杼箱を替える運動のことである。

②　杼停止装置(たて糸保護装置)

有杼織機の場合，製織中に何らかの原因で杼が杼箱に適切に入らなかった場合，自動的に運転を止める装置である。

③　よこ糸切断停止装置

有杼織機の場合，よこ糸が切断したときあるいは製織中に杼のなかに装填してある糸がすべて使い切った場合に自動的に運転を止める装置である。

④　たて糸切断停止装置

たて糸が一本でも切れたときに自動的に運転を停止する。これはたて糸一本一本にドロッパピンが掛けられており，糸の切断によりドロッパピンが落下する織機が停止する装置である。

⑤　よこ糸補充装置

有杼織機において，杼内部のよこ管に巻かれている糸がなくなる直前に自動的に新しいよこ糸を補充して運転を続ける装置のことである。この方式には豊田佐吉の発明による「杼替式」と「管替式」がある。

力織機の6運動とは「開口運動，よこ打運動，よこ入運動，巻取運動，送出運動，杼箱運動」であり，4装置とは「杼停止装置，よこ糸切断停止装置，たて糸切断停止装置，よこ糸補充装置」である。

8. 検反工程

織機で製織された織物は次の整理仕上げ工程に移る。その前に生地の織物幅，布の長さ，重量，布面の異常(太糸，細糸，汚れ，キズ，むら)などを確認する工程である。織物工場で出き上がった織物を生機(きばた)という。

9. 未来の織機：ITMA 2015(国際繊維機械展，イタリア・ミラノ)での話題

すでに述べてきたように有杼織機では騒音，無杼織機においてはエネルギーの消費量の多さなどに新たな課題が生まれてきている。2015年にイタリア・ミラノで開催された「ITMA」(国際繊維機械展)ではドイツにより織機のよこ糸を挿入するためにマグネットを利用した織機が開発，実用化されはじめている。今後のさらなる研究成果を待たなければならない。

10. 新製品開発

テキスタイル企業において時季に合わせて，あるいは時代に先駆けて新製品を提案することは企業活動の根幹である。その方法は企業各自それぞれ独自の手法で行われているが一般的な流れを示す。

①まず，最初に色相，色のトレンドの把握。これは国際流行色委員会，日本流行色協会，あるいは関連団体から色の情報を把握する。

②わが国のみならず，全世界を市場としている著名なファッション情報提供企業からの情報をもれなく把握する。

③ロンドン，パリ，ミラノ，東京，ニューヨークなど国際的ファッション都市で開催されるファッションショー，コレクションの情報を把握する。

④発行されている国内外のファッション雑誌の情報を把握する。

⑤織物の構成原材料となる「糸」のみの展示会「ジャパン・ヤーン・フェア」が国内(愛知県一宮市)で開催される。ここでの情報は自社独自の新製品開発に大きく寄与する。

⑥取引先の企業の販路とその特徴を把握する。

⑦自社のこれまでの蓄積されている膨大な生地データベース，得意技などを考慮する。

11. 試作開発

図4-29　マス見本

上述の情報を総合して新製品開発を行う。これらの情報を基に生地の試作を行う。製織された生地は「マス見本」とよぶ。具体的にはたて方向におおむね10 cm前後の間隔で配色効果を確認するためにたて糸の色を変化させる。ただし，作業効率を考慮して，たて糸の太さ(番手，繊度)およびたて糸密度は固定する。一方，よこ糸は色を変更し，たて方向の柄とほぼ同じ分量を製織する。よこ糸の太さ(番手，繊度)，密度は固定する。このようにして製織された織物はたて方向，よこ方向ともおおむね10 cm前後の碁盤目状となる。図4-29に例を示す。

この生地を整理仕上げして，最良の見本を決定している。このマス見本から本生産に適するものを選び出すことを「マス抜き」という。

一方コンピュータによるテキスタイルCADも，かなり普及しており，ディスプレイ上で具体的なデザインイメージ(風合い，柄，シルエット，配色など)を作成する。これにより企画・生産担当者が互いに情報を共有し，見本作りの効率を図ることができる。使用する糸をスキャナー入力する→織物の柄を作成する→織物組織を設計する→配色→生産指図書の作成→製品(アパレル)イメージの作成などを行い，バーチャルサンプルを作成することができる。某社ではこの情報を専用の織機に移送して製織し，生機(きばた)を作成できる一連の機器が市販されている。

12. 織物の「おもて，うら」「たて，よこ」

このような業務の過程で小さな生地試料が並行して検討材料として使用されることがある。この生地を手本として試料作成に入ることもある。その生地小片で「おもて，うら」，「たて，よこ」を判断しなければならないこともある。以下に「おもて，うら」「たて，よこ」を判断する主な事項を記す。

12-1 織物のおもて，うら

織物の組織，模様，柄，仕上げ状態などからおもて，うらを決定できる。しかし，判断が困難な場合もある。以下におもて，うらを決定するために主な要因を示す。

①美しく光沢のある面，毛並のそろった面がおもてである(図4-30)。
②縞糸が美しく，かつ規則正しく表れている面(図4-31)
③縞，格子織物の場合，柄がはっきりしている面(図4-31)
④斜文織物の場合には斜文線が左下から右上方に向かって存在し，かつ，鮮明な面(図4-32)
(ただし，まれに「逆綾」といって左上がりの場合もあるので注意を要する(図4-33))
⑤セルベージネームのついている生地の場合，その文字が読める面(図4-34，図4-35))

おもて　　うら

図4-30　光沢の有無

おもて　　うら

赤色，緑色（たての細い線）とも鮮明　　赤色，緑色（たての細い線）とも不鮮明

図4-31　織物の柄の鮮明さ

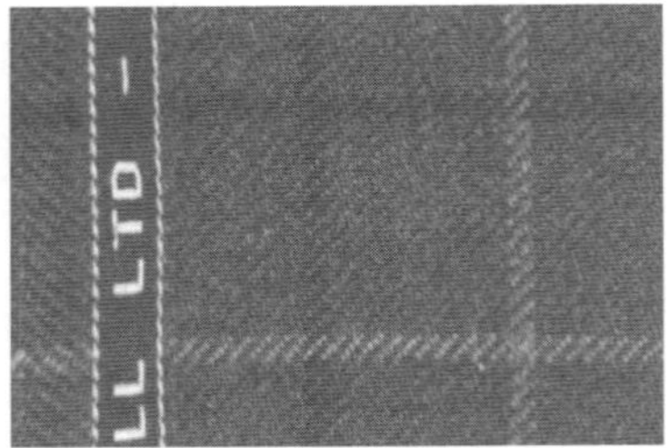

図4-32　斜文線の右上がりの生地

図4-33　斜文線が左上がりの生地

図4-34　文字が読める面がおもて

上下方向が「たて」方向

図4-35　文字が読めない面がうら

上下方向が「たて」方向

12-2　織物のたて，よこ

①織物に耳を有する場合には耳に並行する方向がたてである。

②たて，よこ方向をそれぞれ一方向に引張ってみて伸びる方向がよこ，伸びない方向がたて方向である（手持ちのハンカチで確認しよう）。

③一方が縞で他方が無地の場合，縞のあるほうがたてである。

④両方に縞のある場合には縞糸の変化の多いほうがたて方向である。

⑤格子柄の場合，一般的にはたて方向がよこ方向に比べて長い（図4-36）。

⑥格子柄の場合，一般的には各格子の交点は右上がり方向となる（図4-36）。

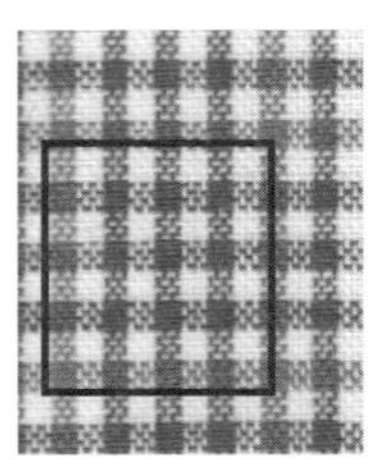

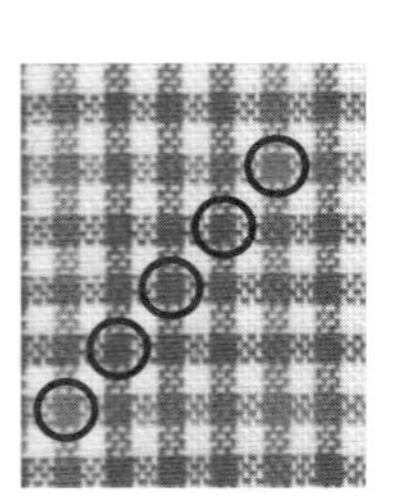

図4-36　上記⑤，⑥の事例

13. 織物の名称

織物の名称は種々あるが，JISで制定されている名称を中心に以下に分類する（表4-4）。

表4-4　織物の名称と分類

原料による名称	化学繊維織物（chemical fiber fabric）	仕上加工による名称	先練織物（degummed silk fabric）
	絹織物（silk fabric）		後練織物（raw silk fabric）
	キュプラ織物（cupra fabric）		先染織物（fiber or yarn dyed fabric）
	毛織物（wool fabric）		後染織物（piece dyed fabric）　など
	合成繊維織物（synthetic fiber fabric）	日本語による名称	かなきん（shirting）
	混紡織物（blended yarn fabric）		小倉織（こくらおり）
	混繊糸織物（combined filament yarn fabric）		しま羽二重（striped habutae）
	そ毛織物（worsted fabric）		ちりめん（crepe）　など
	紡毛織物（woollen fabric）		つむぎ (tsumugi)
	綿織物（cotton fabric）など		てんじく (grey sheeting)
組織による名称	平織物（plain weave）		どんす (donsu)
	斜文織物（twill weave）		帆布（eanvas, duck）
	朱子織物（sateen weave）など		別珍 (velveteen)
外国語による名称	アストラカン（astrak han）		めいせん
	アムンゼン（amunzen）		ろ (leno)
	アルパカ（alpaca）	外国語による名称	クレバネット (cravenette)
	オーガンジー（organdie, organdy）		コール天 (corduroy)
	オックスフォード（oxford）		サージ（serge）
	オットマン（ottoman）		サキソニー（saxony）
	ガーゼ（gauze）		タフタ（taffeta）
	カシミヤ（cashmere）		ツイード (tweed)
	カルゼ（karsey）		デニム (denim)
	ギンガム（gingham）		ピッケ (pique)
	ギャバジン（gaberdine）		フラノ (flano)
	キャラコ（calico）など		ポーラ (poral)

参考文献　*　*　*　*　*　*

文部省：機織1，実教出版（1957）
文部省：機織2，実教出版（1957）
野田隆弘：「繊維工学2　企画・製織」，（公財）一宮地場産業ファッションデザインセンター（2007）
新繊維総合辞典，繊研新聞社（2012）
日本規格協会：JISハンドブック2016　31繊維，日本規格協会（2016）
野田隆弘：「尾州ひつじの巻」，（公財）一宮地場産業ファッションデザインセンター（2017）
兼巻豪：学生産地研修会配布資料，（有）Kラボラトリー（2017）
（株）島精機製作所配布資料
トヨシマビジネスマシン（株）配布資料

5章　編物・レース

編物の起源は古く，産業としての編物はフランスで発展し，16世紀後半にイギリスで足踏み式靴下編機が発明され，絹の靴下が西欧諸国の貴族の間で用いられるようになった。18世紀後半にはイギリスでたて編機が発明され，19世紀中頃に現在の編機に多く採用されている編針のベラ針がイギリス人によって考案されると，編物工業は急速に進歩した。編物は，糸のループを連結して形成した布地のため織物と比較して伸縮性を有する。布地の運動機能性のよさから下着，外衣，靴下などの衣料に用いられるほか，編模様を編成してカーテンレースやインテリア製品にも使用されている。

1．編物の種類と編目の基礎

1-1　よこ編とたて編

現在用いられる編物(ニット・ジャージー)の大部分は工業生産されたもので，編成方法によって，よこ編とたて編に分類される。手編みの棒針編や手編機などの編目の編成は，よこ編である。

(1)　よこ編

よこ編は，1本または複数本の糸を給糸口から供給し，よこ(コース)方向に1段ずつ編成する。棒針編や手編機などの編目の編成は，このよこ編に分類される。よこ編は，目減らし，目増やしの操作によって成型編が可能である。また，編み終わりから糸を解くことができる特徴をもっているが，この特徴は編糸が切れると，そこからラン(伝線)がたて(ウェール)方向に発生するという欠点につながる。編物のよこ方向はコース方向，たて方向はウェール方向とよぶ。

(2)　たて編

たて編は，織物のように多数のたて糸を整経し，たて糸で作ったループを他のたて糸のループと規則的に連結させながら，ウェール方向に編成する。たて編機には，筬(おさ)(織機の筬とは異なる)が用いられる。筬にはたて糸を通すガイド針(導糸針)が取りつけられていて，筬が動くことにより，たて糸は同じ動きで振られて編針にかかり(ラッピング)，編物が編成される。編目は解きにくく，伸縮性はよこ編と織物の中間程度で扱いやすいため，衣料への利用が増えることが期待される。よこ編と比較すると，たて編の編成能率および生産量は低い。

1-2　編目の種類と編目の形成

（1）　よこ編の基本編目

よこ編地の基本編目には，図5-1に示す表目と裏目がある。編目記号，編成記号による表記法も合わせて示す。よこ編組織はこの表目と裏目の組み合わせによって構成される。引き出されたループ（山の部分）をニードルループ，隣り合ったニードルループ間を結ぶループ（谷の部分）をシンカーループとよぶ（図5-2）。

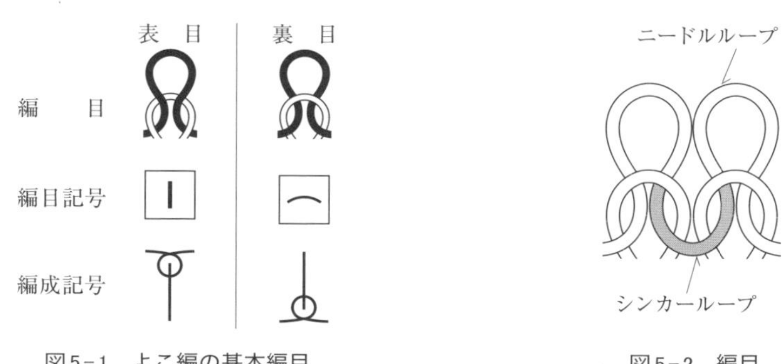

図5-1　よこ編の基本編目

図5-2　編目

（2）　たて編の基本編目

たて編を構成する基本編目には，形成されるループが開いている開き目と，閉じている閉じ目がある。図5-3に基本編目とその編成記号，たて編の編成記号を表すポイントペーパーを示す。

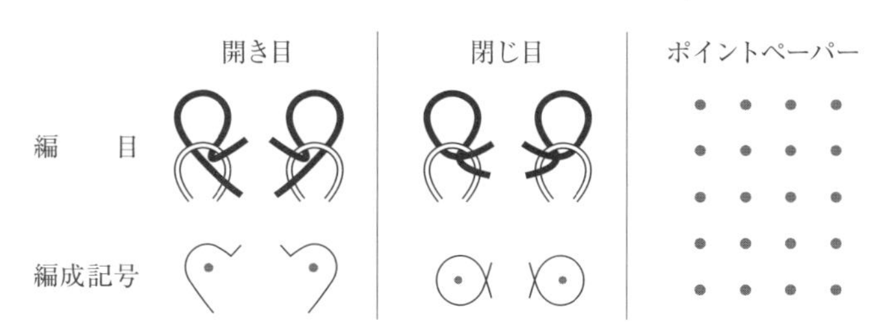

図5-3　たて編の基本編目とポイントペーパー

（3）　編目の種類と編目の形成

図5-4に各種よこ編の変化組織の編成に用いられる編目と編針の位置，編成記号を示す。ニットは基本の編目である。タック（引き上げ目）は，上の段のコースのループと一緒にループを形成する編目であり，タックの部分に隙間ができて模様となる。ウェルト（ミス）は，編糸が編針にかからないため編目が作られず，浮き糸が裏側にあらわれる。

たて編機の編目形成は，ガイド（導糸針）に通されたたて糸が筬の動きによって編針に規則的にかかって行われる（図5-5）。たて編は，筬の枚数と振り方により編組織が決まる。

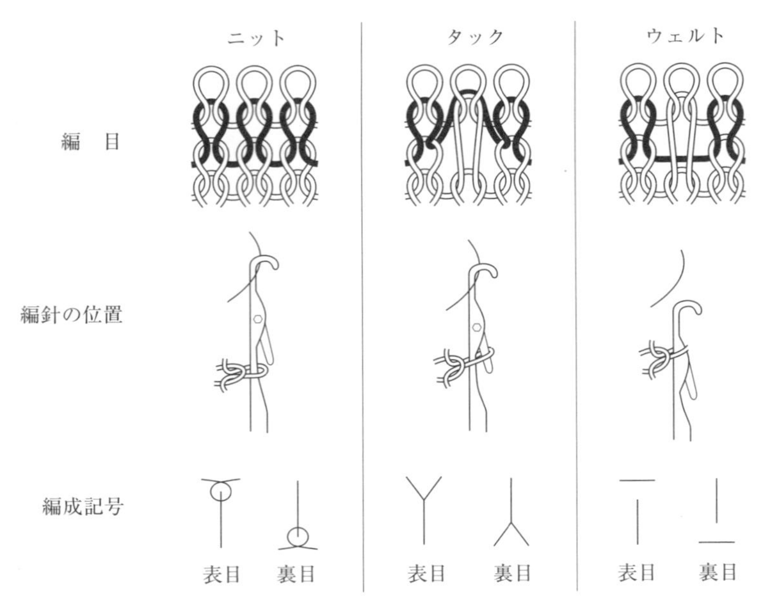

図5-4　よこ編の変化組織の編成に用いられる編目

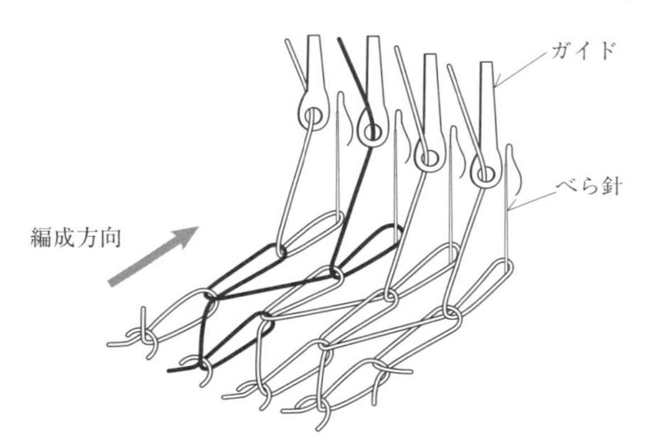

図5-5　たて編機の編目組成(シングルトリコット編)[1]

2. 編機の分類と編物の形状

2-1　編機の分類

表5-1に編機の分類を示す。よこ編機は平形編機と円形編機に分類される。平形編機は平形の針床(後述)の編機であり，よこ編機の多くは2列針床で成形編機に用いられる。フルファッション編機は1列針床である。円形編機は丸編機と靴下編機に分類され，針床は円形である。

※よこ編機のうち，平型針床の編機を横編機とよぶ。

表5-1　編機の分類

編　機	分　類	
よこ編機	平形編機	横編機※
		フルファッション編機
	円形編機	丸編機
		靴下編機
たて編機	トリコット編機	
	ラッシェル編機	
	ミラニーズ編機	

丸編機(図5-6)には1列針床と2列針床があり，ゴム編を編成する2列針床の丸編機はフライス編機とよばれる。

たて編機は，トリコット編機，ラッシェル編機，ミラニーズ編機に分類される。現在，ミラニーズ編機は，ほとんど使用されていない。たて編機は平形編機で1列針床の編機が多い(図5-7)。

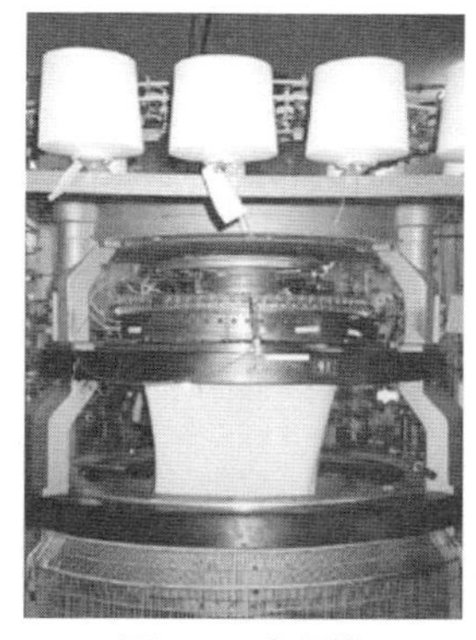

図5-6　丸編機

図5-7　たて編機

2-2　針床の種類

針床とは編針が装着された部分を指し，1列針床と2列針床がある。1列針床で編成された編物をシングルニット，2列針床で編成された編物をダブルニットという。よこ編の針床の針の位置を図5-8に示す。よこ編の2列針床の編針の配置には，ゴム編出合いと両面編出合いの配置があり，編針の配置は前針床，後針床に分かれる。ゴム編出合い(リブ編出合い)は前後の針床の針が半ピッチずれて配置され，両面編出合いは長針と短針が交互に向かい合って配置される。

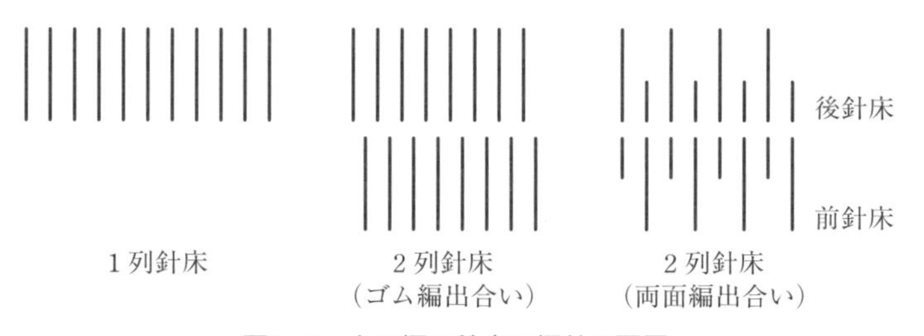

図5-8　よこ編の針床の編針の配置

2-3　編物の形状

編物の生地の形状は，編機の針床の形状によって異なる。平形の編機からは平面状の編物地が，円形の針床からは筒状の編物地が編成される。図5-9に編地の形状を示す。

(1)　流し編地

織物と同様な反物状で，筒状に編成されたよこ編地の場合は，切り開いて平面状にして使用される。製品は布地を裁断し，縫製して製造するためカットアンドソーン(カットソー)製品とよばれている(図5-9(a))。

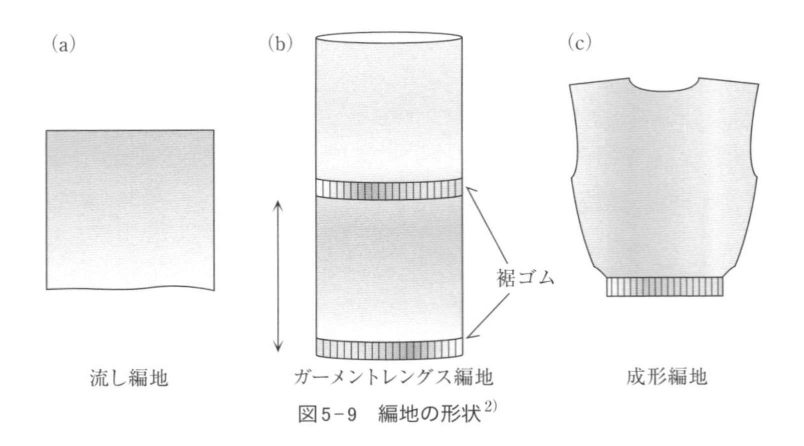

図5-9　編地の形状[2)]

(2)　ガーメントレングス編地

丸編機により，一人分の身丈ずつ区切って編成する編物地で，裾ゴム部，身頃部は連続して編成し，袖部やネック部については裁断・縫製を行って製品にする(図5-9(b))。

(3)　成形編地

主として平形のよこ編機によって，型紙に合わせて目減らし目増やしを行い成形(身頃，袖，衿など)する編地で，これらのパーツをかがり合わせて製品にする。フルファッション編機で編成される編地は成形編地であり，最近は無縫製タイプのよこ編機(平形)が開発されている(図5-9(c))。

3. 編物の組織

3-1　よこ編の基本組織

よこ編の基本組織は，平編，ゴム編，パール編である。図5-10に，基本の編目組織，編目記号，編成記号を示す。

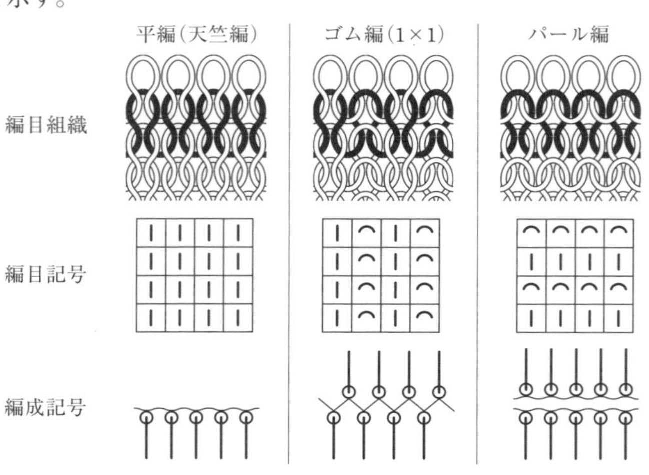

図5-10　よこ編地の基本組織，編目記号，編成記号

（1） 平編（天竺編，メリヤス編）

平編は，1列針床の編機で編成される編物で，最もよく使われる組織である。同じ糸使いならば，最も薄い布地になる。布端から耳まくれしやすく，ランが発生しやすい編地である。肌着やTシャツなどに利用されている。

（2） ゴム編（リブ編）

ゴム編は，ゴム編出合いの2列針床の編機で編成される組織である。ウェールごとに表目と裏目を交互に配列した1×1の基本組織から，用途に応じて，2×1，2×2のように変化させて編成することもある。コース方向の伸縮性が大きく，肌着やセーターの袖口や裾などから，外衣まで広く利用されている。耳まくれは起こらず，厚い布地となる。

（3） パール編

パール編は，コースごとに表目と裏目を交互に配列したもので，両面ともにシンカーループが目立つ，平編の裏面と同じ外観の組織である。基本組織のなかで最もウェール方向の伸長性が大きい布地で，セーターによく用いられている。

3-2 よこ編の変化組織

よこ編は，基本組織の製品も多いが，変化組織からも多くの製品が製造されている。変化組織は，基本組織のニットにタックやウェルトの編目を加えて設計されたもので，ゴム編から誘導される編組織が多い。両面編はゴム編から誘導された変化組織であり，この編組織も多く利用されるが，両面編の応用組織がさらに多種類存在する。

（1） 基本組織から誘導された変化組織

一般に用いられる変化組織について，編成記号を図5-11に示す。平編からの変化組織である表鹿の子編は，ニットとタックを交互に繰り返して編成するもので，外観に鹿の子模様があらわれるためにこの名称がある。片畔編（かたあぜあみ）はゴム編からの変化組織であり，ゴム編の片方の針床

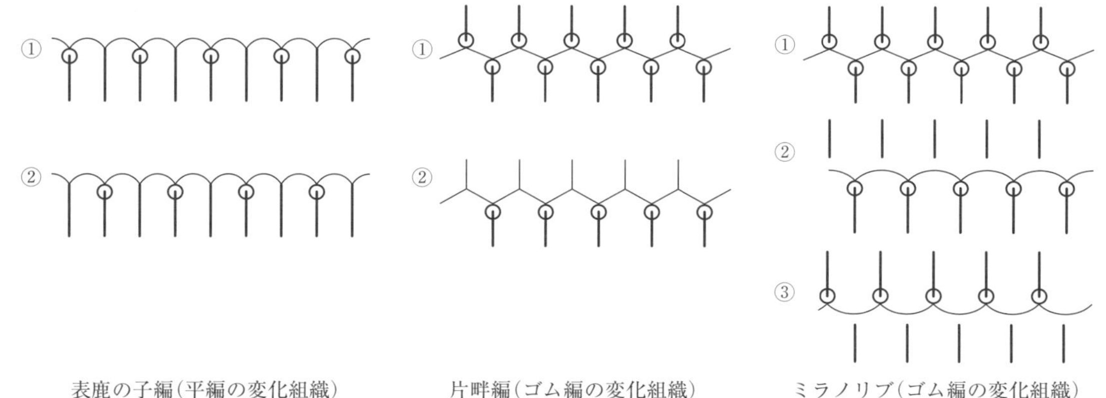

図5-11 よこ編の変化組織

側にタックを入れて編成したものである。ミラノリブも同様にゴム編からの変化組織で，1コースゴム編をした後，2給糸は表目のみ，3給糸は裏目のみの編成を行う。図中の①,②,③は給糸の順序を示す。

（2） 両面編とその変化組織

両面編（スムース編）はゴム編の変化組織であるが，針床はゴム編出合いではなく，両面編出合いである。図5-12に両面編とその変化組織の編成記号を示す。両面編は，ゴム編を2枚重ねた構造で両面同一の形状となる。厚地で，伸びが押さえられた安定感のある編物である。両面編およびその変化組織ともに汎用性の高い編物である。外衣用布地としてよく用いられる。両面編にウェルトを応用した組織としてモックミラノリブ（四口式ポンチローマ），タックを応用した組織としてシングルピケなどがある。

その他，よこ編には，柄やパイルを作る目的やコース方向の伸縮性を抑制するために，糸を挿入することがある。

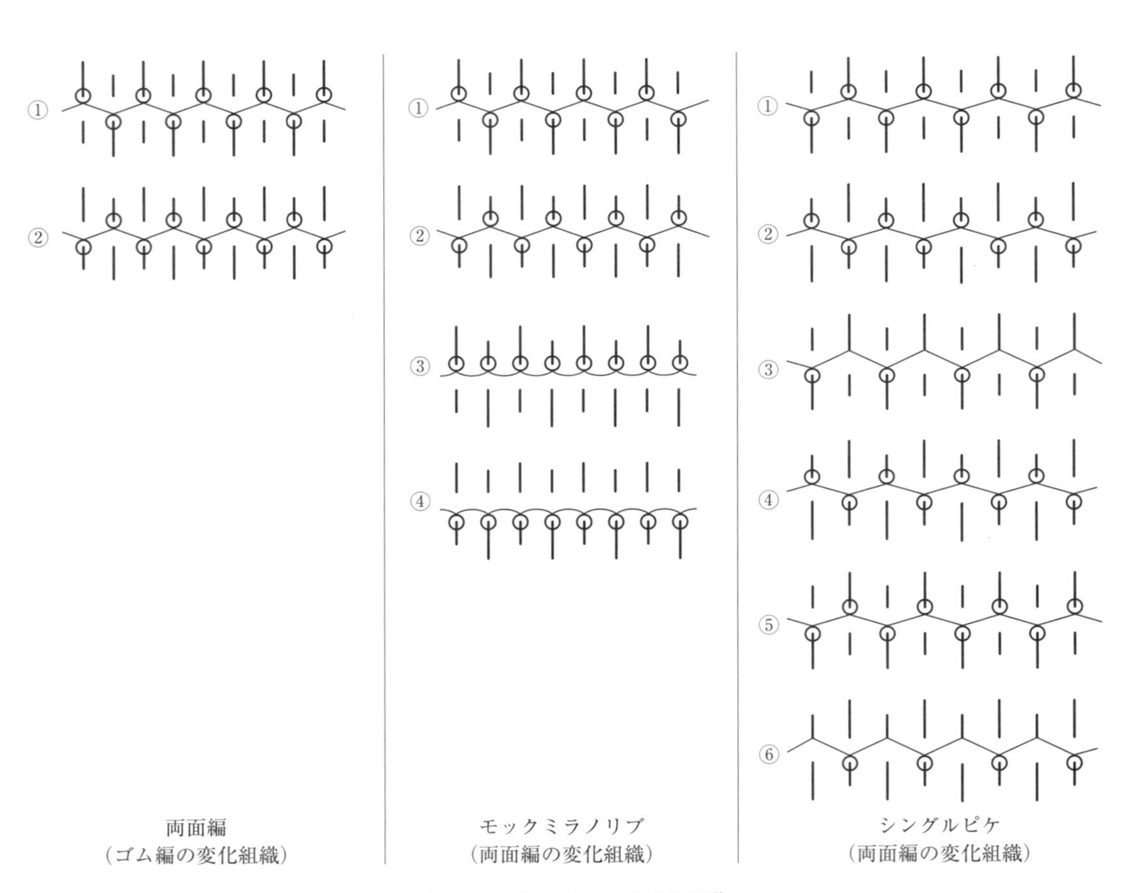

図5-12 両面編とその変化組織[3)]

3-3　たて編の基本組織

たて編の基本組織は，1枚筬を動かして編成するシングルトリコット編（シングルデンビー編），シングルコード編，シングルアトラス編（シングルバンダイク編）である。図5-13に基本組織の外観と編成記号を示す。シングルトリコット編は，隣接する編針に編糸を交互にラッピングして編成した組織である。シングルコード編は，1針飛ばした編針に編糸を交互にラッピングして編成する組織である。シングルアトラス編は，編糸を一定コース間の編針をラッピングしながら移動した後，逆方向にラッピングを繰り返して編成するものである。

筬の振り方によって開き目，閉じ目が作られ編成が行われるが，1枚筬の編物は組織が不安定なためあまり利用されない。一般に利用されるたて編地は2枚筬以上で編成される変化組織である。

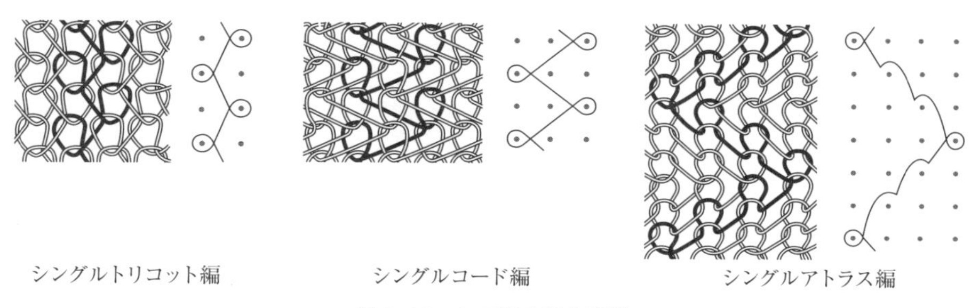

図5-13　たて編の基本組織

3-4　たて編の変化組織

ラッシェル編機で編成されるレースには18～40枚の多数枚の筬を利用するものもあるが，ここでは2枚筬を用いて編成される変化組織について述べる。

図5-14に示す変化組織は，前筬（フロントバー）と後筬（バックバー）の2枚の筬の動く方向は互いに逆方向であり，たて糸が編針に同時にラッピングするので，基本組織に比べて厚地で

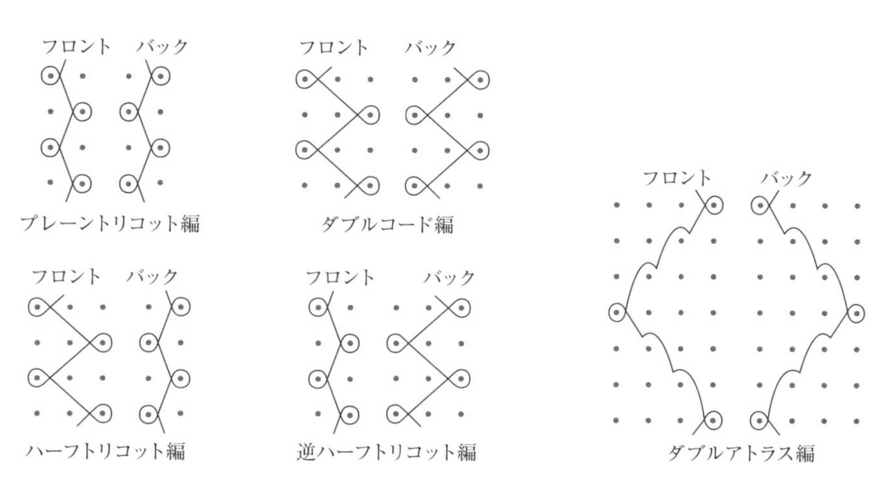

図5-14　たて編の変化組織（2枚筬）

丈夫な布地となる。シングルトリコット編からはプレーントリコット編(ダブルデンビー編)，シングルコード編からはダブルコード編，シングルアトラス編からはダブルアトラス編が編成される。適度なコシと柔軟性をもち布地の安定性も比較的良好である。ハーフトリコット編は，前筬でシングルコード編，後ろ筬でシングルトリコット編で編成される編組織である。柔軟性をもちよこ方向に適度な伸縮性をもつため，ランジェリー，外衣，水着などに広く用いられている。前筬をシングルトリコット編，後ろ筬をシングルコード編としたものを逆ハーフトリコット編とよび，ハーフトリコット編より伸長性が押さえられた織物風な編地で紳士用シャツ地などに用いられる。

たて編にも，たて糸，よこ糸を挿入して組織を作り，裏毛やパイル，柄のある安定した編地が製造されている。

4. レース

レースは，衣服からカーテンなどのインテリア製品にまで利用されている装飾的な布地である。レースは製造方法から手工レースと機械レースに分類される。表5-2に機械レースの種類を示す。ここでは機械レースについて述べる。

図5-15に主なレースを示す。

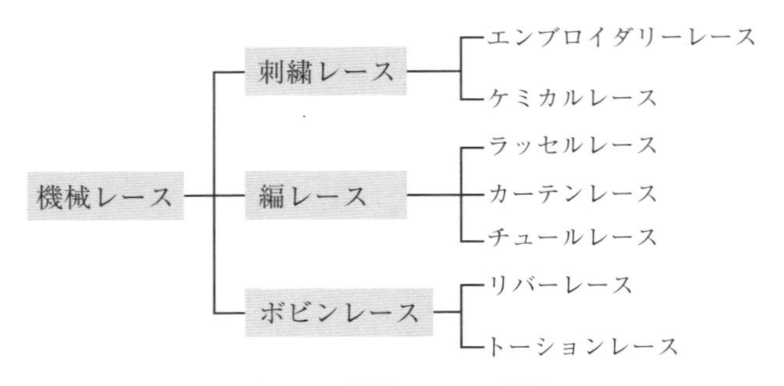

表5-2　機械レースの分類

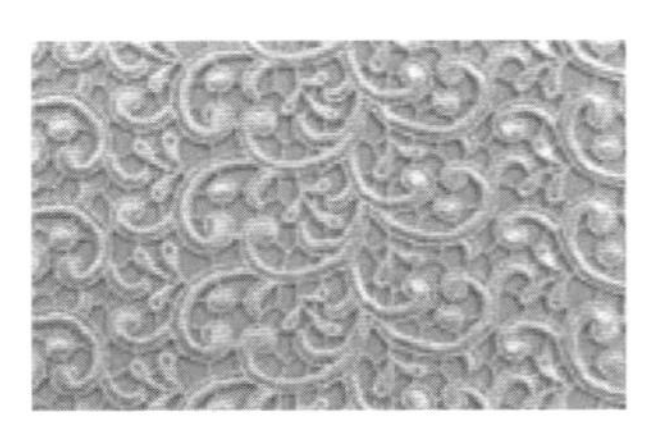

ケミカルレース

ラッセルレース

リバーレース

図5-15　レースの種類

4-1　刺繍レース

基布に刺繍を施したレースをいう。エンブロイダリーレースとは刺繍レースの意味であるが，ケミカルレース以外の，基布に刺繍や透かし部分のあるレースをエンブロイダリーレースとよぶ。ケミカルレースは，水溶性のビニロンの基布に刺繍を施し，基布のみ溶かして刺繍部分を残したレースである。

4-2　編レース

たて編のラッセル編機で作られた複雑な模様のレースをラッセルレースという。その他にもたて編機で製造されるレースにカーテンレース，チュールレースがある。

4-3　ボビンレース(糸レース)

多数のボビンに巻かれた糸を交差させて作られたレースである。リバーレース機を用い，ボビンに巻かれた極細のたて糸によって作られる繊細な柄のレースをリバーレースとよぶ。高級な服地やインテリアに用いられている。組みひも機から考案されたトーション機で作られるトーションレースは，細幅のレースである。

参考文献　＊　＊　＊　＊　＊　＊

1) 島崎恒蔵：「衣服材料の科学」，建帛社(2010)
2) 文化服装学院：「文化ファッション大系　服飾関連専門講座　アパレル素材論」，文化出版局(2001)
3) 日本繊維製品消費科学会：「ニット衣料学－製造から消費まで－」，同学会発行(1968)

6章　不織布・皮革

布状になった繊維製品の構成は，そのほとんどが糸を用いた織編物であるが，それ以外にも不織布があり，さらには皮革や毛皮などもある。

不織布とは，繊維を絡ませ布状にしたものであり，不織布以外では，同構造のものとしてフェルトがある。これらは，私たちが直接見ることが少ない家具・車両の内張や中詰め用途，産業資材用途，ディスポーザブル（使い捨て）用途に使用されることが多く，その市場規模は大きく，用途も広い。

一方，天然皮革や毛皮は，古くから防寒用衣料などに使用されてきたものであり，これらの加工技術も時代とともに変化してきている。

また，近年では，不足する天然皮革材料に代わって，この代替材料を合成により製造する技術も確立し，人工皮革，合成皮革，塩ビレザーとなって産業化し，製造する各メーカーにおいて技術革新がなされてきた。

1．不織布

不織布とは，繊維を一方向またはランダムに配向させ，これを機械や水流を使用して絡ませたり，接着剤や熱を利用して接着したりして，織編みの工程を経ずに布状にしたものであり，JIS L 0222の用語における「不織布」[1]では，「繊維シート，ウェブまたはバットで，繊維が一方向またはランダムに配向しており，交絡，および／または融着，および／または接着によって繊維間が結合されたもの。ただし，紙，織物，編物，タフト，および縮じゅう（絨）フェルトを除く。」と定義されている。

不織布は，開繊によって1本ずつの繊維に分散させ，これを化学的，あるいは機械的作用で結合させることで作られる構造物であるので，その構造は織物や編物とは大きく異なると同時に低コストでの生産が可能となる。特徴としては繊維から直接シート状構造物とするため，たて・よこ方向への強度の偏りも少なく，多孔質構造であることから衣料分野では保温性や通気性，フィルター用途ではろ過性に優れる。さらに，原料と製法を考慮することで多くの機能性をもたせることも可能である。不織布は，繊維が絡んだ多孔質構造からできているため，一般的に強度に対する耐久性に乏しい。したがって，ディスポーザブル（使い捨て）用途や，他の素材と貼り合わせるなど，複合化などによって使用されることが多い。

不織布に使用される繊維には，天然繊維では綿やパルプが多いが，ISO 9092[2]において紙とは区別されている。

化学繊維では主にポリエステル，ナイロン，ポリプロピレン，レーヨンなどが使用される。これらを大まかに使用用途で分類すると，衛生資材，ワイパー類，手術衣などのディスポーザブル（使い捨て）用途には，綿，レーヨンなどの使用比率が高く，衣料芯地にはナイロン，ポリエステル，レーヨン，人工皮革や衣料用中綿などには，ポリエステル，カーペット類にはポリエステルに加えてポリプロピレンの使用も多い。不織布の用途には，これ以外にも車両，インテリア，産業資材分野などもあり，使用される繊維も単独，あるいは混合使用と多岐にわたっている。

不織布は，その製造工程をもとに分類されることが多く，図6-1に示したように，ウェブの形成と作られたウェブの結合方法の組み合わせによって製造されるものと，ウェブの形成とウェブの結合を同時に行いながら製造するものに分けられる。以下に，その詳細を段階に応じて述べる。

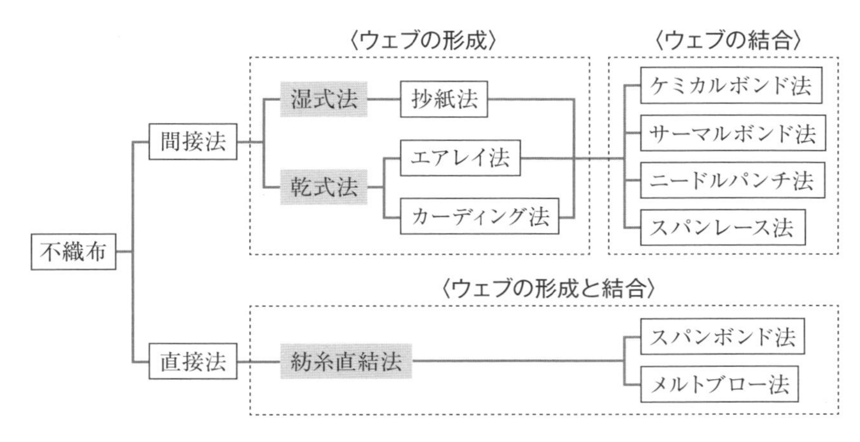

図6-1　製法による不織布の分類

1-1　ウェブの形成

ウェブの形成は，湿式法，乾式法，紡糸直結法に分けることができる。

（1）　湿式法

湿式法は，紙を漉いて作る抄紙法と同様にして，まず水中に分散させた長さ6mm以下の短繊維を金網状ベルトの上に漉き上げ，続いて絞りロールで脱水し，加熱ロールで乾燥することによってウェブを形成させる。この方法でのウェブには，低価格で大量消費型製品が多い。

（2）　乾式法

①　エアレイ法

エアレイ法では，重要となる短繊維の開繊工程を経た後，空気の移動によってこれら短繊維の混合物を分散混合しながら均一になるように，スクリーン開孔から吐出する。これを，一定速度でコンベア状に動いているスクリーン上に集めることで，ウェブを連続して形成させる。

②　カーディング法

カーディング法では，短繊維の混合物を回転するローラーカード機によって梳りながら整え，均一な薄いウェブを形成させる。

（3）　紡糸直結法

①　スパンボンド法

スパンボンド法では，不織布繊維となるチップ状の原料樹脂をニーダー押出機の中で加熱溶融し，この樹脂液を連続的にノズルから直接押し出し，これを延伸することで連続したフィラメントを紡糸し，この連続したフィラメントを使用してウェブを形成させる。

② メルトブロー法

メルトブロー法は，スパンボンド法と同様にしてノズルから樹脂液を直接押し出すが，この際，熱風を同時に吹きつけることで，太さを非常に細くすることができ極細繊維化する。しかし，繊維自体の長さは有限長のものとなる。メルトブロー法では，この工程によって作られた極細繊維をスクリーン上に集積してウェブを形成させることから，その使用用途には，ワイパーやフィルター分野での製品が多い。

1-2 ウェブの結合

前述のウェブの形成で述べた湿式法，乾式法によるウェブの強度は低く，複数のウェブを重ねながら一体化する工程であるウェブの結合は，これを改善するために必要な工程として行われる。ウェブの結合手段としては，接着剤を使用したもの，低融点の熱溶着繊維を溶解させて繊維間を接着するもの，突起を有したニードル(針)を上下させることで繊維を絡ませて一体化させるもの，ニードルの代わりに高圧水流を使用して行うものなどがある。

(1) ケミカルボンド法

ケミカルボンド法は，不織布繊維間を接着剤樹脂で接着することでウェブの結合を行う方法である。ケミカルボンド法は，この接着剤液をウェブに加工する方法によってさらに分類され，接着剤液にウェブを浸して加工する浸漬法，ウェブに接着剤液を吹きつけ加工するスプレー法，表面に印刷することで接着剤液を塗布するグラビア印刷法などに分けられる。

(2) サーマルボンド法

サーマルボンド法は，ウェブにあらかじめ低融点の熱溶着繊維を混合しておき，これを加熱することで熱溶着繊維成分が溶融し，ウェブの結合を行うもので，サーマルボンド法は，別名でヒートボンド法ともよばれる。

(3) ニードルパンチ法

ニードルパンチ法は，重ね合わせたウェブ中の繊維を機械的な力によって上下方向に絡めるもので，この手段として突起を有したニードルを上下させる。この方法によるウェブの結合では，厚みが厚いものも自由に作ることができ，人工皮革や自動車内装分野での関連製品が多い。

(4) スパンレース法

スパンレース法は，前述のニードルパンチ法と同様にして重ね合わせたウェブ中の繊維を上下方向に絡めて一体化するもので，重ねたウェブに高圧水流を水流噴射機のノズルから吹きかけてウェブを絡める。その結果，特徴としては風合いがソフトになる。このことから，その使用用途には，濡れティッシュ，衛生資材，ワイパーなどに多く用いられる。

2. 皮　革

本来，皮革という言葉は動物の皮膚を生のまま，もしくは，なめしてあるものを指す。ここでは便宜上，合成素材によるものも含めて使用し表記する。皮革は大きく分けて，天然に存在する生き物に由来する天然皮革と，合成により作られるものに分けることができる。

合成により作られるものは，さらに人工皮革，合成皮革，塩ビ(PVC)レザーなど多くの素材と製法により分類することができる(図6-2)。人工皮革，合成皮革は天然皮革の代替材料として研究開発されてきた経緯もあり，天然皮革も含め，衣料，靴，カバンなどのファッション素材や，家具，車両を含めたインテリア素材として広く用いられている。

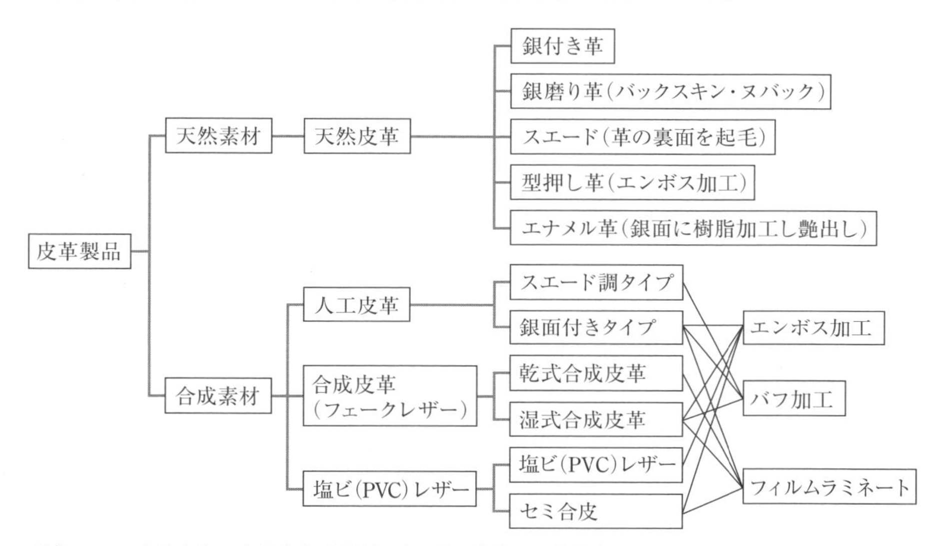

注〕ここでは便宜上，皮革を合成素材によるものも含めて使用する。

図6-2　皮革製品の素材と製法による分類

2-1　天然皮革

動物の皮は，剥ぎ取ったままでの状態であれば腐敗したり硬くなったりする。この皮の腐敗を防止し，風合いの柔らかい革とすることで，さまざまな用途に利用することができる。この工程を製革工程という。剥ぎ取ったままの皮断面は，その表面から上皮層(表皮層)，銀面層(乳頭層)，網様層，肉面層(皮下層)の順で構成されるが，このなかで皮革となり使用されるのは，図6-3に示したように真皮層とよばれる銀面層，網様層である。

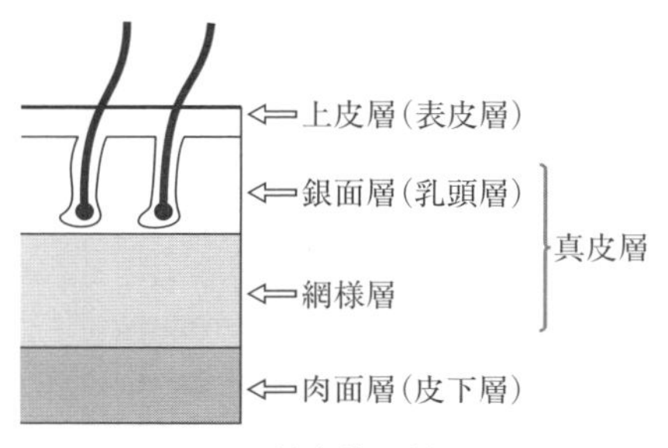

図6-3　天然皮革の断面

このことから，まず，なめしに先立つ前工程として，皮についているコラーゲン以外の成分であるたんぱく質や脂肪などを取り除く。次に，なめし加工を行い，コラーゲン自体を変性させるとともに，加脂加工により風合いを調整する。

その方法の代表的なものに，タンニンなめしとクロムなめし，これらを複合したコンビネーションなめしをあげることができる。以下にその詳細を述べる。

（1） タンニンなめし

① 植物タンニンなめし

皮を植物タンニンの水溶液に浸して，主としてコラーゲンのペプチド基などに存在する水酸基やアミノ基とタンニンを反応，あるいはコラーゲン中にタンニンを留めさせる。これが環境にやさしく，古くから行われてきたなめし加工である。タンニンで加工する際には，タンニンの皮への浸透を十分に行うために，その濃度を薄いものから徐々に勾配をつけながら濃くする必要があり，その結果，工程数が多く，なめし加工に時間と費用を要する。仕上がりの特徴としては，茶褐色を呈し，光によって暗色化しやすい。吸湿・吸水性に富み，伸縮性が小さいことから型くずれしにくく，製品となった際には，使い込むことで艶感・色味も変化することから，高級バッグなどの手縫い製品などに使用される。

② 合成タンニンなめし

合成タンニンは，植物タンニンの代替材料，補助剤として開発されてきた経緯があり，その後，染色の均染剤や風合い改良剤としての用途を含め，多くの種類が製造されている。

（2） クロムなめし

皮を塩基性硫酸クロム塩の水溶液に浸し，主としてコラーゲンのたんぱく質に存在するカルボキシ基とクロム化合物が架橋反応して皮を安定化させる加工である。仕上がりの特徴として，なめされた革の色は青色を呈し，風合いがソフト，吸水性は低い，耐久性・耐熱性に富むなどがあげられる。タンニンなめしに比べて，工程が簡略化でき短時間でなめすことが可能である。天然皮革のなめし工程の多くは，この方法で行われる。

（3） コンビネーションなめし

コンビネーションなめしの多くは，クロムなめしを行った後にタンニンなめしを行い，タンニンなめしとクロムなめしの特徴をうまく利用し，多くの場合，風合いはタンニンなめし，価

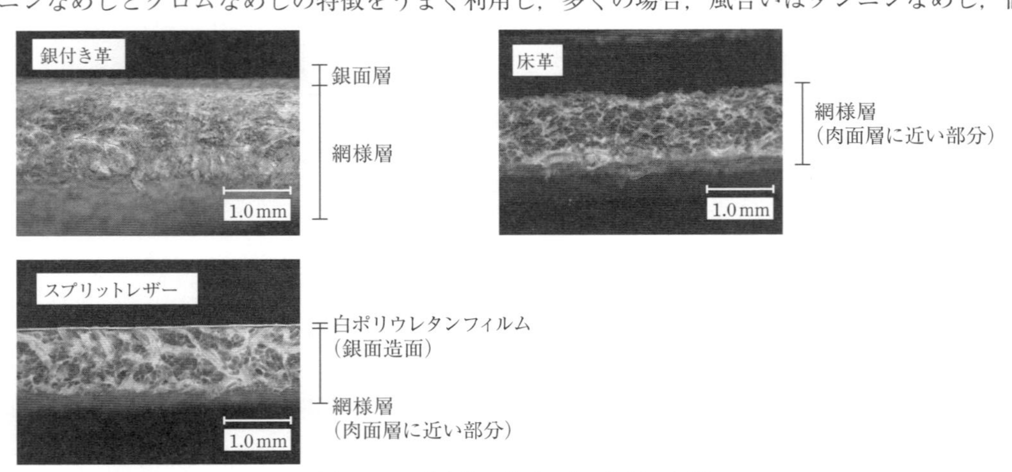

図6-4 天然皮革の構成による断面の分類

格はクロムなめしを目標に行われる。

また，皮革はその厚みに応じて，毛が生えていた上皮層側である銀面と細くて緻密なコラーゲン層で構成された銀付き革と，肉面層側で銀面がなく，粗なコラーゲン層のみでできた床革に，スライスする場合もある。この場合，得られた銀付き革の多くは，染色加工などを経て製品に使用される。また革をスライスすることで得られた床革は，用途によっては，そのまま染色加工を経てスエードとして，あるいは，その表面に厚く樹脂を塗装し使用される場合もある。さらには，スプリットレザーとよばれ，着色したポリウレタンフィルムなどと貼り合わせることで銀面を形成させて製品化されるものもある。図6-4にそれぞれの写真を示す。

2-2 毛　皮

毛皮は，動物の皮に毛を残したままでなめし加工を行って，革としたものである。それぞれの用途に応じて，クロム，アルミニウム，アルデヒドなどでなめしが行われる。その種類は多く高級なものにはミンク，セーブル(クロテン)などがあり，ウサギ，キツネ，羊が使用される。毛は動物の口ひげなどの剛毛，動物の身体全体に生える粗毛(刺毛，上毛)，粗毛の下に生え柔軟で細い綿毛(下毛)の3種からなる。この綿毛(下毛)で最も利用されるのが羊毛である。

2-3 人工皮革，合成皮革，塩ビ(PVC)レザー[3)]

(1) 開発の歴史

天然皮革の代替材料を合成により作ろうとする研究は古くからあり，1930年代には塩ビ(PVC)レザーの生産，1950年代にはポリアミド(ナイロン)レザーやポリウレタンレザーと称される合成皮革の開発と生産が始まった。これらは，主として天然皮革に見た目と触感を類似させることを目標として開発されたものであり，これらの断面層構造を確認すると，その表面の多くが樹脂フィルム，裏面が織編布からできており，銀面層から網様層まで密度と繊度をコラーゲン層で傾斜的に変化させて構成される天然皮革とは異なるものである。

これに対して人工皮革は，皮革表面だけでなく，そのコラーゲン構造まで天然皮革に準じたものを，合成によって製造するという考え方を基本とするものである。これは1963年のDu Pont社(アメリカ)によるポリウレタン樹脂と不織布を使用した靴甲用人工皮革“コルファム”が，その最初である。

その後の技術改良は日本を中心に行われ，その風合いと耐屈曲性を大幅に改良したポリウレタン樹脂と不

表6-1　天然皮革と人工皮革との違い

項　目	天然皮革	人工皮革
品種数	多い	少ない
価　格	高い	幅広い
感　触	ウェット	ドライ
風合い	優れる	良い
品質バラツキ	多い	少ない
形　状	不定型	定型
面　積	小さい	大きい
歩留まり	わるい	良い
吸湿性	高い	低い
保水性	高い	低い
防水性	低い	高い
寸法安定性	わるい	良い
可塑性	高い	中程度
耐久性	高い	高い
耐乾熱性	高い	中程度
耐湿熱性	低い	中程度
耐微生物性	低い	高い
イージーケア性	低い	高い
品質変更自由度	小さい	大きい

織布の非接着処理技術の開発を経て，使用不織布に関しては，極細繊維を使用して三次元的に絡み合った構造とする技術も生まれた。その結果，現在では天然皮革の表面である銀面層から，その下の網様層まで，ほぼ天然皮革と同様な構造を有した人工皮革の製造が可能となり，その使用用途も多岐にわたっている。表6-1に天然皮革と人工皮革との違いについて示した。また人工皮革，合成皮革，塩ビ(PVC)レザーの耐久性は，これら皮革代替材料を作る際に主として使用されるポリウレタン樹脂の組成によって支配される。塩ビ(PVC)樹脂については，その中に混練りされた可塑剤のマイグレーションなどの問題に注意する必要はあるが，耐久性に関しては非常に良好なものである。皮革代替材料に使用されるポリウレタン樹脂は，その結合がウレタン結合単独からできたポリウレタン樹脂か，ウレタン結合と尿素結合からできたポリウレタン尿素樹脂であり，結合部分以外に使用される材料の組み合わせは自由である。したがって，低価格で短期間使用することを前提にした大量消費型材料から，5年，10年と長期間使用できる高耐久性を有した衣料用，家具・車両用材料まで自在に作り出すことが可能である。

人工皮革，合成皮革の劣化によるトラブルは，その大半が，ポリウレタン樹脂の加水分解劣化に起因するものであり，そのほかに光，熱に起因するものや，これらを複合したものもある。このような劣化機構を理解したうえで，生産販売される商品には，おおよそ次のようなことが求められる。

一般衣料，スポーツ衣料分野であれば，3～5年程度の耐久性，耐擦過性が必要で，その間，風合い，タッチ改質，ルックスに変化がなく，透湿性，耐水性，結露抑制性などの基本性能が損なわれないことが必要である。

靴，スポーツシューズであれば，3～5年程度の耐久性，耐擦過性，耐屈曲性が必要で，靴底との接着性に問題を生じさせないことが求められる。

家具，車両(シート，ドアサイド)用途であれば，10年以上の耐久性，耐光性，耐熱性，耐薬品性を有することが必要である。

人工皮革，合成皮革，塩ビ(PVC)レザーは，その用途に適した耐久性能を有したものを使用すればトラブルは未然に防ぐことができるが，材料の履歴などを追うことが困難なこともあり，時としてトラブルを発生させるので注意が必要である。

さらに最近では，有機溶剤の使用を減じた環境対応型人工皮革，合成皮革として，水系樹脂を中心に構成されたものや，無溶剤型樹脂を使用したものも上市されてきた。

(2) 合成素材である人工皮革，合成皮革，塩ビ(PVC)レザーの違い

① 人工皮革とは

図6-5に，銀面を有したタイプの天然皮革と人工皮革の表面および断面比較写真を，図6-6にスエードタイプの断面比較写真を示す。写真からもわかるように，スエードタイプの人工皮革は，天然皮革のコラーゲン繊維の代わりに，合成された極細繊維を使用して三次元交絡した不織布と，主にポリウレタン多孔質層を用いて表現したものである。これは特殊不織布とよばれる。また最近では，その強度の問題からスクリムとよばれる補強のための目の粗い織物を，特殊不織布の内部に含むものもある。また，銀面を有したタイプの人工皮革の多くは，特殊不織布を基材として，銀面に近づくにつれて，ポリウレタンを主とした樹脂皮膜を連続，あるいは非連続に積層することで表現したものである。

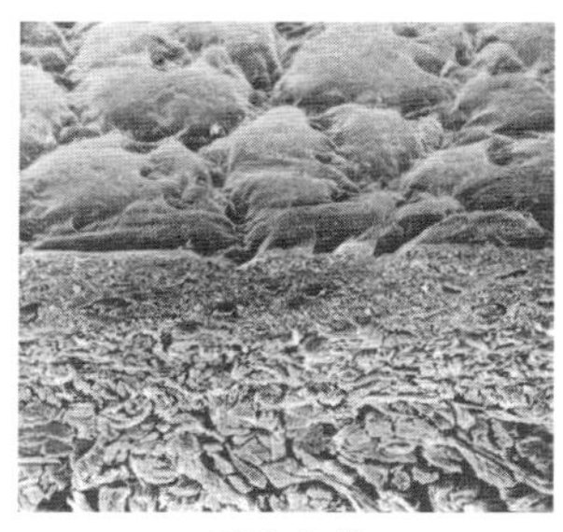

天然皮革

人工皮革(ソフリナ)

図6-5　銀面を有した天然皮革と人工皮革の表面，および断面比較

(出典：(株)クラレ)

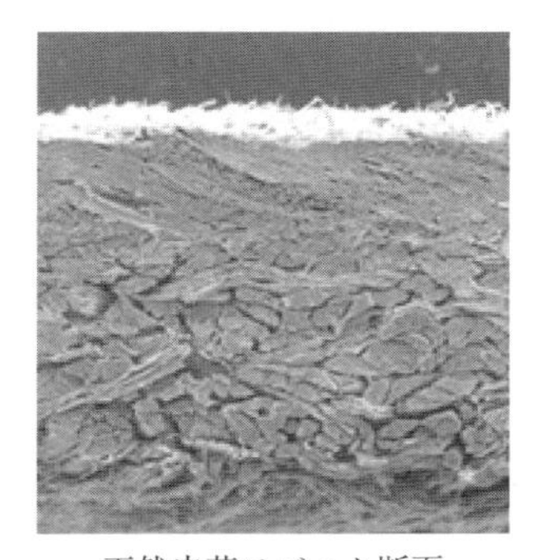

天然皮革ヌバック断面

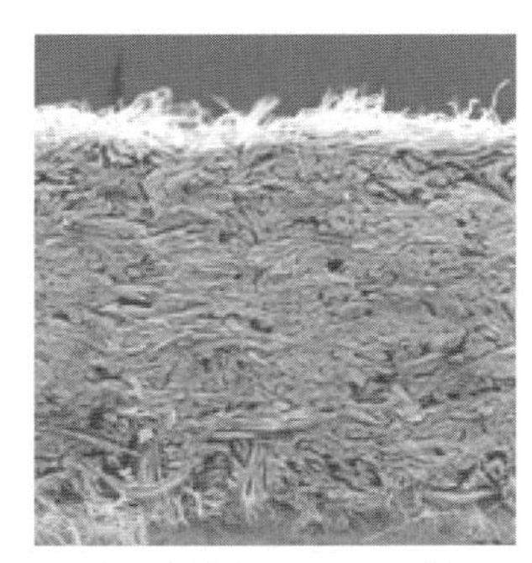

人工皮革(ティレニーナ)

図6-6　スエードタイプの天然皮革と人工皮革の断面比較

(出典：(株)クラレ)

②　合成皮革とは

合成皮革はフェークレザーともよばれ，その製造方法から乾式合成皮革と湿式合成皮革に分けられてきた。代表的な乾式合成皮革と湿式合成皮革の断面を図6-7に示す。合成皮革の場合，使用する繊維基材は，いずれのタイプも織編布が中心である。また一部に，不織布を使用した

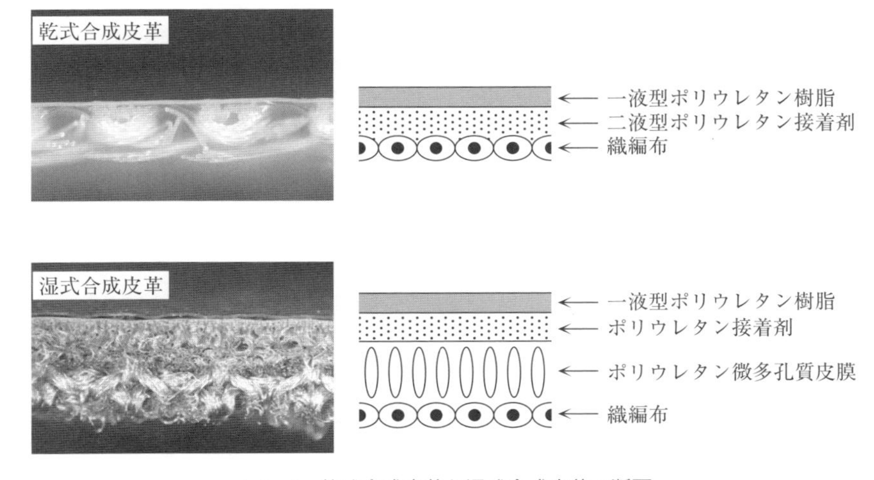

図6-7　乾式合成皮革と湿式合成皮革の断面

ものもあるが，この場合には不織布を不織布のまま使用し，人工皮革基材のように高分子物質を浸透させることはない。言い換えると，樹脂含浸した特殊不織布を使用したか否かで，人工皮革と合成皮革は見分けることが可能である。

合成皮革の製造は，まず，その銀面となる表皮層フィルムを，ポリウレタン樹脂などの溶液を使用して，皮しぼや艶消し模様を施した離型紙とよばれる紙上に流延し熱乾燥することで形成する。次いで，この上にポリウレタン系接着剤を積層して，乾式合成皮革では繊維基材，湿式合成皮革では，あらかじめ繊維基材上にポリウレタン樹脂からなる湿式層（ミクロポーラス層）を形成しておいた基材と貼り合わせたものが多い。この構成で作られたものの多くは，通気性も透湿性もほとんどない。

③　塩ビ（PVC）レザーとは

塩ビ（PVC）レザーは，繊維基材に織編布が使用されることから，合成皮革に含めて表示されることも多い。しかし，塩ビ（PVC）レザーは，塩ビ（PVC）樹脂とフタル酸ジオクチル（DOP）などの可塑剤を混練りしたものを主な樹脂として使用したもので，ポリウレタン樹脂を主な樹脂として使用した合成皮革，人工皮革とは全く別物である。特に衣料用途では，これを混同することにより，ドライクリーニング溶剤に可塑剤が溶出して，風合いが硬化するトラブルを引き起こすため，注意が必要である。

代表的な塩ビ（PVC）レザーの断面を図6-8に示す。塩ビ（PVC）レザーでは，内部にPVC樹脂発泡層を含む場合が多く，その形状は，球状の独立気泡が中心である。また銀面となる塩ビ（PVC）レザーの表皮層部分には，非発泡PVC樹脂シートで構成されたものやポリウレタン樹脂フィルムで構成されたものがある。さらに表皮層部分が非発泡PVC樹脂シートで構成されたものの多くには，アクリル塩ビ系樹脂やポリウレタン系樹脂で，塩ビ（PVC）レザーの最表面が表面処理されており，レザー最表面を分析したのみでは，塩ビ（PVC）レザーか合成皮革かを判断することができないものもあり，その構成は多岐にわたる。一般的に，塩ビ（PVC）レザーは，人工皮革，合成皮革と比較して使用する塩ビ（PVC）樹脂に塩素を含むことから，同じ大きさのレザー片を持ったとき，重く感じることが多く，それらの区別は可能である。

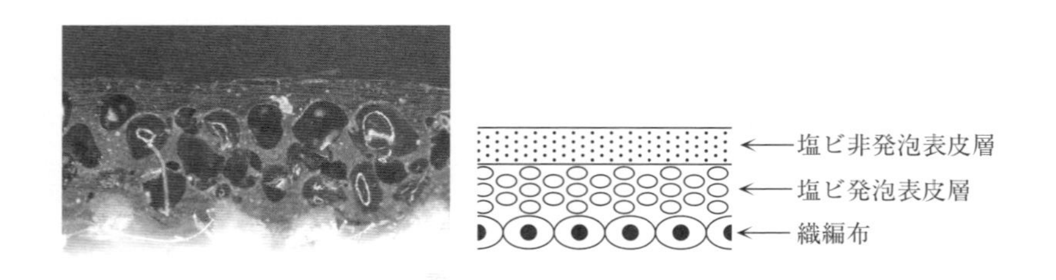

図6-8　塩ビ（PVC）レザーの断面

（3）　革，人工皮革，合成皮革，塩ビ（PVC）レザーの表示について

1997年に行われた家庭用品品質表示法で，このなかに含まれる雑貨工業品品質表示規程における天然皮革，人工皮革，合成皮革，塩ビ（PVC）レザーの表示について改正された。

天然皮革は「革」として，その材料を示す用語に牛革，馬革などの表示があり，人工皮革，合成皮革，塩ビ（PVC）レザーの表示については，前述した特殊不織布使用の有無で「人工皮革」

と「合成皮革」に分けられることになった。したがって，特殊不織布以外のものを使用したすなわち，主として繊維基材に織編布が使用した合成皮革と塩ビ(PVC)レザーは，「人工皮革」と区別して「合成皮革」と表示されることとなった。また塩ビ(PVC)レザーでは，前述の塩ビ(PVC)レザーにおける可塑剤溶出などのドライクリーニングでのトラブルを避けるべく，「合成皮革(PVC レザー)」との表示が多くみられるようになった。しかし，この特殊不織布の使用を基にした表示は，特殊不織布自体の理解が難しいこと，あるいは一部の人工皮革に前述の織物でできたスクリムを含むなどの現実があり，正確に判断することが難しく，「人工皮革」と「合成皮革」の表示に関する判断が問題となってきた。

そこで，2017年4月1日からは，家庭用品品質表示法における雑貨工業品品質表示規程が改正[4]され，その規程のなかで合成皮革と人工皮革については，「合成皮革のうち，基材に特殊不織布(ランダム三次元立体構造を有する繊維層を主とし，ポリウレタン，またはそれに類する可撓性のある高分子物質を含浸させたもの)を用いているものについては，「合成皮革」の用語に代えて「人工皮革」の用語を用いることができる」となった。言い換えれば，人工皮革，合成皮革，塩ビ(PVC)レザーのすべてを「合成皮革」と表示して良いこととなり，同時に，合成皮革のうち，特殊不織布の使用が明確なものは「人工皮革」と表示してもよいことになった。

その概念図を図6-9に示す。

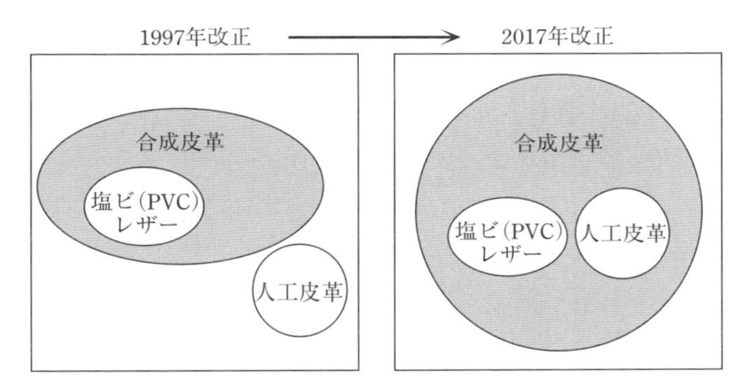

図6-9 「合成皮革」と「人工皮革」区分の概念図

参考文献 * * * * * *

1) JIS L 0222「不織布用語」，日本規格協会(2001)
2) International Standard, ISO 9092 Textiles-Nonwovens-Definition (1988)
3) 榎本雅穂，森川正俊，芦田哲哉，馬場健一，高橋猛，沓沢徹，新井宏明：「人工皮革・合成皮革」初版，(社)日本繊維製品消費科学会(2010)
4) 官報：号外第67号 平成28年3月30日，消費者庁告示第7号 雑貨工業品品質表示規程の全部を改正する告示(2017)

天然皮革と合成素材である人工皮革などのお手入れ方法

天然皮革は，使い続けることによって色も深みが増してきて，風合いも馴染んでくる。この天然皮革の経時変化を楽しむためには，保革クリームを使用することが重要である。保革クリームでは，ろう成分で艶出しと保湿，油脂成分が柔軟性を与え，これらを乳化剤がまとめてくれる。天然皮革には，それ自身にクリームなどを注入し，安定した品質を保つことが重要で，このお手入れによって長く使用することが可能となる。

一方，合成素材である人工皮革などでは，その主成分にポリウレタン樹脂を使用しているため，その組成によって耐久性能に差はあるが，徐々に劣化していく。したがって，合成素材の場合には，汚れを拭き取り，乾燥した環境で保管し，樹脂の劣化を防止することが重要である。

見た目では同じように見える天然皮革と合成素材である人工皮革であるが，そのお手入れ方法は大きく異なる。

7章　染　　色

染料の歴史は，天然繊維の歴史とほぼ同じくらい長い。衣服の彩色はきわめて基本的な人類の欲求だったといえる。

19世紀半ばまで天然染料が高度に発達していたが，現代は合成染料で，天然からは得られないきわめて鮮やかな色も染められる。染色は化学現象であり，単純に色水に浸せばよいというものではない。繊維と染料の相性があり，助剤や染色温度などを考えなければならない。さらに雨風，日光，汗，洗濯などへの耐久性が要求される。

1．染色とは何か

1－1　色が生じる原理

色は物理学的要素である光と生理学的要素である生体双方の作用で認知される。人が眼で認知できる可視光(波長360～830nm)は波長で色が決まる。一般的な色素は，色素分子が特定波長の可視光を吸収し色が生じる。この波長とは分子の基底状態のHOMOと励起状態のLUMOのエネルギー差に相当する。分子は共役ポリエン構造が長くなるとそのエネルギー差が減り，吸収光の波長も長くなる。色素が分解され共役系が短くなれば，青 ⇒ 緑 ⇒ 赤 ⇒ 黄 の方向に変色(浅色(せんしょく)移動)する。メラニン(毛髪など)，黒鉛(鉛筆芯など)，タンニンの重合物(柿渋など)などの濃色は分子構造の共役系がきわめて長く，全波長の光が吸収されている。

弁柄など金属塩の無機顔料やコランダム，花火などの原子，イオンの色は電子の軌道遷移の際のエネルギーに相当する可視光線が透過・反射されて生じる。

以上の原理で色をもつ物質を一般的に色素とよぶ。他に色は，表7-1のような原理でも生じる。

表7-1　色が生じるさまざまな仕組み

金や銅	金属は自由電子の振動でほぼすべての光が反射され，強い光沢がある。特定波長の光のみ反射しない場合は有色金属となる
プリズムや虹の色	界面を光が透過する際に光の屈折率が波長により異なるため生じる
青　空	太陽光は空気の分子によって短波長光を中心にレイリー散乱する
モルフォ蝶や玉虫	表面微細構造による散乱と干渉による。構造色という
星	万物は高温になると可視光を発する。太陽も核融合反応によって表面は6,000K弱で黄色みの光を発する。温度と色の関係が色温度である
蛍光や燐光	光吸収により励起状態となった分子が別の光としてエネルギーを放出する。吸収光より低エネルギーの長波長光を放出する

1-2　色素の色の表し方

色素の色はスペクトル曲線で表す。色素溶液の吸収スペクトルの極大の波長が最大吸収波長（λmax）で，濃さは吸光度で表す。光を透過しない着色繊維の色は反射スペクトルで表し，濃さは反射率で表す。色素濃度と吸光度は比例するが，反射率は比例しないため，クベルカ-ムンク式によるK/S（式1）が比例関係を示す近似的な数値として利用されている。

色素量（c：mol/L）と吸光度（A）の関係は（式2）のランベルト・ベールの法則で表すことができる。

分子吸光係数（ε）は色素ごとに固有の値をとり，大きいほど少量でも濃い発色となる。産業界では色価がよく用いられ，これは10%（w/v）水溶液の最大吸収波長での吸光度を表す。

$$K/S = (1-R)^2/2R - (1-r)^2/2r \quad \cdots\cdots（式1）$$

$$A = \varepsilon cd \quad \cdots\cdots（式2）$$

R：染色物の分光反射率
r：白布の分光反射率
d：光路長で分子吸光係数では1（cm）

1-3　色素の種類と着色の原理

水などの溶媒に溶かして染める染料と，溶かさず使う顔料に大別できる。一般的な染色では染料が主だが，プリントなどでは顔料も多用される。染料は有機化合物だが顔料には無機化合物も存在し，無機顔料は耐光性や安定性に優れ，数千年前から残る青磁の色も無機顔料である。

繊維に染色で色素を付与すれば色が発生する。混色は絵の具同様，減法混色に従う。繊維高分子は紐のように細長く巨大なのに対し色素はきわめて小さい。高分子が雑に散らばる部分（非結晶領域）は空隙が多く色素が入り込む。色素が高分子と化学結合したり，不溶化や巨大化によって空隙内に閉じ込められたりすれば染色が完了する。染色の方法は染浴に被染物を浸して染める浸染と，刷毛やローラーなどで印刷するように染める捺染，プリントに大別できる。浸染では，風合いのよい染色物が得られやすいのに対し，捺染では柄や文字が自由自在に表現しやすく，インクジェットプリントなど現代的な新技術の発展もめざましい。

1-4　非水系染色

通常，染色には多量の水を要する。染料の溶媒はほとんどが水で，染色後の繊維の洗浄（ソーピング）には，さらに多くの水を要する。その水は海水では染色機器が傷むため真水が基本で，水資源が乏しい地域では障壁となる。そこで非水系染色が長く研究されてきた。1970年前後に有機溶剤を用いた染色技術の研究が盛んに行われたが諸問題を克服できず研究も下火となった。

その後，1990年頃に超臨界流体を用いた染色が報告された。超臨界流体とは物質の三態ならぬもう一つの形態で，高圧・高温の臨界点を越えると達し，気体の拡散性と液体の溶解性を兼ね備えた状態である。超臨界流体を染色溶媒に使えば汎用繊維はもちろん，ポリプロピレンなど難染性の繊維も染色可能となり，ソーピングや廃液処理も容易な低環境負荷の染色が可能となる。水は臨界点が高いため，二酸化炭素（臨界点：31℃，72.8 atm）が使われる。実用段階に入りつつあるが染色装置が大がかりなため染色加工の主流になるかは未知数である。

2. 天然染料

染色の起源は明らかではない。今ある天然染料も人類の長い歴史のなかで発達してきたものである。原始的な染料として，古代日本では花など植物を繊維に摺り込むことも行われた。しかし，花の赤，紫，青色の鮮やかな色素はアントシアンやベタレインで着色力もあるが，非常に不安定で短期間に変退色するため実用分野では使われない。植物の緑色色素クロロフィルも同様に，布に擦りつけても変退色が早い。また，柑橘類や唐辛子，トマトなどはカロテノイド色素で水に不溶のため染色には使われない。要するに，繊維への着色力と堅牢性，そして美しい色を出す色材が天然染料として使われた。

天然染料は1856年の合成染料の誕生とその後の発展により急速に衰退したが，現在でも一部の工芸染色や伝統的な生活様式を残す地域で使われている。日本をはじめとした先進国でも天然染料が好まれて使われることがある。

① 青色染料

世界中で藍植物が用いられた。藍植物としてタデアイ(阿波)やリュウキュウアイ(沖縄)，インドアイ，ウォード(欧州)がある。このなかではインドアイが最も優れた染料を作り，中世欧州では，ウォードはそれに置き換わる形で衰退した。他に極東では雑木のクサギの実も使われた。

② 赤色染料

茜植物の根は太古から使われた。その赤色色素はアントラキノン系色素が数種類以上混ざったものだが，この色素は繊維への親和性が低く，繊維に色素を定着させることが難しいため，木灰，明礬(みょうばん)などが含んでいるアルミニウムなどの金属イオンで媒染して染色する。媒染は天然染料ではよく行われる。例えば，マメ科の低木スオウの幹は媒染の金属を変えることで，黄，赤，紫色の多様な色相を染めることができる。他に，一部の貝殻虫も媒染によって堅牢な赤色を染めた。今も食用色素として多用されるコチニールは中南米のサボテンに寄生する雌の成虫で大航海時代にスペインにもたらされ欧州を席巻した。これもまた食品色素に使われる。ラックは，インドや東南アジアの木に寄生する雌が出した樹脂状の分泌物で，色素抽出後の残渣シェラックは天然樹脂として錠剤のコーティング材，レコード盤などに用いられた。一方，山形県の特産品でもあるべにばなは媒染を要さない。これは初夏に咲く黄色い花を利用したもので，中性で抽出される黄色素と，アルカリ性でのみ抽出される紅色素を含む。紅色素が珍重され化粧の紅として，厚塗りし緑色光沢を放つ笹紅が江戸後期の遊女など裕福な京の女性に流行した。

③ 黄色・茶色染料

ほとんどの植物は黄・茶系の色素をもつため，天然染料ではありふれた色である。そのなかでも色素含有量が多く，美しい色が染められるものが選ばれ，用いられてきたのだろう。日本の黄色染料の代名詞でもあった刈安(かりやす)は，本来は小ぶりなススキのような草であるが，八丈島の伝統染織「黄八丈」ではコブナグサを刈安とよぶなど，実際は他の植物で代用されることも多かったと考えられる。鬱金(ターメリック)は，土生姜のような外見の根茎を用い，主色素はクルクミンでサプリメントとしても有名である。他に，ヤマモモやキハダの樹皮，クチナシの実などもよく使われた。中国の皇帝の黄色は，エンジュの蕾で染められた。

④ 紫色染料

天然から得がたい紫色は，いつの時代，どこの国でも高貴な色，権力を示す色とされた。紫根はむらさきぐさの根を用いたもので，国産自生種の硬紫根は栽培が困難で絶滅危惧種である。中国の新疆などに軟紫根，他に欧州のアルカンナや西洋ムラサキもある。主色素シコニンは医薬品にも使われる。貝紫はアカニシ，イボニシなどの分泌腺に含まれる粘液を用い，貝1個当たりの色素含有量はわずか0.1 mg程度で染色には多くの貝を要する。無色～淡黄色の粘液は，酵素および紫外線照射と空気酸化によって黄色 ⇒ 緑色 ⇒ 青色 ⇒ 紫色に変化する。主色素は6,6'-ジブロモインジゴで藍の色素と類似している。そのほかに，ヨーロッパや南米では苔のような外見の菌である地衣類を発酵させることでも紫色を染めた。日本では，藍とべにばなの交染による二藍という紫色もあった。

⑤ 緑色染料

緑色を単独で染める染料はなく，古来，天然染料を用いて緑色を染めるには青色(藍)と黄色を重ね染めした。藍の色調が限られるため，得られる緑色の色調も狭い範囲となる。合成染料による緑色は，天然染料で得られない色で溢れている。

⑥ 黒色染料

色みを感じさせない深みのある黒色を染めることは現代でも難題である。天然染料でも近世以降改良が重ねられた。古代には墨も用いられたが繊維に対し親和性をもたない。そこで植物の渋み成分であるタンニンが用いられた。これは無色水溶性で，鉄イオンなどと結合して水不溶性黒色になる。近代以降はログウッドとクロムを用いた三度黒という染色が始まり，京都の友禅などでは現在も行われている。

3. 染料の科学

19世紀後半に登場した合成染料は，20世紀半ばになると世界中で使われるようになった。現在，アパレル製品を染める染料はほぼすべてが合成染料である。合成染料もさまざまな種類が研究開発によって生み出された。種類によって染まる繊維や適する染色方法，染色物に与えられる長所・短所が異なる。ここでは合成染料種別ごとに解説を行う。なお，化学構造に興味がもてるよう，冒頭の化学式は類似の染着機構をもつ天然色素をあげた。

3-1 酸性染料

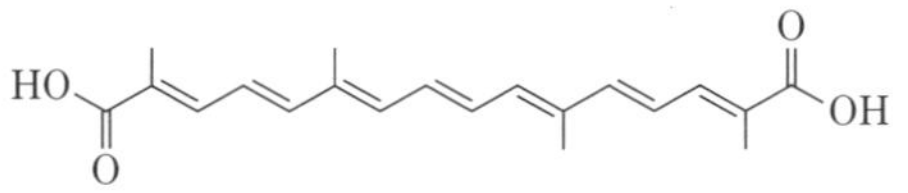

『クロセチン』(サフラン)

鮮明な黄色。花の雌蕊が含む。クチナシの実の黄色色素クロシンはこのエステル

酸性基をもち，酸性浴にて繊維とイオン吸着する色素

スルホ基，カルボキシ基などの酸性基は電離しアニオン性を示す。特に合成色素がもつスルホ基は強酸，すなわち電離度が大きく，酸性浴でも電離する。

① 染まる繊維

『絹・羊毛・ナイロン・皮革』 カチオン性の官能基($-NH_2$)をもつ。

② 染着の仕組み

繊維は酸性浴でカチオン性の官能基が電離し「+」に，染料は酸性基が電離し「−」に帯電しており，イオン結合で吸着する。染料が繊維の非結晶領域に入り込んだ後は，水素結合，分子間力も加わって堅牢となる。

③ 染料の特徴

色素分子が小さいため鮮やかな色の染料が多い。紫，青，緑色に多いアントラキノン系色素は耐光堅牢度も優れる。

④ 染料の分類

分子量が小さい均染型(レベリング型)は均染性が高い反面，洗濯堅牢度はわるく，酸性浴で染色する。分子量が大きいミーリング型(不均染型)は均染性がわるいが洗濯堅牢性がよく，弱酸性から中性浴で染色する。その中間の半ミーリング型もある。

⑤ 歴史と現状

初出は1862年のソルブルブルーであるが，実用性の高い最初の染料は1876年のオレンジⅡである。その後，多数の染料が開発されたが，綿やポリエステルなどの主要な繊維は染まらないため，全染料に占めるシェアは低い。ただし，皮革用の染料は代替が難しいこと，和装用では鮮やかさへの支持が根強いことから，一定の需要は持ち続けると思われる。

3-2 酸性媒染染料(クロム染料)

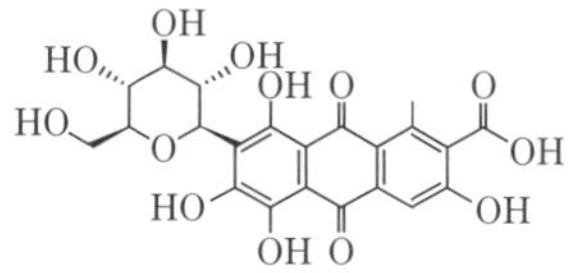

『カルミン酸』(コチニール)

貝殻虫乾燥品(コチニールシルバー)重量の10％程度も含まれる。ペルーでプランテーションによって，大量に生産されている。

酸性染料と媒染染料の性質を併せ持ち，双方の作用で結合する色素

クロム(Cr)で媒染されるものが多く，クロム染料ともよばれる。

① 染まる繊維

酸性染料と同様の繊維が染色可能だが，実際は，ほぼ羊毛に使われる。

② 染着の仕組み

酸性染料と同じ原理で染着した色素に金属イオンが配位結合して不溶化し，堅牢性が向上する。金属イオンが配位すると，色素の最大吸収波長が長波長側にシフトする深色移動が生じ，また結合形態も複雑で多様な光吸収が混在するため，色調も鈍くなる。

③ 染料の特徴

酸性染料と比較し特に洗濯堅牢度がよく，黒色，深青色，紫色，褐色など暗色が得られる。一方で金属の結合が複雑なため色の再現性がわるく，淡色染めで顕著である。

④ 染料の分類

先媒染法や後媒染法(アフタークロム法)，一浴染色法(メタクロム法)などの染色法があり，

堅牢性に差が出る。羊毛染色で堅牢性が優れるのはアフタークロム法である。

⑤ 歴史と現状

金属による媒染は天然染料では基本的な方法で，太古から行われた。合成酸性媒染染料としては1889年から使われ，現在もスーツ，フォーマル衣料の濃暗色に欠かせない染料となっており，日本のスーツの多くはクロム染料で染められている。

しかしながら，この染色に用いられる6価クロム(Cr^{6+})は毒性が高く，法令規制もきわめて厳しい。天然皮革のクロムなめしは還元状態の3価クロム(Cr^{3+})で毒性も低い。6価クロムを使うクロム染料は欧州で風当たりが強く，EU Eco-Labelでは使用不可とされ，反応染料などへの置き換えが進んでいる。日本でもこのまま使い続けられるかは見通せない。

3-3 含金属酸性染料(金属錯塩酸性染料)

構造が複雑なため化学式は省略	『コンメリニン』(アオバナ) 雑草として青い花を咲かせる露草の花が大型化したもので，水溶性の青色色素は高濃度では安定，低濃度では不安定となる。和紙に染みこませた青花紙が友禅の下描きに使われる。

色素に金属イオンが配位して錯塩化した高堅牢の酸性染料

① 染まる繊維 酸性染料と同じ。

② 染着の仕組み 酸性染料と同じ。

③ 染料の特徴

酸性媒染染料の高堅牢な特徴は維持しつつ発色の再現性をよくするため，染料製造時に色素を金属と結合させ均一な錯塩とした染料である。金属は主にクロムでコバルトもある。堅牢度は金属を介した繊維との結合や不溶化が生じないため酸性媒染染料より劣る。

④ 染料の分類

金属と色素が1：1で結合した1：1型染料と1：2で結合した1：2型染料に分けられる。先に開発された1：1型は均染性に優れ，色相が鮮明で堅牢性も優れるが強酸性浴で染めることが難点である。後発の1：2型は弱酸性から中性染浴で染まり，ミーリング型酸性染料と同様の扱い方で毛や絹，ナイロンの染色に使われる。

⑤ 歴史と現状

1：1型は1915年にNeolan，1：2型は1951年にIrgaranが上市された。現在も酸性染料と同様に使われる。クロムを含む染料が多いが色素と金属が強固に結合し解離しにくいのでEU Eco-Labelも使用を認めている。

3-4 直接染料

綿，麻，レーヨンなどの植物系繊維に媒染剤なしで染色できる色素

セルロース系繊維はイオン性官能基を少量しかもたず，元来は染まりにくい繊維である。

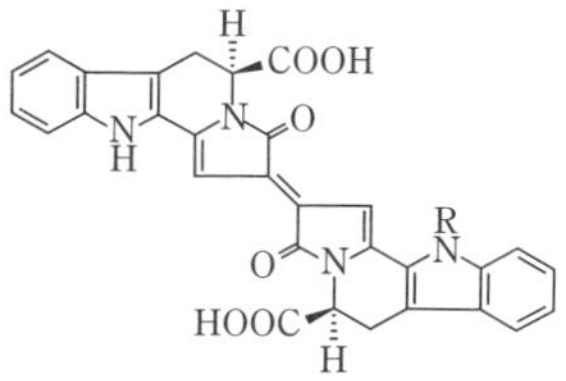

『トリコトミン』 クサギ

東アジアに自生する雑木クサギが初秋につける青い実から得られる。実を煮出した液で，綿や絹に対し，藍の生葉染めに近い淡い青色を染める。

① 染まる繊維　主にセルロース繊維である。

② 染着の仕組み

セルロースは水素結合に寄与する多数の水酸基をもつ。水素結合の結合力は弱いが，色素と繊維の間で多数の水素結合が形成されれば堅牢となる。直線状高分子であるセルロースと多くの水素結合を形成させるために，色素分子も直線状である。色素分子内には，水素結合に寄与するアミノ基や水酸基等の官能基を複数有する。アニオン性のスルホ基は色素に水溶性を付与するために存在しており，染着には関係ない。

③ 染料の特徴

比較的安価で，染色工程も単純だが，洗濯などに対する堅牢性がわるい。また，染料分子が直線状に大きく，反応染料と比較すると鈍い色みが多い。助剤はなくても染まるが，硫酸ナトリウム(芒硝)などの中性塩の添加によって，染着が促進される(塩効果)。

④ 染料の分類

初期に開発された直接染料は，染着性に優れるが洗濯などの堅牢性が劣る。銅媒染で堅牢性の向上が図られたこともあった。コンゴーレッドなどのベンジジン系染料は，膀胱がんのリスクが高まることが発覚し1970年代以降生産中止になっている。現在も残る直接染料は高級直接染料(シリアス染料)で，耐光，洗濯堅牢性が改善され鮮明色も得られる。

⑤ 歴史と現状

1884年のコンゴーレッドが最初である。堅牢性や色調の改良が続けられると同時に，発がん性の問題もつきまとう染料であった。近年はドイツから始まった特定芳香族アミンの規制が日本でも開始し，発がん性の心配は減っている。一方，洗濯堅牢性に優れる反応染料の発展によって地位を下げ，国内染色加工業でのシェアは2%程度しかない。

3-5 反応染料

きわめて強固な結合である共有結合で繊維と結合する色素

① 染まる繊維

主にセルロース繊維を対象とするが，絹，羊毛用染料もある。

② 染着の仕組み

セルロース用反応染料は，繊維の水酸基と共有結合する。反面，色素は水とも反応(加水分解)する。これらの反応はpHや温度が高いほど速い。色素が加水分解する前に繊維と反応させるため，中性染浴で直接染料のように吸着させた後に，浴をアルカリ性に急変させ，色素と近接する繊維との間で共有結合を結ばせる。なお，加水分解色素は染着性を失うが色は残る。染色後にソーピングを徹底して加水分解色素を除けば，高い洗濯堅牢性が得られる。

③　染料の特徴

共有結合によって非常に優れた洗濯堅牢性が得られる。色相も濃色から鮮明色まで幅広く，セルロース染色の現在の主流である。なお耐光堅牢性は，スレン染料が勝る。色素の構造によっては耐酸・アルカリ性，耐熱性や漂白剤への耐性に難点がある。例えば，窒素酸化物などの酸性ガスの暴露により共有結合が切断され，褪色や色泣きを生じる場合がある。

④　染料の分類

羊毛，絹用反応染料は価格が高いこともあって日本ではあまり普及しておらず，代替としてセルロース用反応染料を使うこともある。

⑤　歴史と現状

最も新しい染料部属で，1956年にセルロース用反応染料が発表された。その後，生産量は急速に拡大し1990年代以降は反応染料と分散染料が2大染料となっている。現在は綿の多くが反応染料で染められり，洗濯時の色落ち，色移りのトラブルも減少した。

3-6　ナフトール染料，アゾイック染料

不溶性アゾ色素*の水溶性前駆物質を繊維に吸着させ，繊維内で反応させて色素生成させる染料

①　染まる繊維

親水性繊維に適用可能だが，アルカリ性染浴のため主にセルロースに使われる。

②　染着の仕組み

芳香族アミンをジアゾ化したジアゾニウムイオン(下漬剤)と，水酸基をもつ芳香族のフェノール類(顕色剤)を繊維内部で反応(アゾカップリング)させ，不溶性の色素が生成する。色素と繊維は強い結合力をもたないが非結晶領域から溶出しないため染まる。

③　染料の特徴

主に赤色系を染める。赤系以外が乏しいことが欠点である。濃色が容易に得られ，洗濯堅牢性は良好であるが，摩擦には弱い。捺染での利用が多い。下漬剤(ナフトールAS)はアレルギーを誘発しやすく，昭和50年代に寝衣によるアレルギーが多発する事案が発生したが，ソーピングが甘く，未反応の下漬剤が落としきれていなかったのである。

④　染料の分類

下漬剤はジアゾ化前のベース類とジアゾ化済のソルトに分けられる。ソルトは水に溶かすだけの簡便さが利点であるが，保存性，経済性ではベース類が勝る。

⑤　歴史と現状

反応染料の発展により消費量は大幅に減っている。手工業的な注染では主要な染料である。

＊アゾ色素：分子中にアゾ基(-N=N-)をもつ色素。簡単な反応で多種多様の色調および染色特性をもった色素が低コストで合成できるため，合成染料として最も多く用いられているほか，有機顔料でも多く使われている。一方で，アゾ色素が還元されて生じるアミンの人体に及ぼす危険性が危惧されるようになり，特定のアミンを生成する恐れのある色素は規制されている。

3-7　塩基性染料，カチオン染料

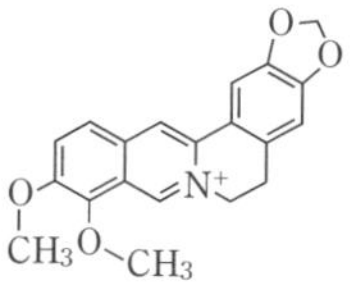

CH3O, O–CH3, N+, O, O（ベルベリンの構造式）

『ベルベリン』（キハダ）
日本でも近畿を除く各地に自生する高木の樹皮を利用した黄色染料である。アルカロイドとよばれる成分で，胃腸薬として市販薬にも採用されている。オウレンの根茎も同成分を含む。

カチオン性を有し，繊維にイオン吸着する色素

酸性染料と正反対のイオン性をもつ。

①　染まる繊維

絹，毛，ナイロン，アクリルに染まる。堅牢性の観点から，アクリルとカチオン可染ポリエステルに好適である。セルロースも堅牢性は低いが着色する。

②　染着の仕組み

第4アンモニウム塩(NR_4X)などの色素は，カチオン性となる。アニオン性のカルボキシ基などをもつ繊維にイオン吸着する。

③　染料の特徴

塩基性染料は染まりやすく極めて鮮明な色も染めるが，堅牢性が低い。一方，カチオン染料をアクリル繊維に適応すれば優れた堅牢度が得られる。

④　染料の分類

設備を汚しやすく，アニオン性染料と同浴で使えない欠点を改善した分散型カチオン染料が主流で，粉末や低温時はアニオン性だが高温でカチオン性に変化する。

⑤　歴史と現状

パーキンによる世界初の合成染料モーベイン(1856)を初め，19世紀後半から20世紀初めにかけて多くの塩基性染料が開発された。しかし，堅牢度が著しくわるかったため絹や羊毛に使われることは少なく，むしろ20世紀初めまでは綿を染めていた。当時は綿の優れた染料が乏しかったためである。それも直接染料や建染染料，そして反応染料などの優れた染料の出現に伴い用いられなくなった。そのなか，後年に開発されたアクリル繊維に対しては思いもよらない高い堅牢性が得られた。こうして塩基性染料の研究が再び活発になり，その後に開発された染料をカチオン染料という。アクリル繊維自体が生産量の多いものではなく，また汎用性の高い分散染料のほうがコストは抑えられるので，カチオン染料の需要は多くない。

3-8　建染染料・バット染料

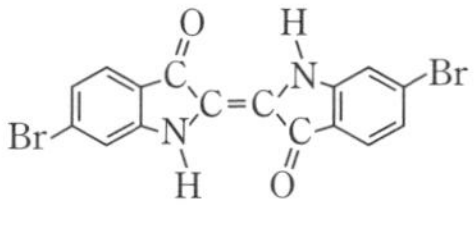

Br, O, C, N, H, C=C, H, N, C, O, Br（6,6'-ジブロモインジゴの構造式）

『6,6'-ジブロモインジゴ』（貝紫）
アクキガイ，レイシガイなどの貝がもつ前駆物質から日光照射と酸化によって生じる水不溶性の紫色の色素である。臭素(Br)を含まないインジゴは藍の色素である。

水に不溶の色素を還元し水溶性に変えて繊維に吸着させ，繊維内で酸化させ元の不溶性色素に戻す染料

天然染料でも古くから藍や貝紫の建染めとして行われた。

① 染まる繊維

アルカリ性染浴のため，特にセルロース繊維が好適である。

② 染着の仕組み

ハイドロサルファイトナトリウムなどの還元剤で色素を還元し，アルカリ性下水溶性のロイコ体にする。還元色を呈するロイコ体は静電気的作用で繊維に吸着し，続いて酸化させると繊維の非結晶領域内で水不溶性の色素に戻る。色素と繊維は強い結合力をもたないが，不溶性色素は非結晶領域から溶出しないため染まったことになる。伝統的な藍染めでは染浴を発酵させ，微生物が産する物質によって還元を行っている。

③ 染料の特徴

還元されたロイコ体は色が変わり，例えば，インジゴのロイコ体は黄色である。酸化によって復色するが，過還元が生じると変色する。建染染料はソーピング(染色後の強い洗浄操作)によって色素の配向状態が変わり，色調が冴えることが経験的に知られている。

④ 染料の分類

藍の色素インジゴに類似のインジゴ系と，ベンゼン環が多数連なった構造をとるアントラキノン系に大別できる。アントラキノン系はスレン染料とよばれ，耐光堅牢性に著しく優れ，洗濯堅牢性も良好なため，セルロース用染料のなかでは最堅牢の染料とされる。ただし，摩擦に対しては強くない。ロイコ体を安定化させた可溶性建染染料を用いた中性浴での染色は，絹や羊毛にも適し，インジゴ系のインジゴゾル，アントラキノン系のアントラゾルがある。通常の建染染料と異なり，自然酸化しないため希硫酸などの酸化剤を用いる。

⑤ 歴史と現状

1870年にバイヤーによって藍の色素インジゴの合成が成功，1890年代以降工業生産が始まり，20世紀に入ると製法が洗練され天然藍を駆逐するに至った。1901年にスレン染料が開発，この染料はきわめて高堅牢な染料だが高価でシェアは低く，スポーツ衣料，インテリア繊維製品など高堅牢が要求される用途に対するスペシャリティ染料となっている。

3-9 硫化染料

分子中に多くの硫黄結合(-S-S-)を含む水や油に不溶の色素を還元し水溶性に変えて繊維に吸着させ，繊維内で酸化させて元の不溶性色素に戻す染料

① 染まる繊維

染浴が強アルカリ性のため，セルロース繊維やビニロンなどが適する。

② 染着の仕組み

建染染料とほぼ同じだが，硫化ナトリウムを還元剤とする。

③ 染料の特徴

鈍い色や濃暗色，マットな色調が高堅牢に染められる。価格が安く，20世紀前半はセルロー

ス系繊維の染色に最も多く使われる染料であったが，20世紀後半以降急速に衰退した。それは，染色物使用時や保管中に繊維内に硫酸が発生し，繊維を脆化させるためである。かつて染められた暗幕などは使用に耐えられないほどに脆化しているが，近年はそれが生じにくい染料も開発されている。脆化を防ぐ方法は染色物を高温多湿下に長時間放置せずこまめに洗濯することで，販売時にデメリット表示をつけることが望ましい。

3-10　分散染料

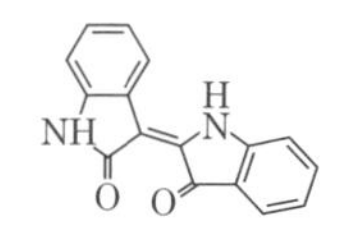

『インジルビン』（藍の青色色素インジゴの構造異性体である赤色色素）
藍の植物には色素の前駆物質が存在し，色素が生成する際の環境によってはインジルビンが多量に生成して，赤色染色も可能となる。

水にほとんど溶けず，界面活性剤によって水に分散させて染色する色素

①　染まる繊維

合成繊維などの疎水性繊維全般に適する。

②　染着の仕組み

分散染料もごく微量は水に溶ける。溶解した疎水性色素は水中よりも居心地のよい疎水性繊維の非結晶領域に入る。繊維の空隙を広げ，また色素の溶解を促すため，通常は高圧にして水の沸点を上昇させ，120～130℃での高圧高温染色を行う（表7-2）。キャリアとよぶ芳香族有機化合物を助剤として100℃以下での染色も可能であるが，キャリアの臭気が残るなど染色の質が劣り，今では稀である。

③　染料の特徴

堅牢性はわるくはないが優れているわけでもない。分散染料に特有のものとして高温による色素の移動（サーモマイグレーション）や昇華性が挙げられる。高温プレスによって移染やウォータースポットが生じやすくなるが，その予防に染色後，還元剤を併用した還元洗浄が行われる。一方，昇華性を積極的に利用した染色法がサーモゾル法や転写捺染で，コンビニなどの広告旗もオンデマンドで作成できる。

④　染料の分類

アセテート用染料は高温に弱い化学繊維に使われ，80℃でも染色できるが堅牢性は劣る。ポリエステルは高温に強く，ポリエステル用染料を用いて高圧高温染色する。

⑤　歴史と現状

分散染料は1923年，当時は染色が非常に難しかったアセテートを染色するための染料として開発された。そのため，かつてはアセテート染料とよばれたが，現在では主にポリエステルの染色に用いられている。ポリエステルは全繊維中最も多く用いられているので，それを染める分散染料は全染料中最大の生産額を占めている。

表7-2　純水の沸点

0.1気圧	0.5気圧	1気圧	2気圧	5気圧	10気圧
46.1℃	81.7℃	100.0℃	120.6℃	152.1℃	180.0℃

3-11 その他の染料

(アリザリンの構造式：O, OH, OH, O)	『アリザリン』(茜)最も古い赤色染料の一つ 1868年に合成に成功，媒染染料としてトルコ赤を染めた。また染色法によってはきわめて堅牢な染色となるが，その詳細は未だはっきりとしない。

① 媒染染料

色素の繊維への親和性は乏しいが，金属イオンが繊維と色素を仲介して染める。金属イオンが配位結合すると色素は不溶化し堅牢になる。合成染料としては現在ほぼ使われない。

② 酸化染料

プレカーサー，およびカップラーとよばれる水溶性の色素前駆物質を繊維内部で酸化剤により酸化させ，黒から褐色の水不溶色素を生成させる。白髪用の毛染めとして使われる。

③ 油溶性染料

分散染料以上に疎水性が強く，油分の着色に用いる色素で，油脂，インク，合成樹脂，ろう，化粧品などの着色に用いる。

3-12 顔　料

顔料は水や有機溶剤に溶かさずに着色する色素のことで，天然物にも日本画で用いる岩絵具などの無機顔料や藍棒などの有機顔料，コチニールなどの水溶性色素を金属イオンで不溶化したレーキなどがある。

現在は高堅牢な合成有機顔料が開発されている。顔料は粒子径が大きく，繊維の非結晶領域には直接は入らない。また繊維とも化学的な結合力をもたない。そこで，両者を繋ぎ止めるバインダーが使われる。古くは豆汁や膠(にかわ)などが使われたが，現在は合成樹脂が使われる。物理的に繊維間にしみ込む素材は染まるため，ポリプロピレンやポリエチレンなどの難染性繊維も染められる。捺染・プリントでは顔料を混ぜたバインダーを塗布して，固化し着色する。織物の隙間がバインダーで埋められてしまうため，通気性や吸水性が損なわれることや，摩擦などで樹脂が剥離しやすい欠点がある。浸染では，顔料を分散させた水にバインダーを添加して，繊維を浸す。吸着後，熱処理などで樹脂を固化させる。捺染よりも風合いの変化は少ない。樹脂は有機溶剤で溶けることがあり，顔料も脱落し退色する。また，顔料自体が有機溶剤に溶けることもある。そのため，ドライクリーニングは不可とされることが多い。

4. 染色堅牢度

染色された色の安定度合を染色堅牢度という。堅牢度の等級は1～5級の数字で表し(耐光堅牢度のみ1～8級)その数字が大きいほど堅牢度が優れる。染色堅牢度は専ら専門員の目視による判定が行われており，グレースケールを用いて等級づけが行われる(図7-1)。

堅牢度試験やグレースケール等試験用品はJIS：日本産業規格によって規格化されており，

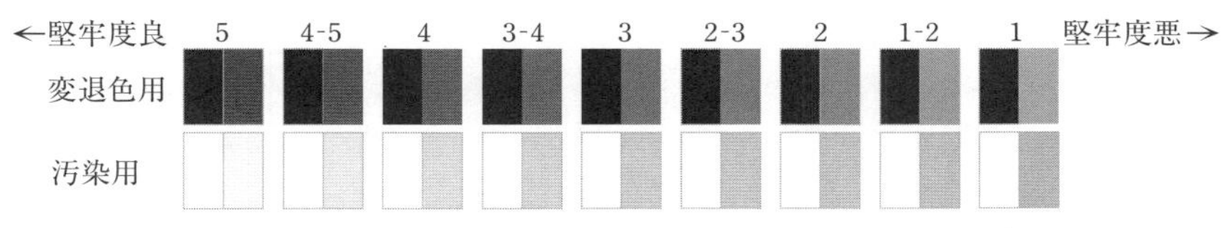

図7-1　堅牢度等級とグレースケール(耐光堅牢度は異なる)

各企業・団体はJISに従って試験を行うことが多い。JISには数十種の堅牢度が掲載されているが，一般に多用される堅牢度は表7-3に示すものに限られている。方法を記述した解説書はJISハンドブックや個別の資料で市販されている。また，JIS以外に海外の規格として，ISO(国際標準化機構)やAATCC(米国の規格)もあり，日本国内でも採用されることがある。JISにないが，プリントやボーダー柄などの染色部から色が滲み出す色泣きを調べる試験も行われる。

表7-3　種々の堅牢度

堅牢度	概　要
日光，耐光	色素の日光に対する耐性。ブルースケールという標準染色布との比較によって等級づけを行う。カーボンアーク灯(日本で主流)や，光の組成がより太陽光に近いキセノンアーク灯(海外で主流)を用いた促進試験が一般的である
洗　濯	洗濯での褪色および白布への汚染。洗剤，温度，時間等を変えた種々の方法がある。ラウンダオメータという洗濯試験機を用いることが一般的である
摩　擦	摩擦による白布への汚染。湿潤状態で汚染が激しくなる。建染染料，硫化染料などの顔料状態で染着している染料で問題が生じやすい
汗	汗による褪色および白布への汚染。汗による褪色は一部の含金属染料で起こる事例で稀である。JIS規定の人工汗液以外に，より実態に即した汗液が開発されている
汗・日光複合	汗単独，耐光単独では問題がないのに汗が付着した状態で光を照射すると変退色が発生することがある。汗中の乳酸存在下で光還元が生じるためとされる
塩素処理水	水道水，プール水等に含まれる塩素を想定した塩素系漂白剤の希薄液に対する耐性
ホットプレッシング	家庭アイロン，商業クリーニングのプレスに対する耐性。分散染料で特に問題となる
昇　華	色素が昇華すれば繊維製品の保管中に他の繊維を汚してしまう。アセテート繊維や樹脂コーティングされたポリエステルなどで発生しやすい
窒素酸化物	石油ストーブや自動車の排気ガスに含まれるNOxに対する耐性
ドライクリーニング	ドライクリーニングの有機溶剤(石油系，塩素系)に対する耐性

フロンティア軌道の理論

1952年に福井謙一が発表した概念である。この理論によって色素分子の設計が計算で行えるようになった。福井は，アジア人として初のノーベル化学賞を受賞している。

HOMO：電子に占有されている最もエネルギーの高い分子軌道

LUMO：電子に占有されていない最もエネルギーの低い分子軌道

参考文献　＊　＊　＊　＊　＊　＊

上甲恭平：「(染色)って何？―やさしい染色の科学―」，繊維社(2012)

安部田貞治：「合成染料工業の歴史」，繊維社(2013)

木村光雄，道明美保子：「自然を染める　植物染色の基礎と応用」，木魂社(2007)

8章　整理・加工

繊維製品における「整理」は20世紀の初め頃から文献に登場し，当初は家庭衣類を整理すること，つまりは洗浄，糊付けやアイロンかけなどの仕上げ，色揚げ（染直し）に関することを表した。その後，業界では糊抜き・精練・仕上げなどを行う整理業，後加工を行う加工業，さらに染色業と区別された。今では被服整理学といえば，洗浄や染色，加工に関する学問を指している。

1．洗剤を科学する

1－1　界面活性剤

洗剤の主成分の界面活性剤は浸透，分散，再汚染防止等の作用によって汚れを落とす。界面活性剤分子（図8-1）は，疎水部分と親水部分の相反する性質を併せもっている（両親媒性）。

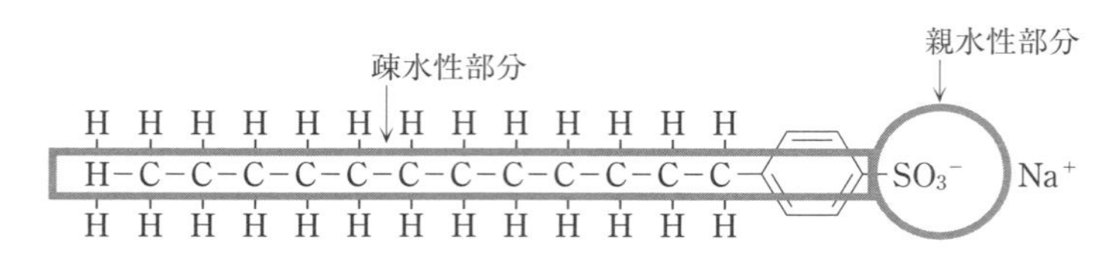

図8-1　ドデシルベンゼンスルホン酸塩（DBS）の構造式と親水部，疎水部

（1）　陰イオン界面活性剤（アニオン界面活性剤）

水に溶解した際，親水部が陰イオン（アニオン）性を示す。泡立ちが豊富で洗浄力もよく，再汚染防止作用も強い。一方で硬水中の多価金属イオンと結合して作用を失いやすい（図8-2）。また低温環境に弱く，クラフト点の温度以下では溶解度を急激に下げ洗浄力が大幅に低下する（表8-1）。安価で洗濯用洗剤や歯磨き粉など種々の洗浄剤に使われる。

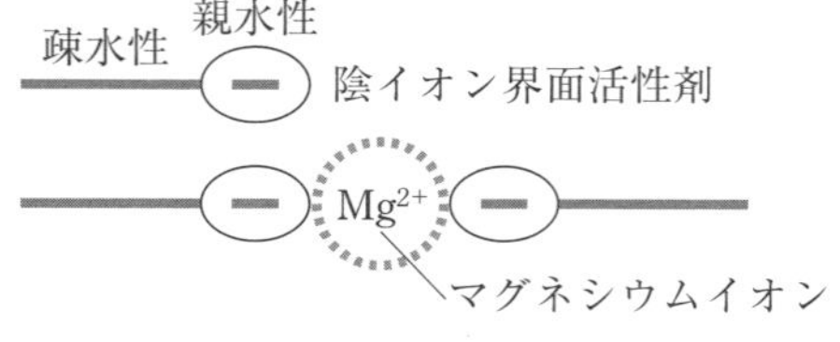

図8-2　金属との結合

表8-1　クラフト点[1)]

ラウリル硫酸Na	16℃
ミリスチン酸Na*	39.8℃
ラウリン酸Na*	26.2℃

＊セッケン

物質例：セッケン（脂肪酸塩），アルキルベンゼンスルホン酸塩（ABS），アルキル硫酸塩（AS），
アルキルエーテル硫酸エステル塩（AES），αオレフィンスルホン酸塩（AOS）

（2） 非イオン界面活性剤（ノニオン界面活性剤）

水に溶解した際，親水部はイオン性ではなく電荷の偏り（極性）により形成される。親水部が大きいため多価金属イオンに対していくらか耐性をもつ。臨界ミセル濃度（図8-8）が低く，低濃度でも洗浄力を発揮する。イオン性界面活性剤と干渉しないため同剤中の混合が可能である。泡立ちが弱く，消費者の心理面で洗浄力への不安をもつおそれもあるが，ドラム式洗濯機や食器洗浄機など泡が阻害要因となる場合は長所となる。吸湿性が大きいため，粉末洗剤よりも液体洗剤によく使われる。無色透明の希薄水溶液は高温で白濁する。この原因は，界面活性剤の分子運動が激しくなり親水部と水との水素結合が外れて析出するためで，洗浄力も低下する。

つまり，陰イオン界面活性剤と対照的に，低温には強いが高温に弱い。白濁が始まる温度を曇点（どんてん）といい，洗剤に使われるものは60～80℃が多い。

物質例：ポリオキシエチレン(23)ラウリルアルコールエーテル（アルキルエーテル：AE）（図8-3）

(23)は親水部のエーテル結合数を示し，ラウリルは疎水性部の炭素数を示す。この比率で親水性度合いが変わり，この変化は，HLB（Hydrophilic - Lipophilic Balance）値で示され，小さいほど疎水性が強く，疎水性汚れに対する洗浄力が増すが水溶性が低下する。洗剤は13～16が適する。

C-C-C-C-C-C-C-C-C-C-C-C-OCC-OCC-OCC-OCC-OCC-OCC-OCC-OCC-OCC-OCC-OCC-OCC-OCC-OCC-OCC-OCC-OCC-OCC-OCC-OCC-OCC-OCC-OCC-OH
└── 疎水性 ──┘└──────────── 親水性 ────────────┘

図8-3　AEの構造式と親水部，疎水部

（3） 陽イオン界面活性剤（カチオン界面活性剤，逆性セッケン）

水に溶解した際，親水部が陽イオン（カチオン）性を示す。陰イオン性の汚れと結合し両親媒性を失うため，洗浄力が小さく，洗浄用には使われない。繊維や毛髪などに吸着して潤滑作用を発するため，柔軟剤やヘアリンスとして使われる。また，グラム陰性菌，陽性菌などに効果を発揮する殺菌剤となる。陰イオン界面活性剤との同浴での混合は，イオンの相互作用が発生するため禁忌である。

物質例：ジアルキルジメチルアンモニウムクロリド，アルキルトリメチルアンモニウムクロリド，
塩化ベンザルコニウム（主に殺菌用）

（4） 両性界面活性剤

水に溶解した際，酸性ではカチオン性を示す。アルカリ性ではアニオン性を示す。すなわち両性（双性）イオンの界面活性剤である。皮膚表面のpHは弱酸性で等電点に近く，界面活性剤が残存しても作用が抑えられるため低刺激となる。価格は高い。

物質例：アルキルベタイン，アルキルアミンオキシド，アルキルアミノ脂肪酸塩

1-2　界面活性剤の作用

（1） 浸透作用

水系洗浄において被洗物は，汚れを溶出させるために水で濡れることが要求される。例えば，羊毛や新品の綿タオルなどの吸水速度が小さいものを速やかに濡らす作用が浸透作用である。水の表面張力が下がると接触角が小さくなり濡れやすくなる。

①　水の表面張力

水分子は極性（δ+，δ−と記す弱い電荷）をもち，近接分子同士で水素結合を形成し引き合う。仮に教室にいる全員が，自分の手を直角に広げて片手ずつ，それぞれ近くの2人と手をつなぎ，力強く自分のほうに引いたらどうなるか。そのとき，足で踏ん張ったり，壁や机などに捕まったりしてはいけない。教室の最も外側にいる人は内側にいる人から引かれるため，内側に連れ込まれるのではないか。内側の人はどちらからも同じ力で引かれるので，小さな移動はあってもその付近に居続けられる。集団は最終的には密集した円形になる。水滴もまさにこの状態（図8-4）で，丸まろうとする力の概念が表面張力*である。水は極性が強いため，他の液体と比較して表面張力も大きい（72.75 mN/m，20℃）。エタノール（C_2H_5OH）は分子中の水素結合に寄与する水酸基が相対的に少ないため，表面張力は低い（22.55 mN/m，20℃）。

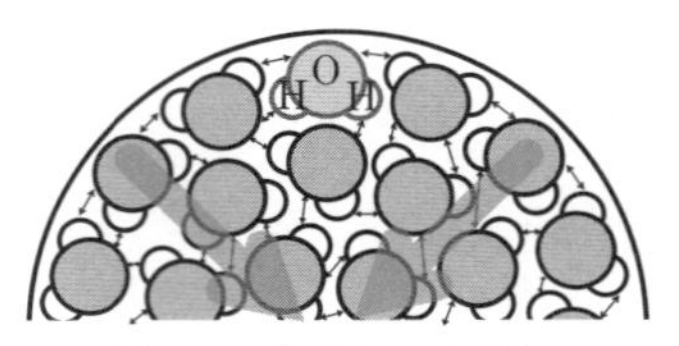

図8-4　水滴中の水分子

＊表面張力と界面張力：正確には界面における表面積当たりの自由エネルギーを示す。固体表面も自由エネルギーをもつため界面張力が存在する。自由エネルギーが大きいと水とも結合しやすいため，固体の界面張力は大きいほど水に濡れやすい。固体/液体の界面張力を表面張力という。

②　接触角

水滴の形は接触角で表すことができる（図8-5）。水滴が固体表面に拡がっている状態は濡れやすい状態で，接触角が小さい。

接触角が濡れやすさの指標となる。水の表面張力が小さくなれば，水滴の丸まる力が弱まることになり，接触角が小さく，つまり濡れやすくなる。

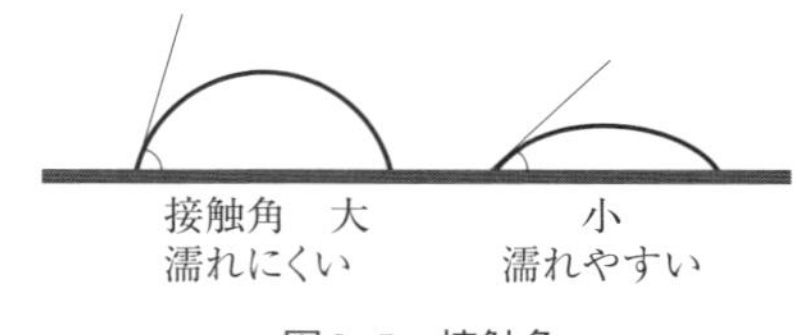

図8-5　接触角

③　界面活性剤による表面張力の低下

一般に洗浄用の界面活性剤分子は充分な親水部をもち水可溶だが，その挙動は一般的な水溶性物質が均一に溶解するのとは大きく異なる。

少量が溶けた場合：界面活性剤の疎水部分は水から離れる方向に向き，親水部分のみ水と接する。主に水面などに浮くように集まる（図8-6）。空気と水の界面に界面活性剤分子が入るが，界面活性剤は疎水部分があるので界面に留まろうとする。界面付近の水分子は他の水分子に引かれても界面活性剤につかまることができる。つまり，丸まる力である表面張力が弱まることになる。

水面が覆い尽くされ，さらに溶け込んだ場合：界面活性剤は疎水部が水と触れずに水中に入るべくミセルという球状の集合体を形成し，溶解する（図8-7）。

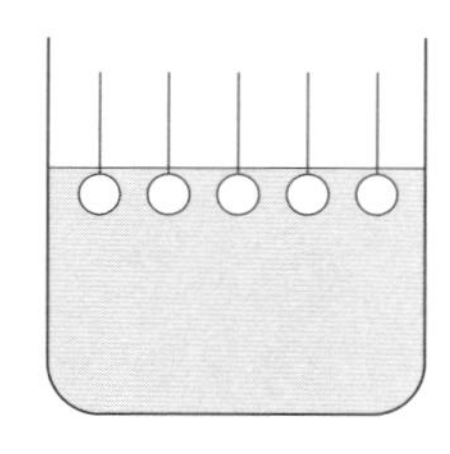
図8-6　少量時

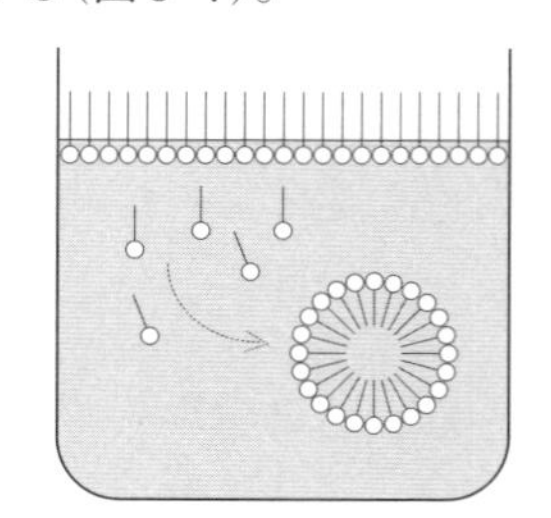
図8-7　ミセル形成

ミセルは一般的に界面活性剤が50〜100個程度会合したもので，サイズは5〜10nm，肉眼では見えず，ミー散乱も生じないので白濁もしない。ミセル形成が始まるときの界面活性剤濃度を臨界ミセル濃度（CMC：Critical Micelle Concentration）といい，界面活性剤の種類や温度などで異なる（図8-8）。ラウリル硫酸ナトリウムで8mmol（ミリモル）/L（25℃）程度，つまり0.23％程度の水溶液である。イオン性の合成界面活性剤と比較し，非イオン界面活性剤は低く10^{-1}〜10^{-2}倍程度だが，セッケンは高い。

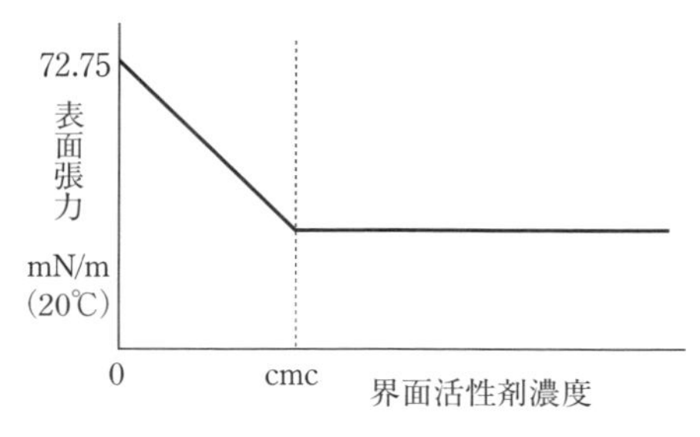

図8-8　臨界ミセル濃度

なお，ミセル以外に界面活性剤が二層構造のベシクルやラメラ構造も形成される。高濃度ではリオトロピック液晶などの構造をとり，白濁やゲル化が生じる。界面活性剤濃度が上がれば表面張力は低下するが，臨界ミセル濃度に達すると表面張力は一定になる。浸透作用も臨界ミセル濃度以上の界面活性剤濃度で最大限に発揮される。

(2)　可溶化作用

ミセルの内部は疎水部に囲まれたわずかな空隙があり，高級脂肪酸など水不溶の疎水性分子は入り込める。ミセルはきわめて小さく肉眼では見えないためミセルのなかに入り込んだ疎水性分子も見えない。これを可溶化という。可溶化状態の液は無色透明となる。ミセルの数は有限なため，可溶化できる疎水性分子の量も限られる。

(3)　乳化・分散作用

水と疎水性物質の油やススは混ざらない。界面活性剤は両親媒性のため，親水部は水と結合，疎水部は油やススと結合する。両者を仲介し，本来は混ざらない物質同士を安定した均一な状態で存在させる。この作用を分散作用といい，水と油など液体同士が混ざり合うことを特に乳化という（図8-9）。可溶化と違って懸濁溶液となり，乳化では屈折率の違いから白濁する。可溶化よりも分散しうる物質の最大容量が多く，乳化*は量に関係なく起こる。

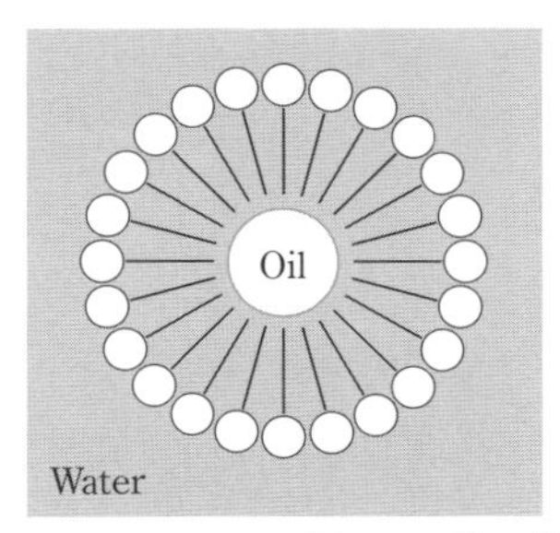

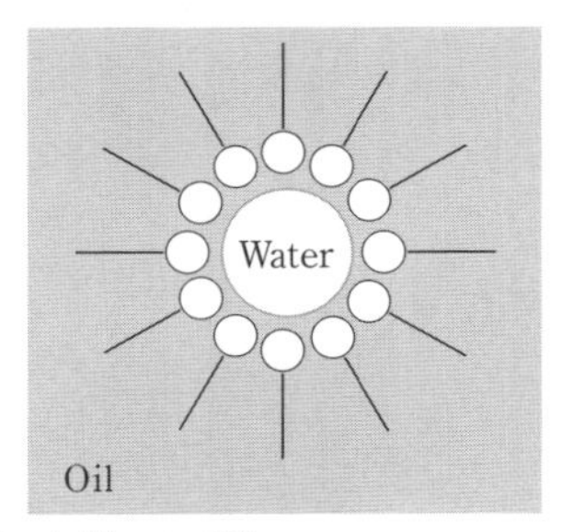

図8-9　乳　化　（左がO/W型，右がW/O型）

*水と油が乳化した身近な物質例では，油が数パーセント程度で，牛乳，油が18〜50％程度で生クリームやチーズ（O/W型），油が80％程度でバター（W/O型）となる。牛乳中のタンパク質のカゼインが界面活性剤としてはたらき，水と油を乳化させている。マヨネーズ，チョコレートや乳液，クリームなどの化粧品も乳化によって作られている。さらに体内でも胆汁は主に乳化を担う消化液であり，乳化は日常生活で非常に身近な現象である。

（4）　再汚染防止作用

きれいな服と汚れたぞうきんを洗面台で同時に洗えば，多少はぞうきんの汚れが服に移る。これを再汚染という。再汚染防止作用は，陰イオン界面活性剤が特に強い。界面活性剤は疎水性汚れを分散・乳化作用で取り囲み，繊維にも疎水部を向けて吸着する。汚れ，繊維とも最外層が陰イオン性となり電気的反発によって両者は近づけず，再汚染が防がれる（図8-10）。

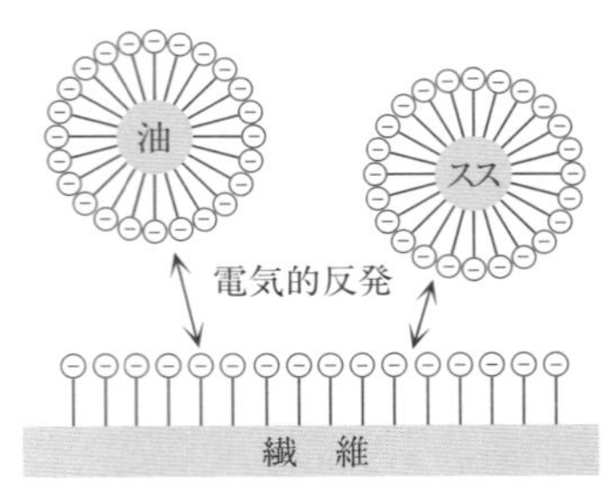

図8-10　再汚染防止

1-3　セッケンと合成界面活性剤

（1）　セッケン

セッケンは古くから存在する人の手によって作り出された界面活性剤である。油脂と木灰等のアルカリが混合すれば生成し，少なくとも数千年前から使われた。13世紀以降，地中海沿岸で良質のマルセルセッケンの製造が始まり，炭酸ナトリウムの工業生産が可能となった19世紀以降は安価になり庶民にも拡がった。原料の油脂は肉や魚など動物性の油，オリーブやヤシの実など植物性の油など多様である。油脂は，グリセリンと3つの高級脂肪酸*がエステル結合で一つの分子となった物質（図8-11）で，アルカリによって次の2段階の反応（けん化）が生じ，セッケンに変化する。油脂中のエステル結合は強アルカリ性や脂質分解酵素などの作用を受けて切断され，グリセリンと高級脂肪酸に分離する（1段階）。分離した高級脂肪酸は，アルカリと中和し，脂肪酸塩となる（2段階）。脂肪酸塩がセッケンである。

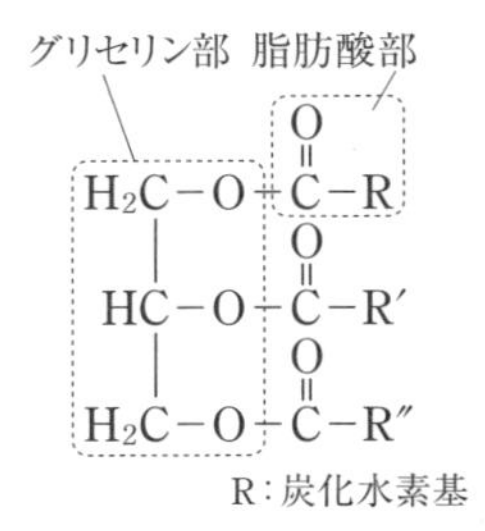

図8-11　油脂の構造模式図

$$\underset{\text{高級脂肪酸}}{RCOOH} + \underset{\text{水酸化ナトリウム}}{NaOH} \longrightarrow \underset{\text{セッケン}}{RCOONa} + H_2O$$

＊高級脂肪酸とは，炭素数の多い（12個以上）脂肪酸（カルボキシ基をもつ脂肪族炭化水素）を指す。C14のミリスチン酸，C16のパルミチン酸，C18のステアリン酸は炭化水素部に単結合のみもつ飽和脂肪酸である。C18：2（n-6）のリノール酸，C18：3（n-3）のリノレン酸，C20：5（n-3）のEPA，C22：6（n-3）のDHAなどは二重結合をもつ不飽和脂肪酸である。油脂は構成される脂肪酸によって硬化性や融点などが異なる。

（2）　合成界面活性剤

石油，植物などから得た有機化合物にさまざまな化学反応をさせて導いた界面活性剤である。端緒は1834年のトルコ赤油であるが，洗浄剤として本格的に使用されたのは1928年に開発されたアルキル硫酸塩以降である。

電気洗濯機の普及とともに合成界面活性剤を使用した合成洗剤の使用が拡大した。1960年代には河川発泡などの環境問題が発生し，洗剤メーカーは側鎖が枝分かれしたABSを直鎖型のLASに置き換えるソフト化などの対応を行った。

（3） 性質の違い

多くが親水部の官能基（セッケンは $-COONa$（カルボキシ基），合成界面活性剤は $-SO_3Na$（スルホ基））に起因する。セッケンのカルボキシ基は弱酸で電離度が低く水溶液は弱アルカリ性を示し，酸性下では脂肪酸塩が難溶性の脂肪酸（酸性セッケン）に戻る。スルホ基は強酸で，アルカリ性から酸性まで幅広いpH域で界面活性を有する。セッケンは多価金属イオンにも弱く，水不溶の金属セッケンが排水口などを汚す。欧州や沖縄などの硬水地域や温泉では役立たない。合成界面活性剤は硬水で起泡性や洗浄性は弱まるが，白濁は生じにくい。

1-4 洗剤に含まれるビルダー，添加剤

（1） 金属イオン封鎖剤（水軟化剤，キレート剤）

界面活性剤を妨害する多価金属イオン（Ca^{2+}，Mg^{2+}など）を失活させる（図8-2参照）。多価金属イオンが多く溶けた水を硬水といい，欧州や沖縄の上水に多く，洗浄に不向きである。日本の上水の多くは幸いに軟水であるが，少量の金属イオンも洗浄の阻害要因となる。金属イオン封鎖剤は速やかに金属イオンと結合し，界面活性剤が阻害されるのを防ぐ。沖縄では硬水に対応した地域限定の洗剤も売られている。

トリポリリン酸ナトリウム（STPP）$Na_5P_3O_{10}$：金属イオン封鎖能に優れる。分散作用や粉末洗剤の湿気による凝固を防ぐ作用も併せもち，洗浄という観点では，非常に優れたビルダーといえる。しかし，リンが含まれ，湖沼や海洋沿岸部の富栄養化をまねき，赤潮やアオコなどを引き起こす懸念から1978年に滋賀県から市民運動が巻き起こり，国内の家庭用洗剤には，ほぼ使用されなくなった。洗剤容器の「無リン」表記はこれを意味する。

ゼオライトA（ケイ酸アルミニウムナトリウム）$Na_2O \cdot Al_2O_3 \cdot 2SiO_2$：トリポリリン酸ナトリウムの代替として，現在の家庭用粉末洗剤配合の主流となった。水不溶の白色粉末である。

その他（液体洗剤などに多い）：エチレンジアミン四酢酸塩（EDTA，エデト酸塩），クエン酸ナトリウム，イオン性高分子（アクリル酸，マレイン酸系など）

（2） アルカリ剤，pH調整剤

次の理由から一般的にアルカリ性が強いほど汚れは落ちる。

①皮脂などに含まれる脂肪酸は，アルカリで中和され，脂肪酸塩すなわちセッケンになる。
②垢などのタンパク質汚れはアルカリ性で膨潤し，水に分散しやすくなる。
③繊維の表面電位が負に傾く。負に帯電していることが多い汚れと電気的反発が生じる。
④例外として，便器の尿石など不溶性金属塩は酸性で溶解しやすく，酸性の洗剤が使われる。

一方，アルカリ性は人体に危険なため，家庭用洗剤は弱アルカリ性に抑えられている。なお，タンパク質系繊維はアルカリ性に弱いため，アルカリ剤無配合の中性の合成洗剤が望ましい。

炭酸ナトリウム（炭酸塩）Na_2CO_3（pH 11.7）：家庭用洗剤に多い。二酸化炭素を吸収して炭酸水素ナトリウムに変化し，長期保存で両者が混在したセスキ炭酸ナトリウムになる。

炭酸水素ナトリウム（重曹）$NaHCO_3$（pH 8.3）：他のアルカリ剤と比較しても溶解度が小さい（8.7 g/100 mL　20℃）ため，単独使用では研磨効果も期待できる。

メタケイ酸ナトリウム（ケイ酸塩）Na_2O_3Si（pH 12.5）：水溶液は粘性が大きく，水ガラスともいう。金属槽保護効果もあり業務用洗剤に使われる。

（3）　再汚染防止剤

非イオン界面活性剤などの再汚染防止作用が不十分な場合に加えられる。

カルボキシメチルセルロース（CMC）：陰イオン性のカルボキシ基をもった改質セルロースである。浴中で綿繊維に付着し，陰イオンの汚れを電気的反発で寄せつけない。

また，ブドウ果汁のアントシアニンなど陽イオン性の汚れはCMC自身が吸着し，綿繊維が汚れるのを防ぐ。

（4）　蛍光増白剤

白物をより白く見せるための蛍光増白剤は，紫外線（330～380 nm）を吸収して励起，そのエネルギーを紫～青色（400～450 nm）の可視光（蛍光）に変換し放出する（図8-12）。黄ばんだ繊維に吸収されて減少した青色反射光を蛍光増白剤の青色蛍光が補い，繊維は白く見える。ただし紫外線を含まないLED光源等では効果がない。また，生成りや淡色ものは変色に注意を要する。蛍光増白剤の存在はブラックライトで確認できる。

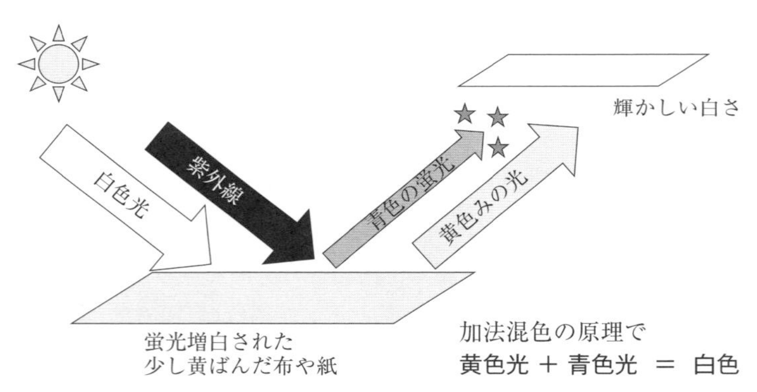

図8-12　蛍光増白

（5）　漂白剤

水不溶の汚れを酸化還元作用で分解する。洗剤に配合されている分量は少なく，漂白作用は限定的だが，除菌作用による臭いの発生を防ぐには有効である。

（6）　柔軟剤

柔軟剤入りの洗剤は粉末と液体で成分と作用機序が異なる。

ベントナイト：海底に堆積した火山灰による白色の粘土である。箔状で，繊維の隙間に入り込んで滑りをよくする。

粉末洗剤に配合される。単品の柔軟仕上げ剤と作用機序は競合しない。

陽イオン界面活性剤：単品の柔軟仕上げ剤と同一成分である。液体洗剤に配合される。

(7) 酵　素

酵素は特定の基質を触媒的に分解する。酵素活性や分解時間から，ぬるま湯のつけ置き洗いで最大限の効果が期待される。複数の酵素が配合されることも多い。

たんぱく質分解酵素：垢などのたんぱく質汚れを，水溶性のペプチドやアミノ酸に変える。

脂質分解酵素：油脂汚れを加水分解し，生じた脂肪酸は中和され水溶性の脂肪酸塩となる。

デンプン分解酵素：デンプンを水溶性オリゴ糖，最終的に単糖にまで分解する。

セルロース分解酵素：セルロース繊維表面をミクロに分解除去し，沈着した汚れを落とす。

(8) 工程剤(硫酸ナトリウム)

粉末洗剤の基剤(粒の主体)となる水溶性の中性塩である。洗剤製造時に工程剤に界面活性剤や添加剤等の水溶液を吹きつけて吸わせ，乾燥させて作られる。洗浄に及ぼす作用は少ないが，界面活性剤の臨界ミセル濃度を少し下げる作用がある。

(9) 泡コントロール剤

泡立ちと洗浄力の相関性は低いが，人は心理的に，泡立つと洗剤がはたらいているように感じる。逆に，すすぎ後の泡の残存は洗剤残留の不安を起こさせる。またドラム式洗濯機では，豊富な泡は叩き洗いにおけるクッションとなり洗浄力が低下し，機種によっては洗濯時間が伸びる。用途に応じて泡の発生と保持時間の調整が望まれる。泡立ちをよくするには親水性の強い非イオン界面活性剤(脂肪酸エタノールアミドなど)を加え，逆に泡を抑えたい場合はセッケン(生成する金属セッケンが消泡剤となる)や油系成分が加えられる。

(10) 香　料

従来から香りがついたものが多かったが，近年は商品戦略の前面に出た感がある。

(11) 着色剤

粉末洗剤は青色などの粒が入り液体洗剤も着色されている。洗浄に関係しない。

1-5　洗剤の種類と変遷

(1) 重質洗剤(ヘビーデューティー)と軽質洗剤(ライトデューティー)

洗浄力を重視した一般的な洗剤が重質洗剤で，アルカリ剤や酵素，漂白剤などが配合される。一方でおしゃれ着用洗剤とよばれる中性の合成洗剤が軽質洗剤である。軽質洗剤を選択する本質は，おしゃれ着かどうかではなく，中性でたんぱく質分解酵素が含まないので，毛や絹も洗えることである。繊維の滑りをよくして型崩れを防ぐ成分なども配合される。軽質洗剤は汚れを落とす力は弱く，1回の洗濯に要する単価も高くなる。

(2) 粉末洗剤と液体洗剤

1963年に日本で合成洗剤が石鹸の生産量を上回って以降，粉末洗剤が洗濯用洗剤の主流だった。コンパクト化が年々進められ，1回当たりの使用量が少なく進化していった。一方，液体洗剤は価格が高かったこともありシェアは低かったが，1990年代以降，徐々に普及していった。2009年に上市された超濃縮タイプの洗剤*も消費者に支持され，2011年には販売金額および重量で粉末洗剤を上回った。その後も洗濯用洗剤に占める液体洗剤のシェアは増加を続け重量ベースで7割程度(2016年)に達した。粉末洗剤は使用時の溶け残りが敬遠されるが総合的な洗浄力においては優れている。アルカリ剤などのビルダーや添加剤を入れる余地が大きく，保存中の酵素や漂白剤などの物質間相互作用も生じにくいためである。

＊超濃縮液体洗剤は，2009年，400～500gでありながら従来の1kgサイズと同じ回数洗濯できる液体洗剤が登場した。これは，高濃度でもゲル状態を保持する界面活性剤の開発に成功したことによる。この界面活性剤は水にも流れやすく，従来のすすぎ2回から1回への削減による節水・節電，短時間洗濯の提案もされている。

(3) 日本の洗剤の近年のトレンド

① 部屋干し用洗剤

雨の日や雪国の冬場などは部屋干しされたが，近年は常に部屋干しする人が増えているという。室内で干すと特有の臭気が漂いがちで，乾いた後も洗濯物に臭いが残ることもある。その不満に対応し，部屋干し洗剤が開発された。長時間湿った状態となる部屋干し時に細菌が繁殖するのを抑え，臭いの発生を防いでいる。

② 消臭洗剤

洗濯物の臭い残りを気にする消費者が増えている。そのため，臭いの発生源になる汚れを徹底的に落としたり除菌をしたりして，臭い残りを低減させる洗剤が出されている。

③ パック型洗剤

液体洗剤の計量の手間が軽減されるパック型の洗剤が登場している。水溶性フィルムのボールに洗剤を封入したものだが，子どもの誤飲や潰れて目に入る危険性があり注意喚起されている。同様の洗剤として，かつては粉末のタブレットも存在した。

2. 家庭洗濯・商業クリーニングを科学する

2-1 繊維製品の汚れ

汚れは性質ごとに分類できる。ただし，実際の汚れは多くが複合汚れである。

① 水溶性汚れ

水に溶ける汚れである。汗中の塩分などである。家庭洗濯で比較的容易に落とせるが，ドライクリーニングでは落としにくい。

② 油溶性汚れ

水不溶だが油性溶剤には溶ける汚れである。家庭洗濯では界面活性剤の分散(乳化)作用で落とせる。落ちにくい場合は，有機溶剤を用いたしみ抜きが有効である。

③ たんぱく質汚れ

垢などの汚れである。水にも油にも溶けないが，アルカリ性で膨潤して水に溶け出やすくなる。たんぱく質分解酵素も有効である。

④ 不溶性汚れ

水にも油にも溶けない汚れで，墨，泥，鉄さびなどである。界面活性剤の分散作用に頼るしかないが，糸の奥に入った粒子の完全除去はきわめて困難である。デンプン糊を擦り込む物理吸着除去も試みられる。なお，鉄さびは還元漂白剤やシュウ酸で落とせる。

⑤　ニオイ汚れ

目や手触りでは認識されないが，嫌な臭いを感じさせる。近年，日本の洗濯において重視されるようになった。

⑥　カビ汚れ

カビは，養分(汚れ)と温度(0～35℃で生育可。25～28℃が最も危険だが，冬の結露でも発生)，湿気(湿度80％以上はきわめて危険)の条件がそろえば全繊維に生えるが，特に綿や絹などの親水性繊維は生えやすい。発生した場合は，塩素系漂白剤で除去できる。色物や絹，毛は酸素系漂白剤や過マンガン酸カリウムが使用される。

2-2　水系洗浄とドライクリーニング

(1)　クリーニング業者

日本は諸外国よりもクリーニング施設が多い。内訳は一般消費者向けの一般クリーニング店が最も多く，他に企業・団体の制服，作業着などをまとめて取り扱う数物クリーニング工場，繊維製品を所有し，レンタルと回収，洗浄するリネンサプライなどがある。

(2)　クリーニングの方法

①　ランドリー

大型のドラム式洗濯機(ワッシャー)を用いて家庭洗濯よりも強い条件で水洗する。例えば，洗浄温度は常温～70℃，洗い2回，すすぎ4回などである。使用洗剤はアルカリ性が強い。蛍光増白剤はあまり使わない。漂白剤は過炭酸ナトリウムが主で，リネンサプライでは塩素系漂白剤も使う。仕上げに糊剤を用いる。柔軟剤はほとんど使われない。

②　ドライクリーニング

疎水性有機溶剤を用いて洗う。以下のトラブルが生じにくい。

①親水性繊維は吸水により膨潤し，乾くと縮む。この体積変化によって織目，編目がずれ動き，膨潤収縮やしわの発生，型崩れ，プリーツの消失などが起こる。

②毛はフェルト化を起こし，激しく収縮することがある。

③絹はセリシンが一部溶出し，スレの発生(フィブリル化)や変退色が生じる。

③　ウエットクリーニング

水溶性汚れの除去が不十分であるドライクリーニングを補完するため，衣服を水に浸し，水溶性汚れを落とす場合がある。一般クリーニング店では，別料金のオプションコース扱いが多い。2016年12月施行のJIS L 0001では「特殊な技術を用いた業者による繊維製品の水洗い処理。但し，洗剤及び/又は水洗いによる影響を最小限度に抑えるために，水洗い・すすぎ・遠心脱水時に添加剤などを使用する場合もある。」と定義される。バキュームクリーナーなど新しい洗浄機械を用いた洗浄法などが提案されている。

④ シ ミ

シミは通常の洗濯では落としにくい局所的についた有色の汚れのことである。しみ汚れも油溶性や不溶性などさまざまな性質があり，それぞれしみ抜き法が異なる。家庭でも市販洗剤やベンジンなどの有機溶剤を用いて簡易的なしみ抜きは可能であるが，クリーニング業者のしみ抜きには高度な技術が含まれる。超音波ガンとバキュームを備えたしみ抜き専用の機械が多用され，溶剤も酢酸アミルなどが使われる。色の補正を行うこともある。

（3） ドライクリーニングの特徴

ドライクリーニングは油溶性汚れがよく落ちるが，汗など水溶性汚れは落ちにくいため，溶剤に界面活性剤(ドライソープ)を加えて少量の水を可溶化させている。溶剤も高価なため洗浄機のフィルターで，きれいにして循環させ，繰り返し再利用するチャージ・システムがとられる。洗浄と熱乾燥，溶剤回収を同時に行うホットマシンと，乾燥は別に行うコールドマシンがあるが，日本は後者が多い。親水性繊維の損傷を防いで洗うためのドライクリーニングだがトラブルもある。顔料プリントはバインダーや色素が溶解・脱落のおそれがある。ポリ塩化ビニル(ビニルレザーなど)は可塑剤が脱落し，硬化，収縮する。また，持ち帰り直後に残存溶剤でかぶれる化学やけどが稀にある。主な溶剤を次に示す。

石油系：炭化水素系有機溶剤。洗浄力は劣る。毒性は低い。易燃性で消防法の規制がある。洗浄装置が安価で，設置が容易なため，日本で主流となっており，全体の8割強を占める。

テトラクロロエチレン(パークロロエチレン)：含塩素有機溶剤。洗浄力は優れる。毒性が危惧され，環境排出基準も厳しく，装置が大がかりで高価になる。欧米などでは主流である。

その他：シリコーン，フッ素系，ソルカン，フルーツオイルなどフッ素系溶剤は，いわゆるフロンでオゾン層保護の観点から規制が厳しく使用禁止になるものが多い。新規溶剤もさまざまな特色をもつが，価格も高く，洗浄機の更新も必要で投資がかさむため普及していない。

2-3 家庭用洗濯機

（1） 洗濯機の種類

洗濯には汚れを溶かし出す「溶媒(水など)」と，「界面活性剤」(「ビルダー」「添加剤」)が必要だが，それ以外に繊維を動かす力「機械力」も必要である。かつては，洗濯板などの道具も使い，人の力で機械力をかけたが，現在は洗濯機が普及している。

（2） 渦巻式洗濯機

日本では1950年代後半から洗濯機が普及したが，それ以降広く使われ続けたタイプである。垂直に設置された洗濯槽の底のパルセーターが回転して渦巻き水流がうまれ，槽や服同士が擦り合う。近年はドラム式洗濯機と区別するため縦型とよばれる。軟水に恵まれた日本では常温洗浄でも，きれいになるので，開放型である渦巻き式洗濯機が活躍する。洗浄力に優れ，洗濯時間が短く，少量の洗濯物でも洗え，洗濯機サイズも小型化できる長所をもつ一方で，洗濯物が絡まりやすく，水使用量が多い短所がある。密閉型で熱乾燥できる高価格機があるが，洗濯物が下に溜まって熱風が全体に行きわたりにくく，乾燥ムラやシワが生じやすい。

（3） ドラム式洗濯機

欧州で主流の洗濯機である。日本でも20世紀末に国産機の製造販売が再開され21世紀に入り拡大した。横向きの筒型槽(ドラム)が回転すると洗濯物が水面上を飛び上がっては落ちて叩かれ，さらに転がり落ちて擦れ，汚れが落ちる。欧州では密閉型による高温洗浄が基本だが，近年は省エネの観点から温度は低く抑えられつつある。渦巻式と比較し，洗浄力が弱いため洗濯時間が長く，少量の脱水を苦手とし，洗濯機サイズ・重量が大きく脱水時の振動が激しくなる短所の一方，洗濯物が絡みにくい，水使用量が少ない長所がある。

（4） 撹拌式洗濯機

米国周辺で使われる。外見は渦巻式に似ているが，槽中央にタワー型の撹拌翼アジテーターが存在する。渦巻き式より洗いムラが少ないが，洗濯時間はやや長めとなる。開放型で乾燥機能はつかない。米国では上記3種の全タイプが売られている。

（5） 乾燥機能，乾燥機

日本では洗濯物を屋外に干すことは普通のことであるが，商業クリーニングや欧米の家庭洗濯では違い，また一般家庭でも生活スタイル・環境や考え方により，屋外に洗濯物を干しにくいこともある。そこで，洗濯物を熱風などで乾かすことが行われる。横向きの高温ドラム(タンブラー)が回転しながら送風し乾かすタンブル乾燥とハンガーなどに服を干して，周囲から熱風をあてて乾かす吊り干し乾燥に大別できる。(表8-2，3)

表8-2　乾燥機使用の長所と短所

長　所	短　所
季節，天気に関わらず短時間(2～5時間程度)で乾かすことができる	高温乾燥型は合成繊維に永久しわが発生するなど，衣類に熱によるダメージを与えるおそれがある
花粉や粉塵，黄砂など付着の心配がない	消費電力は，すべての家電中最高レベルであり，エネルギー浪費に繋がり，CO_2排出量が増大する
タオルはパイルが立ち上がり，ふんわりと仕上がる	低温乾燥型は生乾き臭が発生しやすく，高温乾燥型は残留油脂の酸化などによる黄ばみや黒ずみが発生しやすい

表8-3　乾燥機の熱源および乾燥方式

ガスヒーター式	電気ヒーター式	電気熱交換器式，ヒートポンプ式
洗濯乾燥機には搭載されず，単独の乾燥機のみにある。ガス燃焼は電気よりも熱の発生が早く，乾燥時間が短い長所があるが，屋外排気口の設置が必要である	洗濯乾燥機の低価格機種に搭載されている。ヘアドライヤーと同じ原理で，電熱線に流した電流から生じたジュール熱で衣類を乾燥させる。消費電力量がきわめて多い	洗濯乾燥機の高級機種に搭載されている。エアコンと同じ原理で冷媒液体の膨張・気化(冷える)と冷媒気体の凝縮・液化(熱くなる)の相変化で発生した熱，および冷却部の除湿作用で衣類を乾かす。消費電力量はヒーター式より少ない

2-4 洗浄の条件と洗浄性

① 洗剤濃度の影響

界面活性剤濃度が高くなれば洗浄力は増加するが，ある濃度(CWC)を超えると洗浄力は低下していく。CWCは臨界ミセル濃度(CMC)よりやや高い濃度であり，浴比や繊維の種類などによって異なる。よって洗剤はパッケージ記載の適性濃度の使用が望ましい。

② 洗浄時間の影響

洗浄開始後，汚れ落ちは徐々に緩やかになりいずれ平衡状態に達する。一方，洗浄時間が長いと繊維は傷む。渦巻式で7～10分，ドラム式はその倍程度が標準である。

③ 水温の影響

複雑である。一般的に油汚れは高温でよく落ちるが，たんぱく質汚れは変性凝固し，落ちにくくなる場合がある。高温によって殺菌もできるが，逆に染料の色落ちや繊維の劣化などが生じる。また，合成繊維は高温ほど再汚染が激しくなる。

水の硬度の高い欧州では高温洗浄が一般的であるが，近年は省エネの観点から温度を下げる方向へ見直されている。硬度の低い日本の水では，20～40℃での洗浄が望ましい。

④ 水量(浴比)の影響

洗濯物と洗濯液の重量比を浴比という。高浴比は機械力が低下して洗浄性が落ち，水の浪費にもなる。一方で，低浴比は洗いムラや蛍光ムラ，粉末洗剤の溶け残りも起こりやすい。つまり，適正浴比(渦巻式が1：15～20，ドラム式が1：6～10)が存在し，洗濯物を詰め込みすぎることが低浴比を招きがちで，望ましくない。

⑤ その他の洗濯工程

すすぎは洗剤や水に溶け落ちた汚れを排出する工程で，汚れ落としの効果はなく，繊維損傷の観点から最低の回数と時間で行いたい。日本ではすすぎ2回が多い。繊維によって界面活性剤の残存量に違いがあり，ポリエステルは落ちやすいが，羊毛は落ちにくい。しかし，残存界面活性剤が悪影響を起こす心配は低い。洗濯用水に風呂の残り湯を使う家庭が半数以上に及んでいるが，最終すすぎにおいては衛生上の問題から避けたほうがよい。

脱水は乾燥時間を短くし，また乾燥時の衣服の自重による型崩れを防ぐ。現在の洗濯機は槽の回転による遠心力を利用した方式を採用しているが，回転数が大きいほど脱水力が強く，渦巻式はドラム式よりも脱水性能が強い。羊毛は強い脱水によってフェルト化のおそれがあるため短時間で水気を切る程度にとどめたいが，厚地の綿やポリエステルは十分に脱水を行いたい。ブラウスなど薄地の綿織物は脱水を控え目にするほうが美しく仕上がりやすい。

干し方では吊干しは織物に適するが，ニットの外衣など伸びて型崩れしやすいものは平干しがよい。直射日光は清潔なイメージがあるが，色素の褪色を早めるため，色褪せが気になる衣服は陰干しがよい。また，絹や毛などは紫外線で黄変する。

2-5 汚れ落ちと損傷の評価

洗剤や洗濯機，洗濯機械力を評価する際に，洗浄試験や損傷評価を行う。公正な評価のため国や第三者機関がとり決めた方法に従うことが要求される。

（1） 洗浄性試験

① 視感判定による評価

汚染布と洗浄布を複数のパネラーの目で一対比較する方法である。襟垢布(JIS K 3362)がよく使われる。

米国のASTMで規格化されているバンドルテストも視感判定で行われる。

② 表面反射率による評価

有色汚れは汚れが多いほど色が濃くなる。色の濃淡は分光光度計で測定した光の反射率で数値化し，洗浄率を求めて客観的に評価する。

③ 汚れ成分を機器分析で定量する評価

汚れをガスクロマトグラフィーなど機器分析で定量する。におい汚れなどの評価には威力を発揮するが，分析機器が高価である。

湿式人工汚染布：1993年以降，JISにおける標準試験布である。

成分：[油脂]オレイン酸，トリオレイン，コレステロールオレート，流動パラフィン，スクアレン，コレステロール

[たんぱく質]ゼラチン

[不溶性]赤黄土，カーボンブラック

他の人工汚染布：日本油化学会法人工汚染布は1993年以前にJISが採用していた。日立-ライオン法乾式人工汚染布もあるが，いずれもたんぱく質汚れがついていないなどの弱点がある。海外のものも利用される。

スイスのEMPA，オランダのCFT，ドイツのWFKなどで，血液汚れやプリン汚れ，にんじんジュース汚れなど，さまざまな種類の汚染布が売られている。

（2） 損傷評価

機械力が強ければ汚れが落ちやすいが，繊維は損傷しやすくなる。市販の洗濯ボールなどは機械力を増して汚れがよく落ちるようになるが損傷も大きくなる。逆に洗濯ネットは機械力が低下して汚れ落ちが悪くなるが損傷は抑えられる。機械力測定に現在はMA試験布がよく使われる(図8-13)。これはデンマークの研究所が開発した試験布で，5つの丸い穴の開いた綿布(MA試験布)を洗濯物と一緒に洗濯機に入れて洗濯し，洗濯後の穴の糸のほつれ本数をカウントしMA値とする。MA値が大きいほど機械力が大きい。

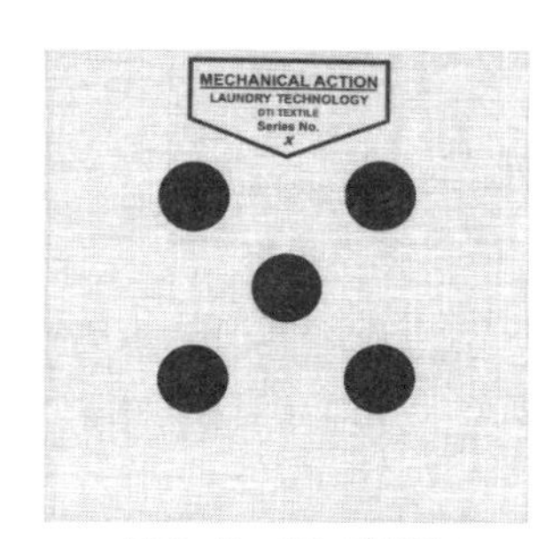

図8-13 MA試験布

3. 漂白剤や柔軟仕上げ剤を科学する

3-1 漂 白

汚れを酸化・還元反応により分解して，溶出，消色する。化学漂白が始まる前は，日光に含まれる紫外線のエネルギーで汚れを分解する天日晒しなどが行われていた。

（1） 塩素系漂白剤

最も強い漂白剤で，殺菌力やカビ除去力も大きい。セルロース，ポリエステルやアクリルなどの漂白に用いる。一方でナイロン，毛，絹，ポリウレタンや樹脂加工品は黄変する。染料も多くが影響を受けるため，色物には使えない。また，塩素系漂白剤は酸性で猛毒の塩素が発生し危険なため酸性物質と混ぜてはいけない。主な塩素系漂白剤の成分を表8-4に示す。

表8-4 主な塩素系漂白剤の成分

次亜塩素酸カルシウム	次亜塩素酸ナトリウム	亜塩素酸ナトリウム
市販のサラシ粉の有効成分である。繊維に消石灰など白色粉末が残りやすい	家庭用液体塩素系漂白剤の主成分である。家庭用は2〜6％水溶液で水酸化ナトリウムが添加される	仕上がりはよいが，有毒な二酸化塩素(ClO_2)が発生するため，整理・加工工場で用いられる

（2） 酸素系漂白剤

弱い漂白剤であり，主に色物や絹，毛，ナイロンなどの塩素系が適用できない用途に使う。一方で含金属染料などは禁忌で，金属の触媒作用で激しい酸化が生じ繊維が損傷する。通常のステンレスで問題は生じない。作用を高めるために漂白活性化剤がよく添加される。漂白活性化剤は，酸素系漂白剤と反応して過酢酸などの強い漂白剤に変化し作用する。主な酸素系漂白剤の成分を表8-5に示す。

表8-5 主な酸素系漂白剤の成分

過酸化水素水	過ホウ酸ナトリウム	過炭酸ナトリウム
〈市販液体型〉アルカリ性や触媒の存在で反応が盛んに起こる。市販のものは保存性を高めるため弱酸性に調製されており，漂白時にアルカリ性にして加温すると効果が強まる	常温では安定な白色粉末で水溶液を加熱すれば過酸化水素を発生し穏やかな漂白作用を示す。 熱をかけて洗う。欧州ではかつて主流だった	〈市販粉末型〉常温でも漂白可能な白色粉末。合成洗剤中に配合されることもある。弱アルカリ性のため単独で漂白作用を発揮するが絹や羊毛は適応対象外になる

（3） 還元漂白剤

塩素系より弱いが，酸素系より強い。鉄さびなど特効薬的効果を発する場合もある。ただし，一部の染料が脱色されやすく色物に対しては使えない。また還元漂白剤で漂白しても，時間の経過とともに酸化によって復色することがある。建染染料(藍染めなど)の還元に使用されるハイドロサルファイトナトリウムや二酸化チオ尿素が用いられる。

3-2 柔軟仕上げ剤

界面活性剤は，親水基と親油基の2つの部分をもっているが，陽イオン系の界面活性剤は，プラスの電気を帯びた親水基をもっている。一方，繊維の表面は水にぬれるとマイナスの電気を帯びる(表8-6)ので，すすぎの後に柔軟剤を入れると，親水基が繊維の表面につき，乾燥すると，親油基を外側にして柔軟剤が繊維の表面に並び膜に覆われ，ワックスがけしたようになり柔軟性が与えら

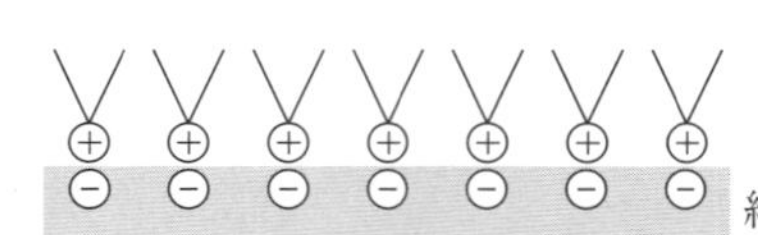

図8-14 陽イオン界面活性剤

表8-6　繊維表面が負に帯電する理由

セルロース	ポリエステル	アクリル	ナイロン，絹，毛
酸化(漂白等)によりカルボキシ基が生成	分子末端がカルボキシ基	アクリル酸由来のスルホ基を有する	カルボキシ基とアミノ基を併せ持ち，pHの等電点(4～5)以上では，陰イオン性

れ(図8-14)，種々の副次的な作用をもつ(表8-7)。次回の洗濯時に脱落するため，柔軟剤は毎回加えないと効果が続かない。なお，柔軟剤と洗剤の同浴での併用はイオン性界面活性剤の競合が生じるため不可である。

21世紀に入り，柔軟剤は香りづけの目的も期待されている。柔軟剤は最終のすすぎ工程で投入されるため，香りが残りやすい。香り豊かな柔軟剤や洗剤が広まった一方で，香りに対する苦情も増えている。香りは嗜好性が強く，自身の好きな香りは気分を高めるなど良い効果をもたらすが，嫌いな香りを嗅ぐと気分がわるいものである。

表8-7　柔軟効果以外の陽イオン界面活性剤の作用

長　所	〈疎水性繊維の静電気の発生を抑える〉 陽イオン界面活性剤の親水部は吸湿する。繊維の見かけ上の水分率が上昇し，発生した静電気が蓄積されにくくなる。また繊維表面の電位が消失し摩擦による静電気発生も抑えられる
	〈抗菌性が発現する〉 負に帯電している菌と結合し，菌の生命活動を阻害する
短　所	〈吸水性(吸水速度)が低下する〉 繊維表面が疎水性物質で覆われることになり吸水速度は低下する。製品によっては吸水速度を向上させる成分も添加され改善されていることも多い
	〈洗濯中の再汚染が発生しやすくなる〉 多くの汚れが負に帯電しており，柔軟剤が付着した繊維は再汚染されやすい。洗剤も適正量を使い，しっかりと汚れを除去して再汚染させないことが重要である

＊柔軟剤に配合されているシリコーンとは -O-Si-O-Si-O-Si- で構成された高分子の総称である。Si(ケイ素)の側鎖にはさまざまな官能基が入り，種々の性質を発現できる。大変安定な物質で高温にも強い。繊維に吸着させれば滑りがよくなり吸水性も向上する。シリコーンは柔軟剤だけでなく，洗剤や糊剤，他にもシャンプーやリンスなど家庭用品に配合されている。

4. 洗浄仕上げ工程の科学

4-1　アイロン，プレス

アイロンの効果発現三要素は熱，水分，圧力である。

①　熱

高温ほどシワは取れやすい反面，繊維損傷の危険性も高まるので繊維ごとの適温がある。アイロンがけ後の高温状態はシワを再発生させるので，速やかに冷ますことが望ましい。温度はJISにより高温(210～180℃)，中温(160～140℃)，低温(120～80℃)の3区分である。

②　水　分

親水性繊維に効果的だが，疎水性繊維には効果は弱い。新合繊など風合いを追求した素材は輪染みが残ることがある。アイロンがけ後の残留水分は，シワを再発生させる。

③ 圧　力

プレスする力で強いほど効果的である。ただし，絹，毛，起毛素材，ニットは押さえつけると不快な光沢が発生しやすい。

4-2 糊付け

糊付けは繊維にハリやコシを与えるために行われ，さまざまな糊付け剤がある（表8-8）。

表8-8　糊付け剤の種類

デンプン糊	アルギン酸ナトリウム（布海苔）	ポリビニルアルコール（PVA）	ポリ酢酸ビニル	カルボキシメチルセルロース
植物原料の天然糊である。固まると白くなるので白物に適する	海草から得られる多糖類である。洗濯糊としてよりも工芸染色用の防染糊としてよく利用される	水溶性の合成高分子で，価格が安く，最も一般的な洗濯糊である	60℃程度で軟化する熱可塑性樹脂で，アイロン時に軟化，成形が可能である	再汚染防止剤にも使われている

（1） 洗濯糊の使用法

通常は洗濯のすすぎ後に，糊を水で薄めた液に服を浸し，絞ってから干して乾かす。なお，タンブラー乾燥は糊が粉となって脱落するため不可である。スプレータイプはアイロン時に吹きかけて使い，部分的な襟などに適する。

（2） 糊付けの外観以外の効果

シワがつきにくくなる，汚れが落ちやすくなる長所の一方で，汗によりべとつくことや，変色や虫食いのおそれから長期保管には向かない短所がある。

（3） 糊付けの現状

1980年代までは一般家庭でも頻繁に使われた。当時の綿織物シャツは現在とは違い，シワがつきやすかった。そこで糊付けしアイロンをかけパリッとさせて着用した。現在は液安加工などによるノンアイロン性が向上し，糊付けの出番は減った。ソフトな風合いが好まれる風潮もあろう。しかし今もホテルのベッドシーツやテーブルクロスは糊付けされ，クリーニング店もシャツなどに糊付けする。家庭でも浴衣などには糊付けが必要である。

4-3 防虫，防かび

食害される繊維は主に毛である。絹もたまに起こるが綿は稀である。食害害虫としてたんぱく質を食するイガ（衣蛾）とカツオブシムシ（鰹節虫）の幼虫が有名で，暖かい季節に活発に活動するが，暖房の効いた住居内などでは年中生育できる。成虫は飛翔し侵入するので，衣料用防虫剤をクローゼットなどに定置することが効果的である。

防虫剤の種類：いずれも昇華・揮発した薬剤成分が虫に作用する。エンペンスリン以外の併用は剤の相互作用により融点低下を起こして溶融（液化）し衣服を汚す。

〔樟　脳〕 元はクスノキの木片を水蒸気留して作る。香りがやさしく好まれる。高価だが和服によく用いられる。

〔ナフタレン〕 樟脳より安価だが香りがきつい。現在は，ほとんど使われない。

〔パラジクロロベンゼン(パラゾール)〕 最強の防虫剤。安価だが香りがきつい。

〔エンペンスリン〕 ピレスロイド系の殺虫剤で徐々に揮発して殺虫力と忌避力を発揮する。効力はさまざま。持続性はない。無臭で近年よく使われる。他の防虫剤と併用できる。

5. 繊維の後加工

天然繊維に対する加工は，個々に特有なものが多いため2章に記した。ここでは合成繊維や繊維全般に対する加工について紹介する。

5-1 ポリエステルに対する加工

① アルカリ減量加工

ポリエステルは強アルカリ性にて緩やかに加水分解する。そこで熱濃水酸化ナトリウム水溶液で織物などの繊維表面をいくらか溶解し，薄くしなやかでシルキーな風合い布を得る加工である。ポリエステルの汎用性が増し，かくも多く使われているわけである。

② 吸水加工

繊維の断面など物理的改質もあるが，後加工では耐洗濯性をもつ親水性樹脂の塗布・固着や，親水性モノマーを繊維高分子にグラフト重合する。優れた吸水速乾性が得られる。

5-2 合成繊維全般に対する加工

① 抗ピル加工

ポリエステルやリヨセルなどの高強度の化学繊維は小さな毛玉(ピル)が発生しやすい。ニットやメッシュ素材でよくみられる。ピルが脱落しやすいよう表面付近の繊維強度を下げたり，ピリングが生じないよう樹脂で被覆して摩擦抵抗を低減させたりする。

② 帯電防止加工

疎水性繊維は，特に乾燥した冬場に静電気をため込みやすい。繊維に導電性物質を練り込んだり，親水性物質で被覆したりする。柔軟仕上げ剤も帯電防止作用がある。

③ 防融加工

合成繊維は融点以上で融ける。体操着のジャージー素材など床との摩擦による高温で溶融することがある。耐熱性の樹脂で被覆することなどにより高温での溶融を防ぐ。

5-3 繊維を問わず行われる機能性加工

① 樹脂加工

織物に糊付けすればハリを与えることができるが，糊付けは洗濯で除去されるため，繰り返す必要がある。例えば，糊ではなく工作ボンド，つまり水では落ちない樹脂を付着させれば洗濯耐久性が得られる。樹脂はかつて有害性のホルムアルデヒドを含むものが多用されたが，現在はそれを含まないものが主流となっている。

② はっ水加工

樹脂加工の応用で疎水性の樹脂を塗布すれば接触角が高まり，水をはじく。耐水性と透湿性が両立すれば透湿防水性が得られる。撥油加工，撥水撥油加工もある。

③ 抗菌防臭加工

抗菌性物質の練り込みや塗布吸着によって抗菌性をもたせ，汗などの微生物による分解で生成する臭いの発生が抑えられる。(一社)繊維評価技術協議会によるSEKの認証制度がある。SEKには他に制菌加工，光触媒抗菌加工，抗かび加工，消臭加工，光触媒消臭加工，抗ウイルス加工，防汚加工，それぞれの認証基準とマークが存在する。

④ 防汚加工

はっ水加工や撥油加工を応用すれば，種々の汚れをつきにくくできる。また，繊維表面を親水化させ，油などの汚れを脱離しやすくしたソイルリリース(SR)加工もある。

⑤ 防炎，難燃加工

リン化合物などの難燃剤を固着させたり，ポリエステルでは難燃成分を混合紡糸したりして難燃性を得る。ホテルなど公共施設のインテリア繊維製品で特に重要である。

⑥ UVカット加工

黒色や黄色，茶色の染色物は色素がある程度の紫外線を吸収するが，白色や青，緑，赤色などの染色物は期待できない。そこで紫外線吸収剤の吸尽固着や，無機系の紫外線反射剤を繊維中に練り込むことで，紫外線の透過を抑制する。日傘などには必須である。

5-4 審美性を向上させる加工

ファッション性を高めるための加工で多くの種類がある。繊維を薬品で溶かして布地に透け柄をつけるオパール加工，微細な繊維屑を布地表面に固着させるフロック加工，繊維自体や塗布樹脂の熱可塑性で半永久的なヒダをつけるプリーツ加工，同様にシワをつけるシワ加工，可視光の繊維表面の乱反射を抑えて常に濡れ色をだす深色化加工などである。

これらの加工は耐洗濯性を有するが，耐ドライクリーニング性に難点をもつ場合や長年の使用で加工が取れてしまう場合がある。また，ジーンズに使われるデニムの加工は独自の技術が高度に発達し，新品でありながらビンテージ感を付与する加工が日本の中国地方を中心に行われている。

参考文献 * * * * * *

1) 皆川基，藤井富美子，大矢勝：「洗剤・洗浄百科事典　新装版」，朝倉書店(2007)

9章　消費性能の評価

被服材料の消費性能は最終製品の使用目的に適合した性能を保持することが必要である。被服材料には強度や利便性，機能性の向上のほか，人間の身体に適合する性能が求められるのである。さらに，これを使用した後も疲労や損傷に耐え，初期の性能が保たれることが望ましい。人間の主観的評価には個人差があるため，人間の主観的評価にかわって，消費性能の評価は機器計測的手法によって客観的に行われており，JIS などでその手法は定められている。消費性能の評価は，機械的性能，保健衛生的性能，外観・形態的性能，その他の性能に分けられる。これらの性能は，実用的で，基本的な性能である。

1．布の構造特性

織物や編物などの布状材料の機械的･物理的性能は，布がもつ以下の基本的性質や幾何学的構造と深い関わりをもっている。

（1）　単位面積当たりの質量

標準状態(20 ± 2℃，65 ± 4 % RH)における単位面積当たりの質量，または絶乾質量から求めた正量。通常は標準状態で測定し，標準状態での1 m^2当たりの質量を目付(g/m^2)ともいう。単位面積当たりの質量の小さい布は着用して軽く，着用時の衣服のシルエットや布の剛軟性などに大きく関係している。

（2）　厚　さ

測厚器で異なる5か所を一定圧力(普通織物では23.5 kPa，有毛織物0.7 kPa，普通編物0.7 kPa，有毛編物0.3 kPa)で一定時間後に計測する。時間が経過すると厚みが小さくなるが，一定時間とは落ちつく程度の時間で，通常10秒である(図9-1)。

図9-1　デジタル測厚器

（3）　密　度(糸密度)

織物の密度は一定の区間(5 cm，3 cm，2.54 cm など)に含まれるたて糸およびよこ糸の本数

図9-2　織物分解鏡

図9-3　デンシメータ(織物糸密度計)

デンシメータのラインが消えないよう裏返して用いる。干渉じまの上下の数字が1インチまたは1cm 当たりの糸数である。

を単位長さについて表す。編物の密度は一定の区間に含まれるウェール数とコース数で表す。織物の密度は試験片から，たて糸およびよこ糸をほぐし，単位長さについて求める。織物分解鏡とよばれる拡大鏡を用いて糸数を数えたり，デンシメータまたはルノメーター(織物糸密度計)を用いて単位長さ当りの糸数とデンシメータのラインが一致した位置に現れる干渉じまの位置で求める方法もある(図9-2, 3)。

(4) 見掛け密度

見掛け密度は，布の厚さと単位面積当たりの質量を使用して，次式から算出される。

$$\text{見掛け密度}(\mathrm{g/cm^3}) = \frac{\text{単位面積当たりの質量 } w\,(\mathrm{g/cm^2})}{\text{厚さ } t\,(\mathrm{cm})}$$

(5) 充填率(繊維体積分率)と空隙率

布中に含まれる繊維，および空気の体積の割合をそれぞれ充填率，空隙率という。

$$\text{充填率}(\%) = \frac{\text{見掛け密度 } \rho a\,(\mathrm{g/cm^3})}{\text{繊維の密度 } \rho f\,(\mathrm{g/cm^3})} \times 100$$

$$\text{空隙率}(\%) = 100 - \text{充填率}(\%)$$

2. 布の機械的性能

(1) 引張強さ

引張特性は機械的性能を知る基本的な性能である。人間が衣服を着用するとき，人間のからだの表面の伸張に合わせて布も伸張する。測定には図9-4のようなつかみのある引張試験機が使用される。図9-5に，繊維の荷重-伸び率曲線(応力-ひずみ曲線，強伸度曲線)を示す。引張強さ，伸び率は切断時における荷重(*N*)および伸び(mm)により求める。

$$\text{引張強さ}(N/\mathrm{tex}) = \frac{\text{切断時の荷重}(N)}{\text{正量繊度}(\mathrm{tex})}$$

$$\text{伸び率}(\%) = \frac{\text{切断時の伸び}(\mathrm{mm})}{\text{つかみ間隔}(\mathrm{mm})} \times 100$$

図9-4　万能型引張試験機

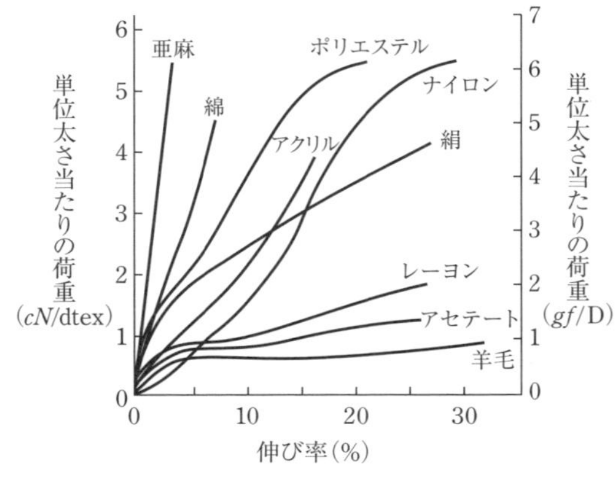

図9-5　各種繊維の荷重-伸び率曲線[1)]

応力-ひずみ曲線の接線の傾きから，以下のフックの法則を利用してヤング率Eを求めることができる。応力とひずみが比例することを示している(図9-5)。

$$E = \frac{\sigma}{\varepsilon}$$

σ：応力
ε：ひずみ
E：ヤング率

図に示された応力-ひずみ曲線の形状や，曲線とひずみ軸とでかこまれた面積(タフネス)は，繊維の弾性(a)と機械的耐久性とに関係する。布の引張特性に関しては，構成糸の種類および構造によって特徴ある挙動を示す。布の荷重-伸び率曲線は図9-7, 8に示すように下に凸の曲線(非線形性)となるため，ヤング率は定義しにくい。

布の引張試験に使用する試験片の作成方法にはストリップ法とグラブ法とがある。ストリップ法は図9-6(a)のように試験片の幅全体をつかむ方法で，試料片の幅と長さは織物の種類(一般の織物，重布)や編物かによって異なる。一般の織物の一例を示している。9-6(b)のグラブ法は試験片の幅の一部をつかむ方法である。

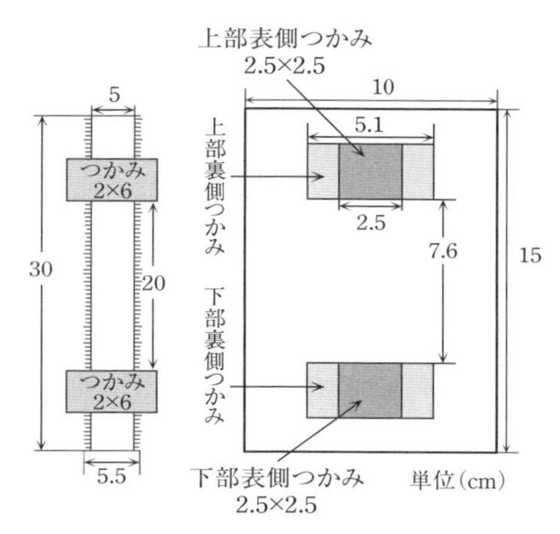

(a)ストリップ法一例　(b)グラブ法

図9-6　試験片の作成例

図9-7はストリップ法による布の切断までの荷重-伸び率曲線である。これより切断時の強さ(N)と伸び率(%)を求めることができる。図9-8は低荷重領域での布の荷重-伸び率曲線を示している。低荷重領域では布の荷重-伸び率曲線は下に凸の非線形となる。この非線形性は，糸の屈曲と糸の内部の繊維間間隙によってもたらされる。わずかな荷重で布が伸びることで，人間に快適性を与える。伸張過程と回復過程では引張り力の特性が異なり，回復過程では引張り力が小さくなる。この現象をヒステリシスという。このヒステリシスは布と体表面との間にゆとりを与え，着やすさに役立っている。しかし，着用や，洗濯によりヒステリシスが大きくなると型崩れを起こす。

湿潤時の強度と標準時の強度は繊維によって異なる。綿，麻の強度は湿潤時には大きくなるが，羊毛，絹，レーヨン，アセテートは小さくなるため，洗濯時には注意が必要である。

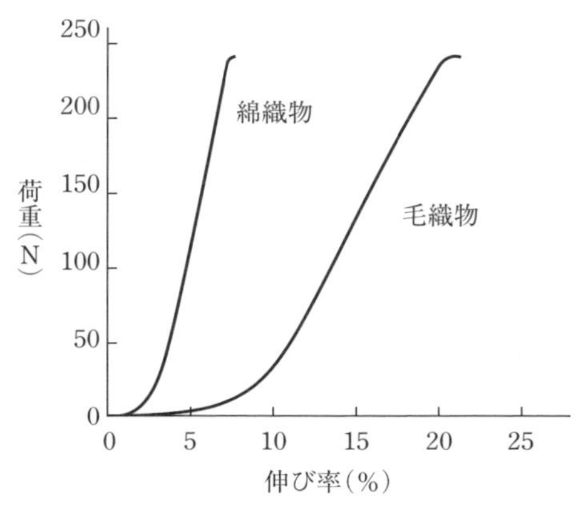

図9-7　ストリップ試験片の切断までの荷重—伸び率曲線

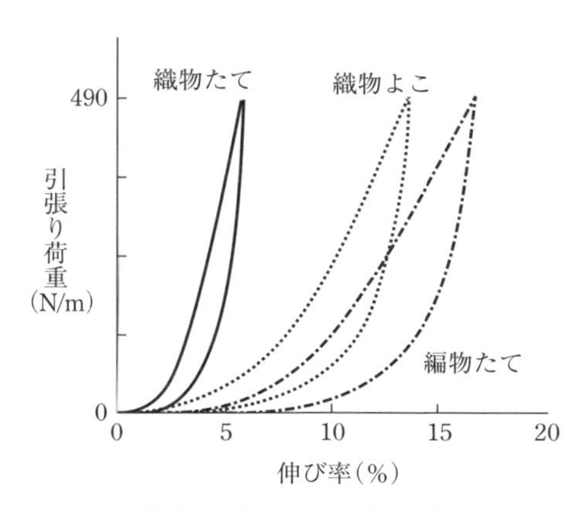

図9-8　低荷重領域での布の荷重-伸び率曲線

(2) 引裂強さ

引裂強さは，同一布でも引裂き速度によって異なった特性を示す。ここでは，比較的遅い速度の定速引裂試験であるトラペゾイド法，シングルタング法，ダブルタング法と高速度で引裂くペンジュラム法を取り上げる。

① トラペゾイド法

図9-9に示す大きさの試験片に把持線(点線)を明記して，所定の位置に切り込みを入れる。線に合わせて布を試験機の上下のクランプに取りつけ，引張試験の要領で引裂試験を行い，最大荷重を測定する。試験片の採取の方法で，他にシングルタング法，ダブルタング法とあり，

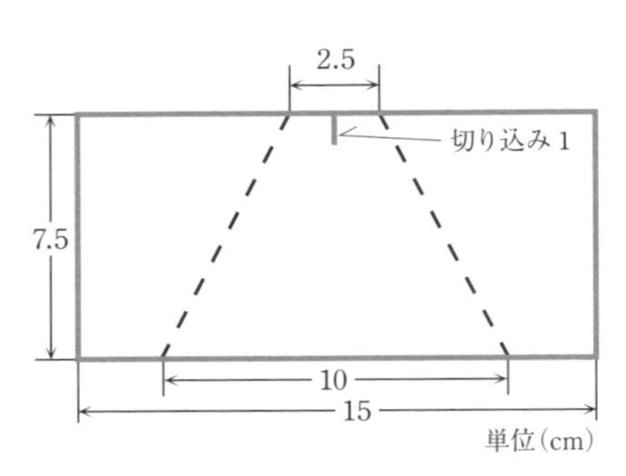

図9-9　試験片

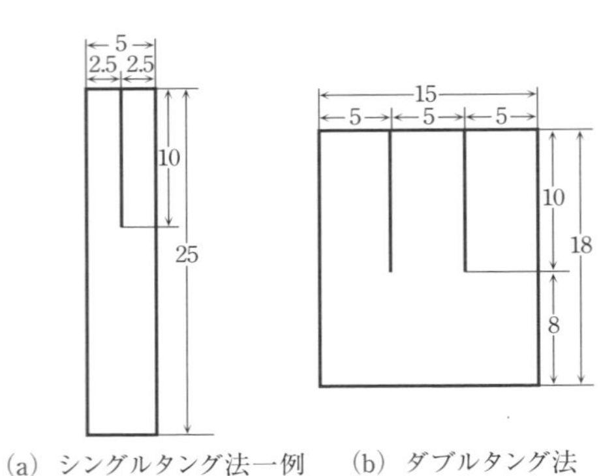

図9-10　試験片の作成例

図9-10(a)，(b)に示す。試験片の各舌片を10 cmのつかみ間隔の上下のクランプに取り付け，同様に引張試験の要領で引裂試験を行う。図9-11は結果の一例である。

一般には図のような鋸歯状波形を示す。切断には1本または数本の糸が引っ張られて切れるため，構成糸の伸度が大きく，糸密度が小さいほど，糸の自由度が大きくなり，引裂荷重は大きくなる。

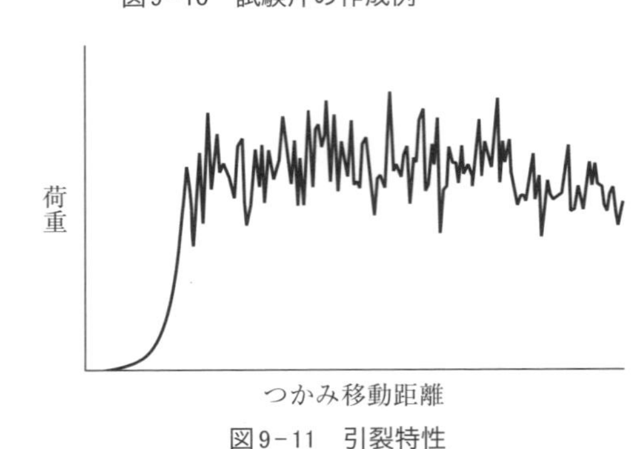

図9-11　引裂特性

② ペンジュラム法

振り子型のエルメンドルフ形引裂試験機を用いる(図9-12)。図9-13に示す大きさの試験片

図9-12　エルメンドルフ形引裂試験機

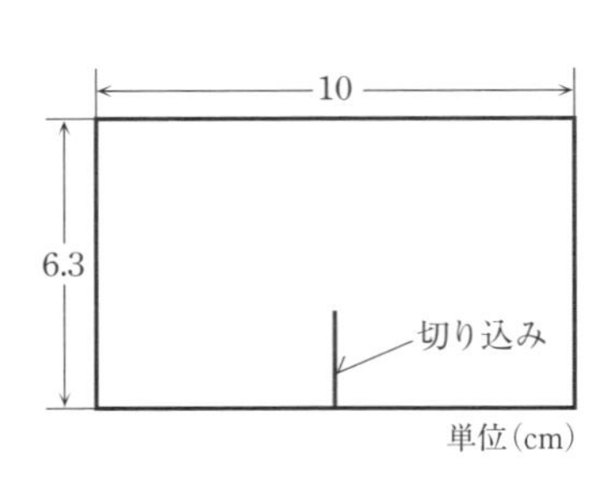

図9-13　試験片

を採取し，これを試験機のクランプに取りつけ，布が完全に引き裂かれたときの最大荷重を測定する。たて糸が引き裂かれる強さはたて糸が切断する場合である。作業服や子供服では，このような瞬間的な引き裂きが生じやすく，実用性の面で重要である。以上の引裂試験の結果は同じになるとは限らない。

（3） 破裂強さ

ミューレン形法，定速伸長形法ともに布に一定の張力を与えたとき，布に圧力を加えて試験布が破裂する強さを測定する。定速伸長形法は，主としてミューレン形法によって試験できない伸びの大きな試料に適用するものである。ミューレン形法は主としてニット地に使用される。引張試験が布の一軸方向，または二軸方向への引張試験であることに対して，破裂強さは多軸方向に布を引張ったときの厚み方向の抵抗を表している。縫目破裂強さも，ミューレン形法で計測することができる。

（4） 摩耗強さ

① ユニバーサル形法

布地の表面は繰り返し着用や洗濯により外力を受けて摩耗し，すり切れて薄くなったり，変退色が起こる。特に肘，膝，尻，肩や，袖口，衿，裾などの折目が摩耗する。磨耗強さの評価方法は，ユニバーサル形摩耗試験機を使用して，取りつけた試験片に一定張力を与え，研磨紙によって繰り返し摩擦を受けたときの摩擦回数を測定する方法がよく用いられている(図9-14)。ユニバーサル形摩耗試験機を用いる方法には，平面法，屈曲法，折目法がある。平面法では8 ± 1mmの孔が空いたとき，屈曲法，折目法では布が切断したときの摩擦回数を測定する。平面法が一般的であるが衣服の箇所によって屈曲法や折目法とする。摩擦強さは繊維の種類や構成糸，織組織の影響を受ける。摩擦変色性は変退色用グレースケールを用いて判定する。

図9-14 ユニバーサル形織物摩耗試験機

② マーチンデール法，ユニホーム形法

マーチンデール法は毛織物や毛編物，ユニホーム形法はニット地の摩耗強さの評価に使用される。

以上，布地の実用的な性能評価法として，引張強さ，引裂強さ，破裂強さ，摩耗強さは重要である。

（5） 圧縮率および圧縮弾性率

布面に垂直方向に荷重した場合の性質が圧縮特性である。布の柔らかさ，手触りに関係する。布の厚さ方向に圧縮荷重Wを加えていくと，布の厚さtは，図9－15に示すように，次第に減少し，一定値t_1に達する。次に，荷重Wを徐々に減少していくと，厚さは次第に回復する。布の種類や荷重，荷重する時間の条件により，$W = 0$でも$t = t_2$となり，元の

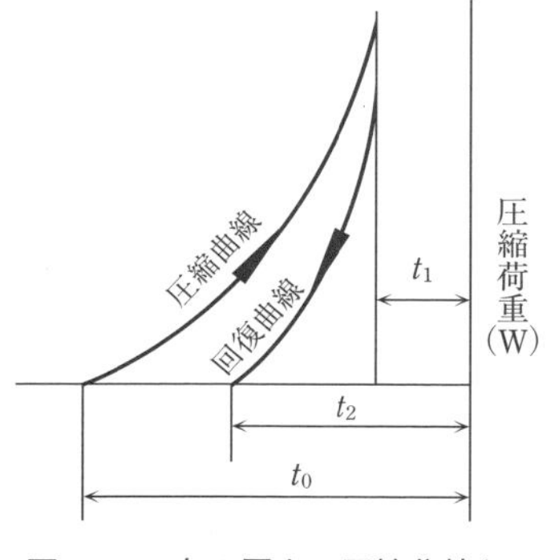

図9－15 布の厚さの圧縮曲線と回復曲線

厚さt_0に戻らず永久変形を残す。織物は29.4 kPa，編物は19.6 kPaの圧力下で1分間加圧し，加圧を取り除いて1分経過したのちの布の厚さを計測することにより，布の圧縮率，圧縮弾性率を次式より求めることができる。

$$\text{圧縮率}(\%) = \frac{t_0 - t_1}{t_0} \times 100$$

$$\text{圧縮弾性率}(\%) = \frac{t_2 - t_1}{t_0 - t_1} \times 100$$

空隙率の高い布ほど圧縮率が高く，圧縮弾性率は小さい。

(6) 剛軟性

布の剛軟性は人間のからだをつつみ，曲面形成をするために重要な性質であり，衣服のドレープ性やシルエット形成に大きく関わっている。布の剛軟性試験には45°カンチレバー法，スライド法，クラーク法，ハートループ法，ドレープ係数法などがある。ここでは二次元的な試験である45°カンチレバー法，スライド法と三次元的な試験であるドレープ係数法をとりあげる。

① 45°カンチレバー法

試験片は2 × 15 cmの大きさに採取する。試験片をカンチレバー形試験機の所定位置に合わせて設置し，斜面の方向に試験片の一端を押し出す(図9-16)。そして試験片の自由端が水平軸と45度の傾角θをもつ面に接するときの試験片の張り出し長さl(mm)を計測する。剛軟度はスケールの長さ(mm)で示される。

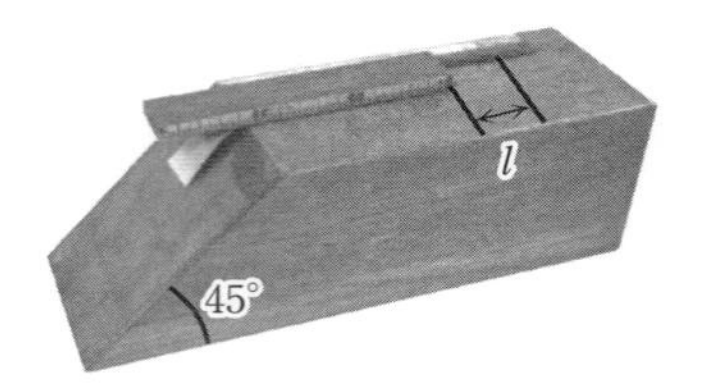

図9-16 カンチレバー形試験機

② スライド法

スライド形試験機に試験片を水平に任意の試長l(cm)のウエイトで固定し，移動台を下方へ動かして，自重によりたわんだ試験片の自由端から水平軸までの垂直距離(垂下長)y(cm)を測定する(図9-17)。

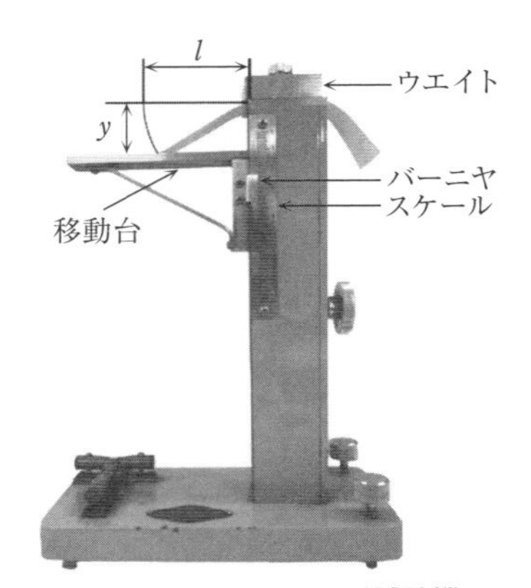

図9-17 スライド形試験機

織物の剛軟度Gは，一般に次式から計算される。

$$G = \frac{wl^4}{8y} \ (\mathrm{mN \cdot cm})$$

w：試験片の単位面積当たりの重量(mN/cm^2)

この式で計算した場合，同じ試験片を使用しても自由端と固定端を結ぶ直線が水平となす角度が大きくなるとGが大きくなる。この式が成立するのは，たわみyが小さい場合である。

③ ドレープ係数法

ドレープ係数法は円形の試験片を水平円盤支持台に設置したときに生じる，静止した布周囲の三次元的な垂下状態からドレープ性を評価する方法である。一般にはドレープ係数，ノード数，および形状などで評価される。ドレープ係数DCは，試験片面積S_1に対する水平面に投影された面積S_2の面積比から得られる。

$$DC=\frac{S_2}{S_1}=\frac{S_0-\pi d^2/4}{\pi/4(D^2-d^2)}$$

S_0：支持台の面積を含む投影面積
D，d：試験片および支持台の直径
試験片：直径D = 25.4cmの円形

支持円盤（直径d = 12.7cm）に固定し，試験片台を3回上下に振動させて後，1分間放置して，ドレープ形状の面積S_0を求めてドレープ係数DCを算出する。曲げ特性値やせん断特性値が小さく，重い布ではドレープ係数は小さく，ドレープしやすい傾向がある（図9-18）。

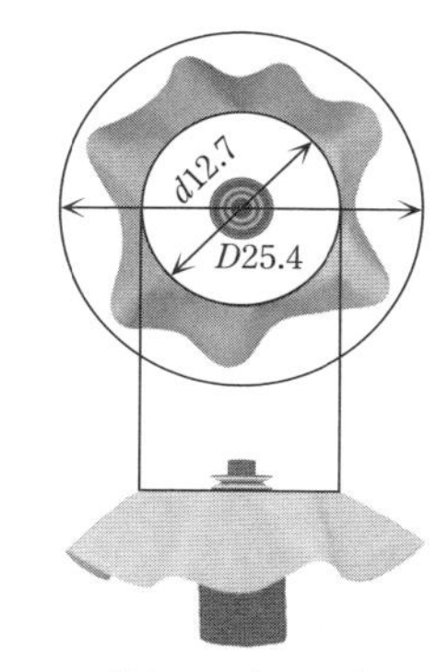

図9-18 ドレープテスターに固定した試験片例

（7） 縫目強さ，および滑脱抵抗力

① 縫目強さ-グラブ法

織物の場合，試験片はたて，またはよこ方向の中心に縫目をつくり，布目切断時の引張強さをグラフ法によって引張試験を行い，測定する。縫目損傷の原因は縫い糸の切断，生地糸の切断，縫い目の滑脱（スリップ）などである。

② 滑脱抵抗力

薄地の場合49.0N，厚地の場合117.7Nの荷重をグラフ法での引張試験によって与え，縫目の滑りの最大孔の大きさを測定する。縫い目滑脱は，縫い代不足の場合や，糸密度が小さい織物やポリエステル減量加工を施した織物などに発生する。

3．布の保健衛生的性能

布の水分移動特性は衣服の快適性に関わっている。人体は水蒸気を発散させたり，発汗したりしている。衣服の着用時には，不感蒸泄や発汗などの水分の移動によって体温調節している。洗濯，保管時にも布を通した水分移動が衣服の性能に大きな影響を与える。

（1） 吸湿性

繊維の表面に気相の水分・水蒸気が付着することを吸着，繊維の内部に水蒸気が侵入することを吸収といい，吸着と吸収を合わせて収着という。繊維が水蒸気を収着する性能を吸湿性という。吸湿性は水分率または含水率で表され，以下のように求める。

一定相対湿度内に自然放置された乾燥前の含湿試験片の重量wと完全に乾燥させた無水試験片の重量（絶乾重量）w_0を図9-19のような電子水分計を用いて測定し，次式により評価する。

$$\text{水分率}(\%)=\frac{w-w_0}{w_0}\times 100$$

$$\text{含水率}(\%)=\frac{w-w_0}{w}\times 100$$

図9-19 電子水分計

図9-20に水分率-相対湿度を示す。

吸湿性はOH基などの親水基の多い天然繊維は合成繊維よりも大きい。親水性繊維はよく吸湿するが，疎水性繊維は吸湿性が悪い。また，非晶領域が吸湿性にかかわっていることが知られている。なお，吸湿過程の水分率は，脱湿過程の水分率よりも同じ相対湿度で小さく，ヒステリシスが存在する。

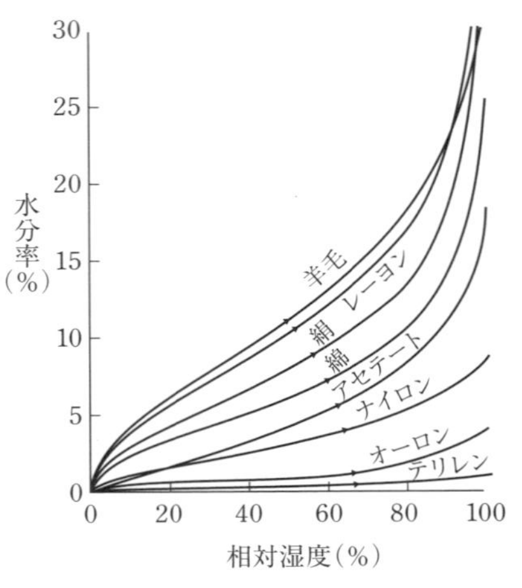

図9-20　水分率-相対湿度[2)]

（2）　透湿性

布の表裏面に湿度差が存在するとき，布を通して高湿度側から低湿度側へ水蒸気が移動する。この現象を透湿という。布の透湿性は，着衣と人体との間に存在する空間（衣服内気候）の湿度状態に大きな影響を与え，衣服の温熱的快適性に関係する。布の透湿性の代表的な測定方法（透湿度試験）には，JIS L 1099で規定されたものにも複数種あり，本章ではその中で代表的な2つの方法について解説する。

①　塩化カルシウム法

透湿カップに吸湿剤（塩化カルシウム）を封入し，直径7cmの試験片の着用時，表側となる面を吸湿剤側にむけて吸湿剤と試験片の下面との距離が3mmになるようにして取りつけ，高湿度環境下（40±2℃，90±5％RH）に，1時間放置した後の試験体の質量w_1を測定する。さらに一時間放置した後の質量w_2を測定する（図9-21）。試験体の質量変化量を以下の式で計算して水蒸気の透過量として評価する。

図9-21　透湿カップ（塩化カルシウム法）

$$\textbf{透湿度}(\mathrm{g/m^2 \cdot h}) = \frac{(w_2 - w_1)}{S_A}$$

$w_2 - w_1$：試験体の1時間当たりの質量の変化量（g/h）
S_A：透湿面積（m²）

②　酢酸カリウム法

23℃の水の入った水槽に20×20cmの試験片の着用時，内側となる面が浸るように支持枠の外側に試験片を固定し，恒温装置中に15分以上放置する。透湿カップに吸湿剤（過飽和で結晶が析出した酢酸カリウム溶液）を入れ，表面を透湿度測定用補助フィルムでシールした試験体の質量を測定する。試験体を水槽に固定した試験片支持枠の中に倒立させて試験片と接触するように置き，15分後の試験体の質量を測定する。試験体の質量変化量を以下の式で計算して水蒸気の透過量として評価する。

$$\textbf{透湿度}(\mathrm{g/m^2 \cdot h}) = \frac{(w_4 - w_3)}{S_B}$$

$w_4 - w_3$：試験体の15分当たりの質量の変化量を1時間当たりのg数に換算した変化量（g/h）
S_B：透湿面積（m²）

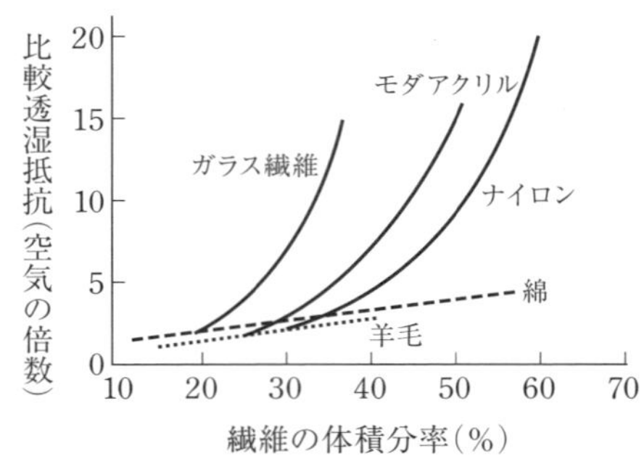

図9-22　繊維の体積分率と比較透湿抵抗の関係[3)]

透湿は構成繊維内部の水蒸気拡散と繊維間，糸間の空隙孔を通しての拡散が同時に起こることによる水分移動である。図9-22は繊維の体積分率と透湿抵抗の関係を示している。空隙率が大きいほど透湿性の大きいこと，吸湿性の小さい繊維は繊維体積分率が大きくなると急激に透湿抵抗が大きくなることがわかる。親水性の繊維は繊維体積分率が大きくなっても，繊維自体が吸湿し，透湿抵抗は大きく変化しない。

(3) 吸水性

布が液相の水分を吸収する性能を吸水性という。水は繊維・糸間空隙を毛細管の流れによって伝わる。繊維と水との接触部の界面張力によって水は移動する。吸水性試験は，主に吸水速度法，吸水率法があり，生地により適切な方法を選んで行う。

① 吸水速度法

バイレック法：20 cm×2.5 cm の試験片の上端を水平棒に取りつけ，試験片を水槽へ垂直に降下して，下端の2±0.2 cm を浸水させ，10分後に毛細管現象によって水が上昇した高さをスケールで測定する。

滴下法：ビュレットで20 cm×20 cm の試験片に1 cm の高さから水を1滴滴下して，鏡面反射が消え，湿潤だけが残るまでの時間を測定する。

沈降法：1 cm×1 cm の試験片の測定面を下向きにして，水を入れた水槽中に浮かべた後に湿潤して，沈降し始めるまでの時間を測定する。

② 吸水率法

7.5 cm × 7.5 cm の試験片におもりを取りつけて，水を入れた浸せき槽に20分間浸せきし，取り出した後，ろ紙にはさんで，ロール絞り機に通す。浸せき前後の質量を測定して以下の式より求める。

$$\text{吸水率}(\%)=\frac{m_2-m_1}{m_1}\times 100$$

m_1：吸水前の試験片の質量(mg)
m_2：吸水させ，ロール絞り機で絞った後の試験片の質量(mg)

吸水性は布を構成する繊維，布の構造と関係し，空隙率の大きい布は吸水性が大きい。

(4) 防水性

防水性とは耐水性，はっ水性，漏水性などの総称である。雨や水中で受ける水圧に耐える性質を耐水性という。布の表面が水をはじく性質をはっ水性という。防水性試験は主に通気性のない繊維製品に行う耐水度試験，主に通気性のある繊維製品に行うはっ水度試験，自然降雨に対するはっ水性や漏水性を確認する雨試験がある。ぬれやすさは，図9-23のように水と布表面との接触角の大きさの比較で説明される。θ_{AW}が小さいときはぬれやすく，吸水・浸透現象が生じ，θ_{AW}が大きいときはぬれにくく，はっ水効果をもつ。親水性の繊維は接触角θ_{AW}が小さく，疎水性の繊維は大きい。接触角は種々の加工で変化する。

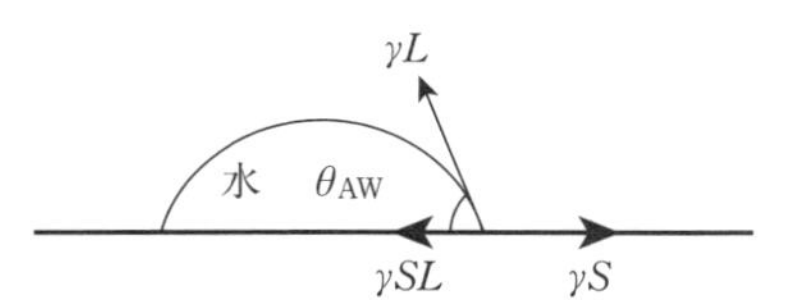

図9-23　固体体表面上の液滴と接触角

γ_S，γ_L，γ_{SL} はそれぞれ固体-気体界面，気体-液体界面，液体-固体表面に作用する界面張力

① はっ水度試験(スプレー試験)

図9-24に示すような装置(スプレーテスター)で，20 cm× 20 cm の試験片を試験片保持枠に取り付け，ろうとに水250 mL を入れて，この上に25～30秒で散布する。余分の水滴を落とし

たのち，湿潤状態の比較見本と比較して等級を判定する。はっ水性は繊維素材の種類，織組織，布の表面状態，加工方法などによって異なる。

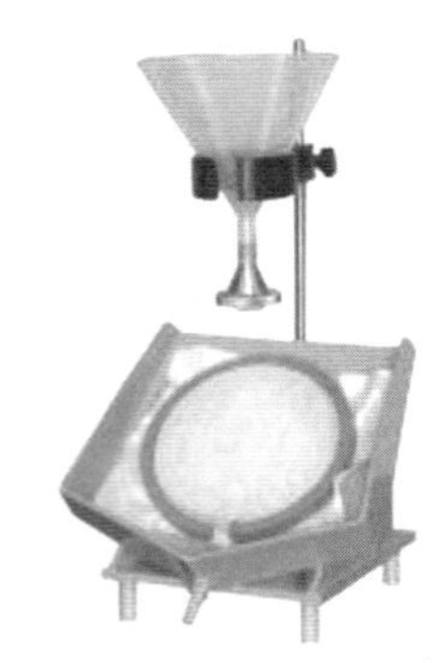
図9-24　スプレーテスター
（出典：㈱大栄科学精器製作所ホームページ）

②　耐水度試験

水圧を加えるJIS L 1092の静水圧法では，耐水度試験装置の水準装置を上昇させ，試験片の裏側から水が出たときの水位を求める低水圧法，高圧を加えたときの水圧を求める高水圧法がある。

（5）　保温性

布の保温性は，一般に保温率で評価されるが，その計測法は，主に恒温法が用いられる。

恒温法

試験片を恒温平板発熱体に取り付け，低温度の外気に向かって流れ出す熱量が一定となり，発熱体の表面温度が一定値を示すようになってから2時間後に，試験片を透過して放散される熱損失b（J/cm^2･s）を求める。次に試験片のない裸状のままで同様の温度差および時間に放散される熱損失a（J/cm^2･s）から，保温率を次式より求める。

$$\text{保温率}(\%) = \left(1 - \frac{b}{a}\right) \times 100$$

保温性は，体温の放熱しにくさであり，繊維の熱伝導性や布の構造に伴う厚さ，空隙率，通気性，風速などが関係する。また，衣料を重ねて着用すると，布全体の空隙率が大きくなり，さらに布と布の間に空気層ができ，保温性を増す。なお，布が湿潤すると水の熱伝導率が大きいことと水の気化熱により熱が奪われるため，保温性は低下する。KES-F７Ⅱ　サーモラボⅡ型精密迅速熱物性測定装置を用いた方法でも同様に試験片のある場合の熱損失と，ない場合の熱損失を測定して保温率を求めることができる（図9-25）。

この方法では層流または垂直空気流のいずれかによって試験片上面の境界条件を与えている（図9-26）。

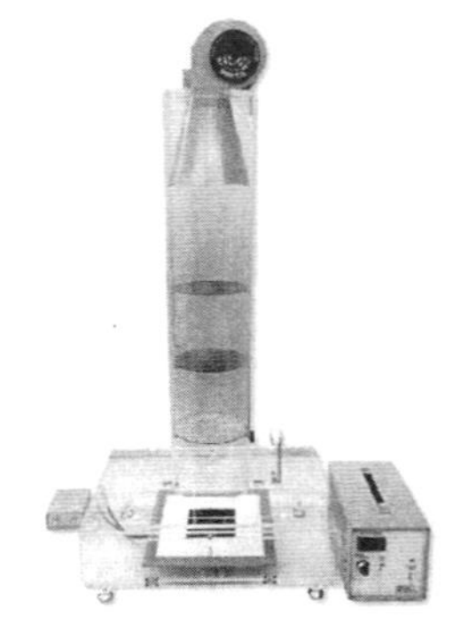
図9-25　KES-F7Ⅱ　サーモラボⅡ型
精密迅速熱物性測定装置

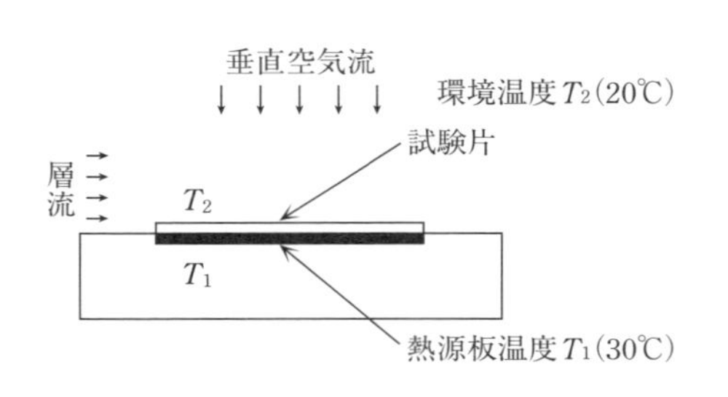

図9-26　KES-F7Ⅱ　サーモラボⅡ型
熱源部分の拡大図[4)]

(6) 通気性

布の表裏に空気の圧力差が存在するとき，布を通して空気が移動する。布の空隙を通して空気の移動する性質を通気性という。通気性の測定法には，一定圧力の下で一定時間内に一定面積の布を通過する空気流量を測定する定圧力差方式と空気流量を一定にして圧力差を測定する定流量方式がある。JIS の測定法には定圧力差方式のフラジール形法，KES 法では定流量方式が用いられる。

フラジール形法：卓上面にあるクランプ部分に20 cm × 20 cm の試験片を固定し，布表裏の圧力差(傾斜形気圧計)が125 Pa となるように加減抵抗器によって吸込みファンおよび空気孔を調整し，垂直形気圧計の示す圧力を読みとる(図9-27)。この測定した圧力と使用した空気孔の種類を使用して，通気度[$cm^3/cm^2 \cdot s$]を求める。

糸密度が小さく，糸のよりが強いほど通気量は大きい。通気量は糸密度，糸のより，糸の太さ，布の厚さ，空隙率が関係する。また，一般に布が湿潤すると通気性は小さくなる。布の通気性は布の保温性，吸水性，透湿性など，熱・水分移動と密接に関連し，衣服の快適性に大きく関わっている。

KES 法：KES-F8通気性試験機を用いる方法でも，通気抵抗を求めることができる(図9-28)。プランジャー／シリンダーのピストン運動によって定流量空気を試験片に送り，大気中へ空気を通して放出・吸引する。1サイクル10秒以内に試験片による圧力損失を測定して，通気抵抗を直接測定する方法で，定流量方式である[5]。現在のところ JIS には規定されていないが簡便に精度よく迅速に測定できる。

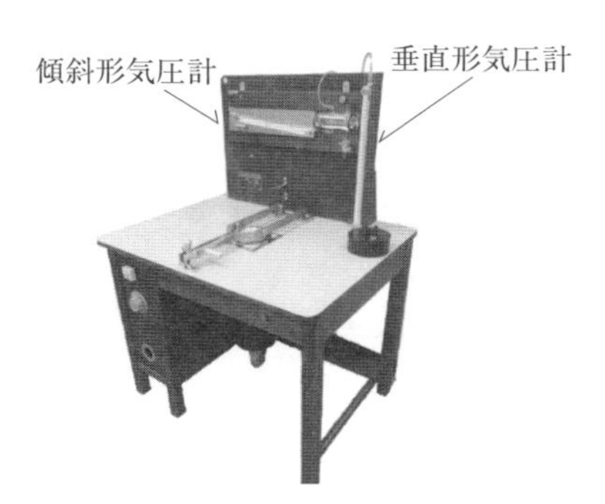

図9-27 フラジール形通気度試験機

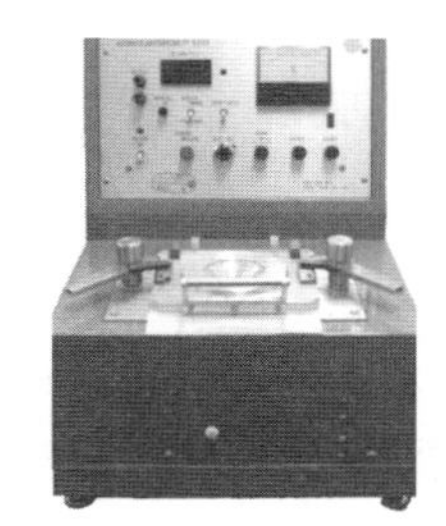
図9-28 KES-F8通気性試験機

4. 布の外観，形態的性能

織物外観の審美性を左右する要因として，しわ，プリーツ，ピリング，スナッグ，収縮などがある。

図9-29 4.9N モンサント形しわ回復角測定試験機

(1) 防しわ性

布の防しわ性は，外力によるしわのつきにくさとしわのとれやすさを示すものである。折り曲げた試験片に一定荷重を一定時間加えた後，除重して一定時間放置後のしわ回復角の大小により評価する水平折りたたみじわの回復性の測定(モンサント法)で試験を行う方法(図9-29)と，しわ付けされた後の生地の外観を評価する方法(リンクル法)がある。しわ回復角の測定法には10N荷重法または4.9N荷重法により行う。

① しわ回復角評価(モンサント法)

1.5cm × 4cmの試験布を試験片ホルダーにはさみ，プレスホルダで半分に折り返す。4.9Nの分銅を5分間加えて織りじわをつけた後，5分間放置してしわ回復角θ(°)を求める。測定した値を用いて次式より防しわ度を求める。

$$\text{防しわ率}(\%) = \frac{\theta}{180} \times 100$$

θ = しわ回復角(°)

繊維素材の弾性回復率の大きい繊維は防しわ性が大きい。セルロース系繊維織物は弾性回復率が小さく，合成繊維や羊毛は弾性回復率が大きい。また，糸のより数や太さ，糸密度，織組織，布の厚さ，含水状態などとも関係し，糸密度の小さい織物，糸のより数の小さい織物はしわになりにくい。

② しわ付け後の外観評価(リンクル法)

布の表面にしわ付けされた後の生地の外観を評価する方法である。しわはリンクル形しわ試験機によってしわ付けをする。24h経過後，発生したしわを立体レプリカと比較してしわの等級を5等級で評価する。レプリカと比較する際は決められた高さ，光源の下でしわの付いた布の両横側にレプリカをおいて行う。

(2) プリーツ性

美しい外観をえるために人為的にしわをつけたものをプリーツという。合成繊維，半合成繊維は熱可塑性があるため，プリーツ保持性は大きいが，セルロース系繊維織物は樹脂加工，羊毛繊維織物はシロセット加工を施して，縫製した衣料に耐久的な形態安定性を与えている。加工法が十分でない場合，プリーツ保持性は低くなる。

プリーツの幅や形状，ズボンかどうかにより，試験片の洗濯および乾燥を，適切な方法で行い，開角度法，伸長法，外観判定法で判定する。

① 開角度法

開角度法は，プリーツ線が明確で，プリーツ幅2cm以上のものに適用する方法で，洗濯前後の試験片のプリーツ線を中心とした開角度を計測して以下の式により求める。

$$\text{プリーツ保持率}(\%) = \frac{180 - \alpha_2}{180 - \alpha_1} \times 100$$

α_1：洗濯前の開角度(°)
α_2：洗濯後の開角度(°)

糸開角度法もプリーツ線を中心に試験糸を採取して開角度を測定する。

② 伸長法

主にプリーツ幅の小さいもの，またはプリーツ線が曲線状のものに適用する方法で，プリーツのある試験片の洗濯前後の荷重を加えたときの長さと荷重を取り除いたときの長さを測って評価する。

③ 外観判定法

主にズボンのプリーツに適用する方法で，判定用標準立体レプリカとの比較を行い，5段階の判定をする。

(3) ピリング，スナッグ

ピリングは摩擦などにより，布表面に毛玉(ピル)が生じる状態のことである。ピリングは布表面から繊維が出て，これが互いに絡み合い，繊維が強い場合は，きれずに布表面に毛玉として残る。紡績糸の製品や繊維の強度の大きい合成繊維製品に毛玉は生じやすい。強度の小さい繊維は摩擦により繊維が切れて脱落するため，毛玉は生じない。

① ピリング試験

ピリング試験用特殊ゴム管に試験片を巻き，ICI 形試験機を使用して，コルク板を内張りした回転箱に入れて回転させ，毛玉の発生状態をピリング判定標準写真にて等級判定する。判定条件は判定ボックスを用いるなど，決められた条件下で行う。

スナッグは布を構成する繊維，または糸が，引掛けによって布表面から引き出されて，ループを形成したり，ひきつれなどを生じる状態のことである。フィラメント糸の製品に生じやすい。

② スナッグ試験

ICI 形メース試験機を用いて，りん青銅球に等間隔にくぎ11本を植えたメース(スパイクボール)を回転シリンダに取りつけた試験片に接触させて試験する。スナッグの発生状態をスナッグ標準写真にて等級判定する。

(4) 寸法変化・収縮

布は製布，仕上げ，アイロンがけ，着用，洗濯などの過程で収縮が生じる。

① 収縮の原因

緩和収縮：製布，仕上げ時に受けた残留ひずみが緩和され，力学的に安定な状態になり収縮する現象

膨潤収縮：綿やレーヨンなどのセルロース系繊維が水で膨潤し，収縮する現象

熱収縮：合成繊維が加熱により収縮する現象

フェルト収縮：羊毛が熱，水分，圧力により繊維どうしが絡み，縮絨する現象

ハイグラルエキスパンション：親水性繊維が水分の吸湿により伸び，脱湿により収縮する現象

② 寸法変化

定められた大きさの試験片をとり，正方形の長さとそれぞれの印の中央を9か所マーキングして処理前の測定基準長 L_1(mm)を測定する。試験方の浸せき，洗濯，プレス，ドライクリーニング処理後の測定区間の長さ L_2(mm)を測定する。

$$寸法変化率(\%) = \frac{L_2 - L_1}{L_1} \times 100$$

5. その他の性能

(1) 表面フラッシュ(燃焼性)

布表面の一部にふれた炎が表面に急速に広がることがある。この現象を表面フラッシュという。布表面に起毛，あるいはパイルがある衣服や，からだから離れる衣服のデザインの場合は注意を要する。

表面フラッシュ燃焼性試験

40(たて)×20(よこ)cmの試験片を毛羽方向と反対向きに3回毛羽立てた後，試験装置に毛羽方向を下向きにして支持枠に垂直に保持する。試験片の下部から5cm上部の表面に火炎の先端5mmを0.5秒間接炎させ，表面フラッシュの先端が10cm，20cm，30cmの各位置に取りつけたマーカ糸を切断するまでの時間を測定する。

(2) 帯電性

疎水性の合成繊維は帯電性が大きく，衣服の着用の際に，からだへのまとわりや着脱時にパチパチ音がしたり，ほこりやごみがつき，汚れやすいなどの現象が発生する。異なる繊維の摩擦により，静電気が発生し，ことに冬の乾燥時には発生しやすい。図9-30に繊維の摩擦帯電列を示す。離れた位置の繊維は，摩擦により静電気を帯びやすい。帯電性は帯電した静電気の消滅時間が短い場合は，ほとんど問題とならないが，ポリエステル，ナイロン，アクリルなどの合成繊維の帯電半減期は長い。このため，合成繊維には帯電防止加工剤を使用したり，繊維表面の改質などが行われる。

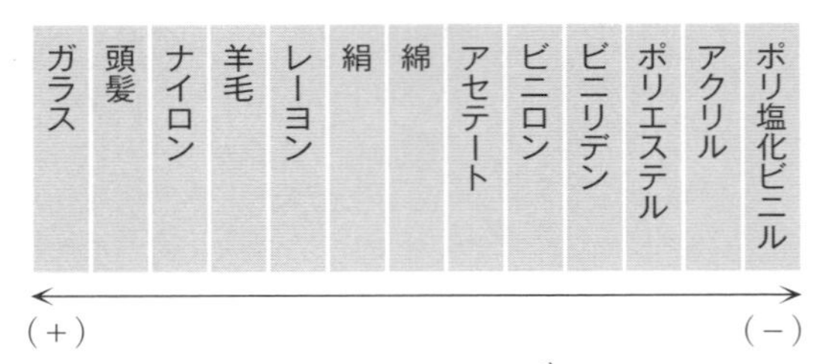

図9-30 摩擦帯電列[6)]

帯電性試験は，①半減期測定法，②摩擦帯電圧測定法，③摩擦帯電電荷量測定法，④摩擦帯電減衰測定法から，試験の目的に応じて，適切な方法を選択する。試験は20±2℃，40±2％RHの条件下で行う。

参考文献 ＊ ＊ ＊ ＊ ＊ ＊

1) 一般社団法人　日本衣料管理協会刊行委員会：「繊維製品の基礎知識　第1部　繊維に関する一般知識」，p.18(2012)
2) W. E. Morton & J. W. S. Hearle: Physical Properties of Textile Fibers Second Edition, The Textile Institute, p.169(1975)
3) 安藤文子，伊藤きよ子，小野幸一，宮崎和子，宮本教雄：「改訂生活材料学」，p.96，(株)アイ・ケイコーポレーション(2011)
4) 川端季雄：布の熱・水分移動特性装置の試作とその応用，繊維機械学会誌，T133, Vol.27, No.8(1984)
5) 川端季雄：通気性装置の開発とその応用，繊維機械学会誌，T59, Vol. 40, No.6,(1987)
6) 安藤文子，伊藤きよ子，小野幸一，宮崎和子，宮本教雄：「改訂生活材料学」，p.99，(株)アイ・ケイコーポレーション(2011)

10章　衣服の快適性

人間は体温を一定に保つために，体内において熱が産生される(産熱)と同時に，体外へ熱が放散され(放熱)，産生される熱量と放出される熱量が等しくなり，バランスが保たれている。

暑熱時(夏期)は，体熱が放熱しにくいので，体外に逃げやすいように皮膚の露出面積を増やし，寒冷時(冬期)には，逆に被覆して，常に快適性を保っている。

衣服の快適性には布の熱・水分・空気の移動に関わる特性のほか，布の風合いに関わる力学特性に基づく特性，すなわち着用したときの動作のし易さや肌触りに関わる性質や衣服の耐久性などが関わっている。

ここでは，布の熱・水分・空気の移動に関わる快適性と布の力学特性と風合いの客観的評価についての概要をまとめる。

1．布の熱・水分・空気の移動と衣服の快適性

(1)　衣服内気候

人間は衣服を着用した状態で生活しており，熱・水分・空気の移動は衣服を通して行われている。衣服と人間の皮膚の間に形成される微小な空間を衣服内気候(被服気候)とよび，衣服内気候が，衣服の快適性を支配している。衣服はポータブルな環境をつくり出し，快適な衣服内気候を持ち運ぶことができる。

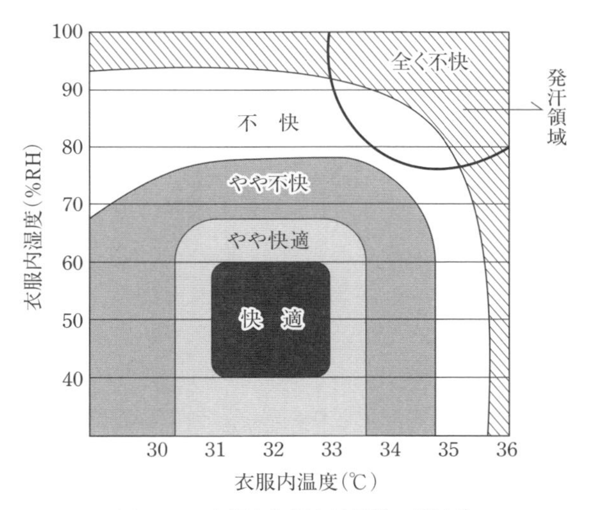

図10-1　衣服内気候と快適性の関連[1)]

衣服内気候には快適な領域が存在しており，図10-1に示すように，快・不快は温度・湿度により異なる。衣服内気候の快適な範囲は温度32±1℃，衣服内湿度は50±10％である。快適領域から外れると不快になり，高温・高湿では発汗が始まる。

(2)　熱の移動

熱の移動は，伝導，対流，輻射に分類される。伝導は温度勾配による物質内の熱移動である。対流は流体の移動による熱移動，ふく射は電磁波による熱移動である。衣服を着用した人間は人間が発熱体であるので，人間を衣服で覆ったときの熱移動はこの3つの熱移動が同時に起こる。人間が衣服を着用した場合には不感蒸泄にともなう水分の蒸発による熱エネルギーの変化も起こり，衣服の快適性に関わっている。

（3） 温熱的快適性の評価法

温熱的快適性の評価法には，布の性質を計測する方法，衣服内気候のシミュレーション，サーマルマネキン，着用実験などの方法がある。布の性質を計測する方法は，熱に関わる性質を評価するため，保温性・断熱性に関わる熱伝導率，吸着熱，接触冷温感などの測定を行う。水分・空気の移動に関わる性質を評価するため，透湿性，吸水性，通気性などの測定を行う。衣服内気候のシミュレーションは，発汗や重ね着の状態などの衣服内気候の温度状態を装置で再現するものであり，恒温熱板を使用して，熱損失を測定する。サーマルマネキンは，身体部位別に発熱機能をもつマネキンを使用して，マネキンの消費電力量や表面温度を計測し，衣服の熱抵抗，断熱性の測定を行う。発汗機能を模擬するタイプの装置もある。衣服は，本来人間が着用するものであるため，着用実験により，被験者(ヒト)の生理的応答を調べる。被験者の衣服内気候(温度・湿度)および生理的応答を，各種センサーにより測定する。ここでは布の性質を計測する代表的な方法について述べる。

（4） 熱移動特性の測定法

布の熱的性質はKES-F7Ⅱ　サーモラボⅡ型精密迅速熱物性測定装置(図9-24参照)を使用して計測する。KES-F7Ⅱを用いて計測可能な項目として，熱伝導率，接触冷温感，保温性などの布の性質の計測，および，衣服内気候のシミュレーションがある。

① 布の熱伝導率

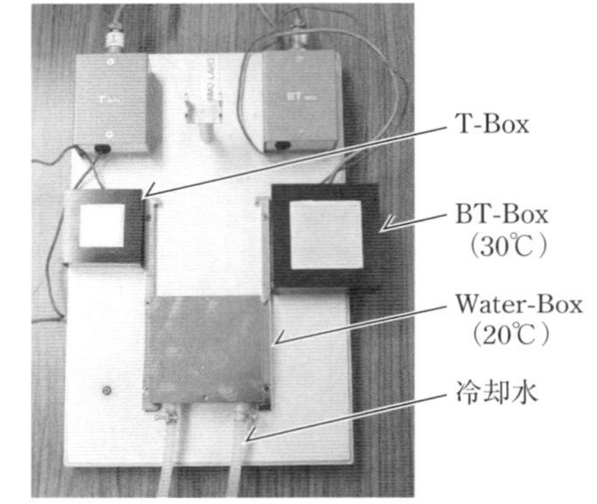

図10-2　KES-F7Ⅱ　熱伝導率の測定部

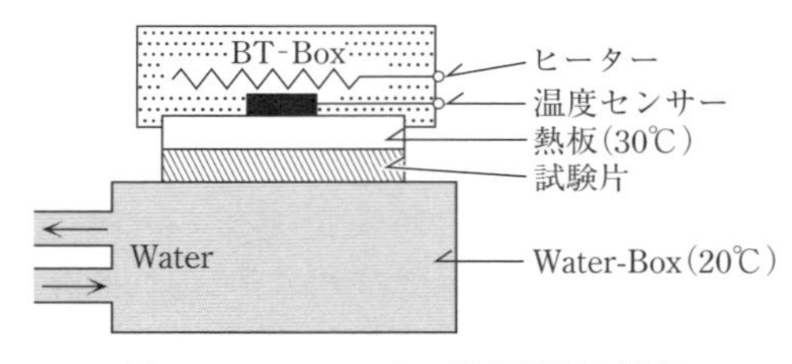

図10-3　KES-F7Ⅱ　熱伝導率の測定

定常法による布の熱伝導率測定部を，図10-2に示す。熱源として温度センサーとヒーターを備えた熱板をもつBT-Boxを使用する。BT-Boxは，温度制御可能である。測定に際して，熱源側(BT-Box)とヒートシンク側(Water-Box)の間に試験片(5×5cm角)を図10-3のようにセットする。低温側の熱板は外気温を想定したもので，20℃に温度を保つために，接続したパイプによって冷却水を循環させている。高温側の熱板は，人間の皮膚の表面温度を想定し，表面温度は30℃に設定する。この2つの熱板の間に試験片をはさみ，熱の移動を測定する。高温部から試験片を通して低温部へ熱が流れるため，高温部を常に30℃に保つために必要なヒーターの電力を測定，これを熱流量W(ワット)に変換して記録している。

布表面の温度を一定に保つことにより定常状態を実現し，次式により熱伝導率 λ (W/mK)を求める。

$$\lambda = \frac{Qd}{A\varDelta T} \quad \cdots\cdots\cdots\cdots\cdots\cdots \quad (\text{式 } 1)$$

Q：熱流量(W)，d：布の厚さ(m)，
A：熱板の面積(m^2)，$\varDelta T$：熱板とWater-Boxの温度差(K)

このとき，布の厚さ d の値は布の圧縮特性を考慮して布に加わる荷重を一定としたときの厚

さを用いる。試験片がある程度以上厚くなる場合，試料側面から熱の漏れを考慮する必要がある。布の熱伝導率は繊維と空気および水分の熱伝達が複合されたものであるため，見かけの熱伝導率，または有効熱伝導率とよばれる。図10-4は布が液状水で飽和した状態から乾燥させながら，過渡法[2)]を用いて有効熱伝導率を測定した結果を示している。有効熱伝導率と水分率の曲線形態はS字型で，布が吸水して，水分率が大きくなると，有効熱伝導率が大きくなる。また，同じ水分率でも素材により有効熱伝導率が異なっている。有効熱伝導率の大小でセルロース系，合成繊維，羊毛の3つのグループに分かれており，繊維素材の吸水性の相違が布の有効熱伝導率に大きく影響を与えている[2)]。

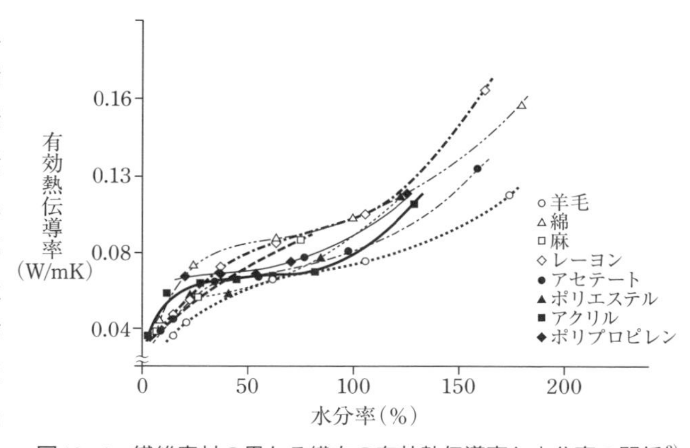

図10-4　繊維素材の異なる織布の有効熱伝導率と水分率の関係[2)]

②　接触冷温感

図10-5のように，あらかじめ30℃の熱を与えた温度センサーのみの銅板(T-Box)をヒートシンク側(サーモクール(20℃)：Water-Box にかえて，ヒートシンクとして現在よく使用されている。)の熱板の上にセットした試験片の表面に接触させることによって，熱流量を測定する(図10-5矢印参照)。測定例を図10-6に示す。熱流量にはピーク値q_{max}が表れ，これを布の接触冷温感に関係する量として計測する。表10-1に衣服の用途別試料の初期熱流束最大値q_{max}を示す。q_{max}値が小さいと，触って温かく感じる。外衣や下着用のニット地は小さい値で，夏用スーツ地は大きい値である。婦人用ドレス地の値の範囲が広いのは，多種類の糸構造，布構造が表面状態の相違をもたらし，熱板と布表面の面積に影響を及ぼしていることを丹羽らは

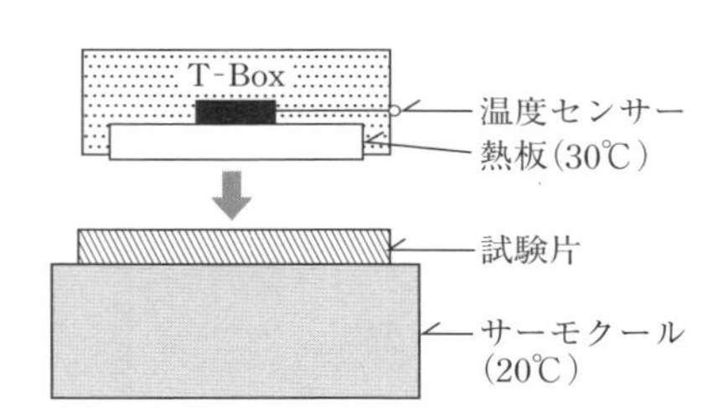

図10-5　接触冷温感の測定

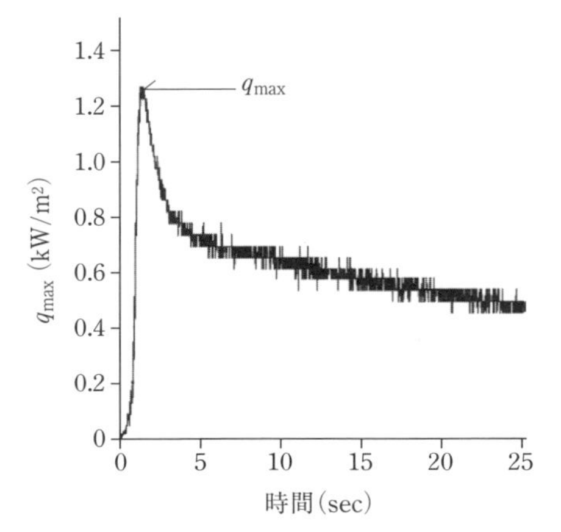

図10-6　熱流束qと時間との関係の一例

表10-1　布の用途別の初期熱流束最大値q_{max}[3)]

用　途	試料数	q_{max} (kW/m^2)	
		平均値	標準偏差
紳士夏用スーツ地	156	1.88	0.18
紳士冬用スーツ地	214	1.67	0.21
婦人用スーツ地	220	1.30	0.28
婦人用薄手ドレス地	120	1.80	0.49
外衣用編地	193	0.96	0.18
ドレスシャツ地	116	1.72	0.27
肌着用編地	56	1.17	0.19
毛皮コート	18	1.47	0.36

推察している。図10-7は含水布(図10-4と同じ試料)の初期熱流束最大値q_{max}を示している。熱伝導率と同様に初期熱流束最大値q_{max}と水分率の曲線形態はS字型で，初期熱流束最大値q_{max}の大小でセルロース系，合成繊維，羊毛の3つのグループに分かれており，羊毛はどのような含水状態でもさわって温かいことが示されている。また，麻は含水時に冷たく感じられるという特徴がとらえられている[3)]。このように，布の熱移動には繊維素材と水分が大きく関わっている。

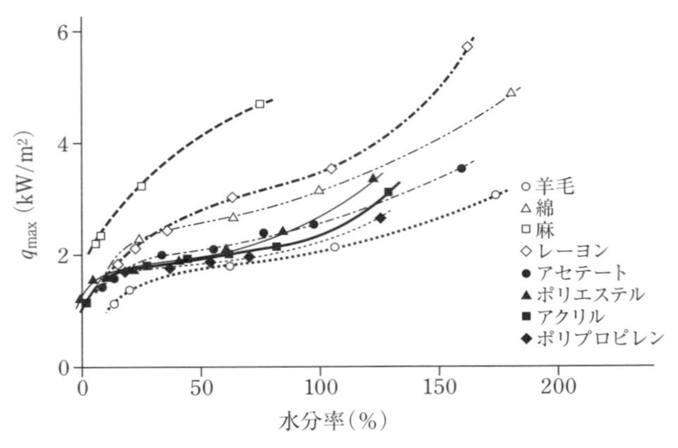

図10-7　繊維素材の異なる織布の初期熱流束最大値q_{max}と水分率の関係[3)]

(5)　通気性

空気が布を通過するとき，単位時間に単位面積の試験片を通過する体積をV(m³/m²・s)，そのときに生じる試験片表裏の圧力差をΔP(Pa)とすると，通気抵抗R(Pa・s/m)と通気度Fは次式で定義されている。

$$R=\frac{\Delta P}{V} \quad \cdots\cdots\cdots\cdots \quad (式2)$$

$$F=\frac{1}{R} \quad \cdots\cdots\cdots\cdots \quad (式3)$$

高精度で簡便に計測できるKES-F8通気性試験機(図9-27参照)を使用して通気抵抗Rを計測する。通気抵抗Rはデジタルパネルメータで直読する。表10-2に布の用途別の通気抵抗Rを示している。夏用の布地は，紳士スーツ地，紳士ドレスシャツ地，婦人用ドレス地ともに通気抵抗が小さいこと，さらに糸密度，繊維直径，繊維素材が通気性に影響を及ぼす[5)]ことが示されている。このように繊維，糸の空隙構造が通気性に影響を及ぼしており，熱・水分移動に大きく関与している。

表10-2　布の用途別の通気抵抗R[4)]

用　途	試料数	R (kPa・s/m) 平均値
紳士夏用スーツ地	156	0.224
紳士冬用スーツ地	214	1.235
婦人用スーツ地	220	0.287
婦人夏用薄手ドレス地	120	0.037
婦人冬用薄手ドレス地	127	0.210
紳士春夏用ドレスシャツ地	106	0.084
紳士秋冬用ドレスシャツ地	160	0.396
外衣用編地	283	0.089
肌着用編地	203	0.095

2. 布の力学特性と風合いの客観的評価

人間に直接触れて衣服内環境をつくる衣服は，繊維製品が大部分であり，その良し悪しや風合いは人間の心身に，直接影響をおよぼす。美しく，健康で快適に過ごすためには，人間の感性や心と適合した快適な衣環境を設計することが必要となる。衣服用の布と人間の感性的な適合は風合い判断によって，主観的に捉えられてきたが，布の力学特性を使用して，風合いや布の品質を客観的に評価する方法が確立されている。

（1） 布の基本力学特性

布の基本力学特性は，表10-3の6ブロック16の特性値によって表している。図10-8に示す風合い計測装置KES（Kawabata Evaluation System）（図は測定機器装置部分）を用いて各特性値を計測する。測定機器はパソコンと接続して各特性値が，計算される。これらの特性値は着心地や着易さ，快適性に結びつける材料の性能として選ばれている。

図10-8のKES-FBシステム測定機械装置は，現在では測定操作が自動化され，人為的な測定誤差が解消され，以下に示す風合いや品質の客観的評価までされる計測システムが開発されている。

表10-3　布の基本力学特性の一覧[6)]

ブロック	記　号	特性値	単　位
引張り	*LT* *WT* *RT*	引張り荷重-伸びひずみ曲線の線形性 単位面積当たりの引張りエネルギー 引張りレジリエンス	- gf・cm/cm^2 %
曲　げ	*B* *2HB*	単位長さ当たりの曲げ剛性 ヒステリシス	gf・cm^2/cm gf・cm/cm
表　面	*MIU* *MMD* *SMD*	平均摩擦係数 摩擦係数μの平均偏差 表面粗さの平均偏差	- - micron
せん断	*G* *2HG* *2HG5*	せん断剛性 せん断角　$\phi = 0.5°$　におけるヒステリシス せん断角　$\phi = 5°$　におけるヒステリシス	gf/cm・degree gf/cm gf/cm
圧　縮	*LC* *WC* *RC*	圧縮荷重-圧縮ひずみ曲線の線形性 圧縮仕事量 圧縮レジリエンス	- gf・cm/cm^2 %
厚　さ 重　さ	*T* *W*	圧力　0.5 gf/cm^{2}における厚さ 単位面積当たりの重量	mm mg/cm^2

KES-FB1　引張り・せん断試験機測定機械装置

KES-FB2　純曲げ試験機測定機械装置

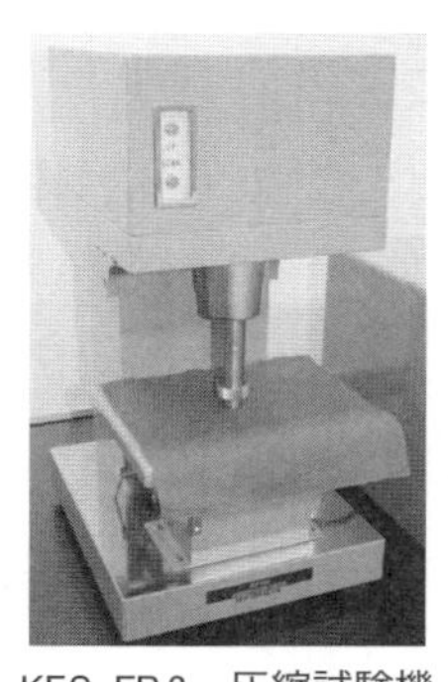
KES-FB3　圧縮試験機測定機械装置

KES-FB4　表面試験機測定機械装置

図10-8　KES-FBシステム測定機械装置部分

（2） 布の風合い

風合いは，布を触ったときに得られる感覚で，温かい，硬い，くたくた，ごわごわした，柔軟な，つるつるした，シルクライク，ウールライク，こし，ぬめり，ふくらみ，しなやかさなどの言葉で表現される。日本繊維機械学会で，風合い計量と規格化研究委員会が組織され，布の着心地と関連した基本風合いとして規格化された。紳士用スーツ地に選ばれた基本風合いを表10-4に示す。紳士用スーツ地では夏用と冬用とで異なり，夏用には，ぬめりに代わって，しゃり，はりが加えられている。婦人外衣用中厚手地にはこし，ぬめり，ふくらみにソフトさが加えられ，婦人外衣用薄地には，こし，はり，しゃり，ふくらみに，きしみ，しなやかさが加えられている。

表10-4　基本風合い[6)]

〈紳士冬用スーツ地〉

風合い	定　義
1. *KOSHI*	触って得られる可撓性，反撥力，弾性のある充実した感覚，例えば，弾力性のある繊維と糸で構成されている，そして適度に高い糸密度の布のもつ感覚
2. *NUMERI*	細くて柔らかい羊毛繊維からもたらされる，触ってのなめらかさ，しなやかさ，柔らかさの混じった手触り感覚。例えばカシミヤ繊維から得られる感覚で，専門語では，毛質の良さからくる柔らかさをいう（曲げやわらかさ，なめらかさ，なめらかな曲げの手触り，すなわち，ころびのよさ，そして曲げの弾力的な性質によって判断される）
3. *FUKURAMI*	かさ高でよくこなれたふくよかな布の手触り感覚（圧縮に弾力があり，暖か味を伴う厚み感で判断される）

〈紳士夏用スーツ地〉

風合い	定　義
4. *KOSHI*	1. *KOSHI* と同じ
5. *SHARI*	粗くて硬い繊維や強撚の糸から生まれる，しゃりしゃりした手触り感覚。例えば，ポーラ地に強くあらわれる感覚（主として，布の表面手触り感触である。布のすべての種類の剛さがこの感覚を助長する）
6. *FUKURAMI*	3. *FUKURAMI* と同じ
7. *HARI*	張る性質。弾力性の有無には関係しない

〈婦人外衣用中厚地〉

風合い	定　義
1. *KOSHI*	1. *KOSHI* と同じ
2. *NUMERI*	2. *NUMERI* と同じ
3. *FUKURAMI*	3. *FUKURAMI* と同じ
4. *SHOFUTOSA**	かさ高さ，曲げ柔らかさ，なめらかさの混じった柔らかい感覚。すなわち，しゃり感が少なく，軽くて，ふくらみとぬめりが高く，こし，はりが弱いようなものの感覚

〈婦人外衣用薄地〉

風合い	定　義
1. *KOSHI*	1. *KOSHI* と同じ
2. *HARI*	7. *HARI* と同じ
3. *SHARI*	5. *SHARI* と同じ
4. *FUKURAMI*	3. *FUKURAMI* と同じ
5. *KISHIMI*	きしみ感。絹織物にこの感覚を強くもつものが多い（絹に特有の感覚の一つである）
6. *SHINAYAKASA**	ソフトな柔かさ，曲げ柔かくなめらかな手触り感覚（この風合いは基本風合いではないと考えられている。しかし非常に多用されている表現であるので，準基本風合いとして表示されている）

*準基本風合い

（3） 布の基本風合い値の客観的評価方法

布の基本力学特性の6ブロック(引張り，曲げ，表面，せん断，圧縮，布の構造)の16の基本力学量パラメーターを用いて，(式4)により基本風合い値を客観的に求める。基本風合い値 HV (Hand Value)を Y_k として表10-4に示す基本風合いに対して，それぞれの基本風合い値を0～10で数値化(数値が大きいほど手触りの強い感覚を示す)する。紳士冬用スーツ地の場合は基本風合い(こし，ぬめり，ふくらみ)は3つあるので，$k = 1, 2, 3$ として

$$\boldsymbol{Y_k = C_{k0} + \sum_{i=1}^{16} (c_{ki} \frac{X_i - M_i}{\sigma_i})} \quad \cdots\cdots\cdots\cdots\cdots \quad (\text{式 } 4)$$

Y_k：基本風合い値
c_{k0}, c_{ki}：定数の係数
X_i：特性値(母集団(紳士冬用スーツ地)の平均値 M_i と標準偏差 σ_i で規格化)

紳士冬用スーツ地の基本風合いの評価に必要なパラメーターを表10-5に示す。

表10-5　基本風合い評価に必要なパラメーター(KN-101W式)[6]

KN-101W (N=214)				
Block	i	X_i	M_i	σ_i
1	1	LT	0.6082	0.0611
	2	logWT	0.9621	0.1270
	3	RT	62.1894	4.4380
2	4	log$B$	-0.8674	0.1267
	5	log$2HB$	-1.2066	0.1801
3	6	log$G$	-0.0143	0.1287
	7	log$2HG$	0.0807	0.1642
	8	log$2HG5$	0.4094	0.1441
4	9	LC	0.3703	0.0745
	10	logWC	-0.7080	0.1427
	11	RC	56.2709	8.7927
5	12	MIU	0.2085	0.0215
	13	logMMD	-1.8105	0.1233
	14	logSMD	0.6037	0.2063
6	15	log$T$	-0.1272	0.0797
	16	log$W$	1.4208	0.0591

KN-101W			
	KOSHI	*NUMERI*	*FUKURAMI*
i	c_{ki}	c_{ki}	c_{ki}
0	5.7093	4.7535	4.9799
1	-0.0317	-0.0686	-0.1558
2	-0.1345	0.0735	0.2241
3	0.0676	-0.1619	-0.0897
4	0.8459	-0.1658	-0.0337
5	-0.2104	0.1083	0.0848
6	0.4268	-0.0263	0.0960
7	-0.0793	0.0667	-0.0538
8	0.0625	-0.3702	-0.0657
9	0.0073	-0.1703	-0.2042
10	-0.0646	0.5278	0.8845
11	-0.0041	0.0972	0.1879
12	-0.0254	-0.1539	-0.0569
13	0.0307	-0.9270	-0.5964
14	0.0009	-0.3031	-0.1702
15	-0.1714	-0.1358	0.0837
16	0.2232	-0.0122	-0.1810

（4） 布の品質の客観的評価方法

以上の基本風合いをもとに，着易さ，快適性に結びつく品質の総合風合いを客観的に評価する方法である。紳士スーツ地では，基本的な力学的性質より求めた基本風合い値から総合風合い値へ結びつける客観的評価式が完成された。紳士用スーツは，その形が一定であるために，布地の品質がその良し悪しに直接関係している。この客観的評価方法は，布の立体形成能や仕立て映え，風合い評価と結びつける本質的な性能を評価する客観的評価方法である。3つの基

本風合い値をもとに総合風合い値 *THV*(Total Hand Value)を0～5で数値化(5：優秀，4：良，3：平均的，2：平均以下，1：非常にわるい，0：用途外も含め問題外)する。

$$THV = C_0 + \sum_{k=1}^{3} \left(C_{k1}\frac{Y_k - M_{k1}}{\sigma_{k1}} + C_{k2}\frac{Y_k^2 - M_{k2}}{\sigma_{k2}} \right) \quad \text{（式 5）}$$

C_0, C_{k1}, C_{k2}：定数の係数
Y_k：基本風合い値
M_{k1}, σ_{k1}：基本風合い値の平均値と標準偏差
M_{k2}, σ_{k2}：基本風合い値の2乗の平均値と標準偏差

表10-6　*HV-THV*　変換式 KN301W のパラメーター[6)]

C_0=3.1466

Equation	k	Y_k	C_{k1}	C_{k2}	M_{k1}	M_{k2}	σ_{k1}	σ_{k2}
KN-301W	1	*KOSHI*	0.6750	-0.5341	5.7093	33.9032	1.1434	12.1127
	2	*NUMERI*	-0.1887	0.8041	4.7537	25.0295	1.5594	15.5621
	3	*FUKURAMI*	0.9312	-0.7703	4.9798	26.9720	1.4741	15.2341

紳士冬用スーツ地の総合風合いの評価に必要なパラメーターを表10-6に示す。

以上のように紳士冬用スーツ地の総合風合い値を求める。紳士夏用スーツ地，婦人外衣用中厚地，婦人外衣用薄地などの布地に対しても同様に求めることができる。このように図10-9に示すように布の力学特性を使用して風合いを客観的に評価するシステムが完成された。

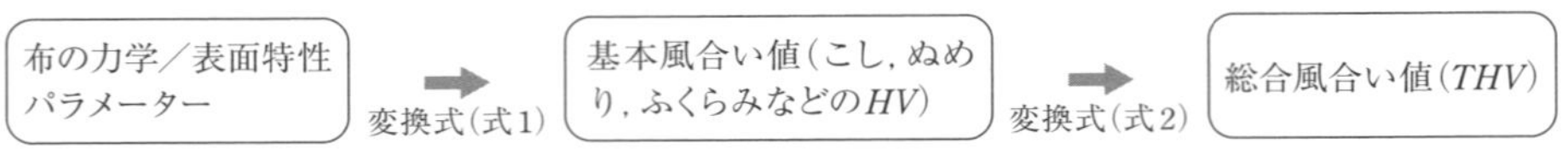

図10-9　風合いの客観的評価方法

(5)　婦人服地の品質の客観的評価方法

紳士テーラードスーツ地の風合い変換式の変換係数を使用して，婦人服地のテーラードタイプの婦人服地の評価を行ったところ，婦人のテーラードタイプはその品質の良否と共通しているが，婦人服地では紳士服地とは異なっていることがわかった。服の構造線が複雑で素材やデザインも多岐にわたっているために，広範な服種のある，多様な婦人服地に対しては，まず，基本力学特性からシルエットを分類することで，デザイナーや勘にたよる方法ではなく，合理的に最終用途の服種の判別に応用できる[7)]。その方法は，婦人服地の適合するデザインによって布を3グループに分類する方法である。分類は布の基本力学特性，布の重さを用いてシルエット判別を行う。図10-10は客観的シルエットデザインの判別[8), 9)]チャートを示している。それらは立体曲面を形成するテーラードタイプ，美しいドレープシルエットを強調するドレープタイプ，アンチドレープシルエットのハリタイプである。

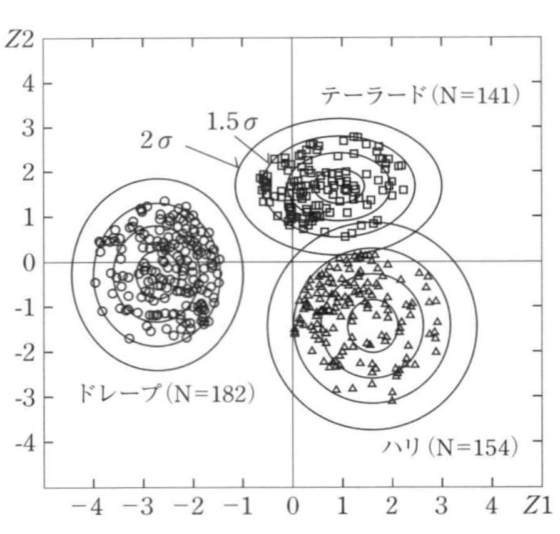

図10-10　婦人服地の最適シルエットデザインの判別[8), 9)]

婦人服地は，3つのシルエットタイプに判別したのち，テーラード，ドレープ，ハリの各シ

ルエットタイプごとに，布の基本力学特性の6ブロック(引張り，曲げ，表面，せん断，圧縮，布の構造)の16の基本力学量パラメーターを用いて，段階的ブロック残差回帰方式を採用して(式6)により総合風合い値を求める。

$$THV = C_{00} + \sum_{i=1}^{16} \left(C_{i1} \frac{X_i - M_{i1}}{\sigma_{i1}} + C_{i2} \frac{X_i^2 - M_{i2}}{\sigma_{i2}} \right) \quad \cdots\cdots\cdots\cdots \quad (式6)$$

C_{00}, C_{i1}, C_{i2}：i 番目の変数の定数
X_i：i 番目の力学量パラメーター
M_{i1}，σ_{i1}：力学量パラメーターの平均値と標準偏差
M_{i2}，σ_{i2}：力学量パラメーターの2乗の平均値と標準偏差

婦人服地の品質の評価に必要な各シルエットタイプ別のパラメーターのうち，テーラードタイプのパラメーターを表10-7に示す。

紳士用スーツ地と婦人服地の品質の客観的評価方法はデザインが一定の紳士用スーツ地では夏用と冬用とで異なっており，また，デザインや素材が多岐にわたる婦人服地では，紳士用スーツ地とは異なっている。以上のように，人間の感性と材料との関わりを布の力学特性を使用して，品質の客観的評価をし，人間の感性と適合した最適な衣服設計へとつなげることができるのである。さらに，布の力学特性のパラメーターを使用して，美しいスーツの形成や，着やすさ，縫製に関わる布の性質，布の耐久性に関わる布の性質などの研究にも応用されている。具体的な例をあげると，婦人服地としての新合繊布は，布の客観的評価技術を基に生まれた。図10-11は，図10-10と同様の方法で，婦人外衣薄手布の，基本風合い値に基づいて導かれた絹，木綿，羊毛織物の Z_1，Z_2 の判別値をプロットしたものである。ここに，ニュー梳毛タイ

表10-7　婦人服地(テーラードタイプ秋冬用)の総合風合い値 *THV* への変換に必要な変換係数と基本特性値の平均値，標準偏差および基本特性値の2乗の平均値，標準偏差(KN-306-TLDY)[8),9)]

テーラードタイプ(KN-306-TLDY)　C_{00}=3.3280

Importance order	X_i	C_{i1}	C_{i2}	M_{i2}	M_{i2}	σ_{i1}	σ_{i2}
1 Surface	*MIU*	0.1890	-0.2716	0.1884	0.0366	0.0334	0.0138
	log *MMD*	1.7108	2.1622	-1.8051	3.2743	0.1263	0.4449
	log *SMD*	0.6397	-0.6143	0.5934	0.3887	0.1910	0.2574
2 Compression*	*LC*	1.4899	-1.2977	0.6507	0.4259	0.0492	0.0682
	log *WC*	0.0545	0.0497	-1.1019	1.2639	0.2232	0.4581
	RC	1.1365	-0.9484	57.550	3343.3	5.5857	644.59
3 Shear	log *G*	0.5993	0.6681	-0.2504	0.0941	0.1773	0.0793
	logg *2HG*	0.1497	0.1930	-0.0788	0.0581	0.2277	0.0765
	log *2HG 5*	0.4486	-0.6410	0.1384	0.0625	0.2081	0.0825
4 Bending	log *B*	-0.2820	-0.0488	-0.9241	0.8857	0.1784	0.3041
	log *2HB*	0.5188	0.3995	-1.2685	1.6974	0.2970	0.7314
5 Tensile*	*LT*	-1.4306	1.4123	0.7201	0.5234	0.0703	0.1014
	log *WT*	-0.1751	-0.1745	-0.2315	0.0802	0.1632	0.0749
	RT	0.3530	-0.2787	68.486	4765.1	8.6397	1188.2
6 Construction	log *T*	-0.0181	-0.0098	0.0058	0.0305	0.1745	0.0435
	log *W*	1.7504	-1.7249	1.3714	1.8864	0.0757	0.2103

*高感度条件での計測

プの新合繊織物の判別値の範囲が点線で示されている。ニューシルキータイプ，ドライタッチタイプ，ピーチスキン（桃の肌のような）タイプの新合繊織物は，それぞれ従来の絹，木綿，羊毛織物の位置とはやや離れて位置し，それぞれに特徴的な範囲と風合いの属性をもつ[10]ことがわかっている。

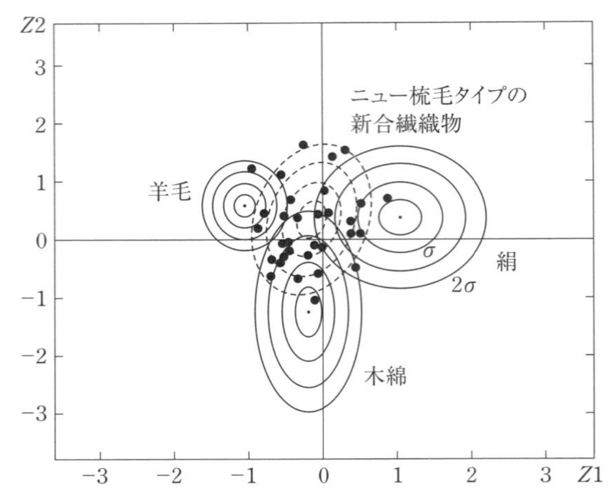

図10-11　ニュー梳毛タイプの新合繊織物の風合いの特徴[10]

参考文献　＊　＊　＊　＊　＊　＊

1）原田隆司，土田和義：衣服の快適性と感覚計測，日本繊維機械学会，p.462, Vol. 37, No.11,（1984）
2）妹尾順子，米田守宏，丹羽雅子：被服材料の熱伝導特性に関する基礎的研究（第2報），家政学雑誌，p.256, Vol. 36, No.4,（1985）
3）妹尾順子，米田守宏，丹羽雅子：被服材料の熱伝導特性に関する基礎的研究（第3報），家政学雑誌，p. 1056, Vol. 37, No.12,（1986）
4）中西正恵，丹羽雅子：被服材料の通気性に関する研究（第1報），家政学会誌，p.800, Vol. 40, No.9,（1989）
5）中西正恵，丹羽雅子：被服材料の通気性に関する研究（第3報），家政学会誌，293-301, Vol. 43, No.4,（1992）
6）S. Kawabata:The Standardization and Analysis of Hand Evaluation Second Edition, HESC, the Textile Machinery Society of Japan, Osaka, Japan,（1980）
7）M. Niwa, M. Nakanishi, M. Ayada and S. Kawabata : Optimum Silhouette Design for Ladies' Garments Based on the Mechanical Properties of a Fabric, Textile Res. J., 578-588, Vol. 68, No.8,（1998）
8）井上尚子，丹羽雅子：婦人服地の品質の客観的評価，日本繊維機械学会誌，48-58, Vol. 55, No. 5,（2002）
9）井上尚子：婦人服地の品質の客観的評価，日本繊維機械学会誌，p.404-408, Vol. 56, No. 10,（2003）
10）S. Kawabata and Masako Niwa：Synchronized Innovation and Marketing - The Case of '*SHINGOSEN*'-, Asia and World Textiles, *Textile Institute World Conference*, G6, 1-8,（1993）

11章　テキスタイルデザイン

テキスタイル(Textile)とは，織物，編物などの布地のことであり，それらの布地のデザインをテキスタイルデザインという。テキスタイルは私たちの暮らしになくてはならないもので，原点である「包む」・「保護」する役目だけでなく，生活を彩る多くの要素を併せもっている。それらは，カーテン，カーペット，ラグ，壁紙などのインテリア素材から，衣服や服飾雑貨等のファッション素材，またタオルなどの生活雑貨とその領域は幅広い。

テキスタイルデザインは，基本的な要素として，テクスチャー・パターン(柄)，色彩があるが，その表現方法としては，織や編みなどの組織，染め，プリント，後加工など多岐にわたる。同じ柄でも表現方法を変えることによって，全く異なる趣のテキスタイルとなる。

デザインの過程では，さらに繊維の素材開発も進み，さまざまな機能をもった素材や，新素材開発によって，テキスタイルデザインをするうえでの領域も広がっている。この章では，主にファッション素材のテキスタイルデザインの概論を述べる。

1. テキスタイルデザインと感性

1-1　テキスタイルデザインと暮らし

私たちの身のまわりの衣服やインテリア素材には，機能と感性を満たすさまざまなデザインが施されている。天然繊維も化学繊維も，糸からテキスタイルへと進む段階では，デザインによって具体的な目的が一層明確になる。また，外観的な特徴が製品のねらいとして作られる場合だけでなく，物性面の技術開発を目的としたテキスタイルであっても，繊維が本来もっている科学的性質に適したイメージが，デザインによってまとめられる。

テキスタイルデザインは，無地のほか，植物，動物など自然物をモチーフとした柄や，幾何学など抽象的図形を基にした柄など，その種類はきわめて多彩である。また私たちが普段，何気なく見ているテキスタイルの色彩や風合いから受ける感覚は，季節感やさまざまなイメージがある。それらは楽しさや優しさ，さわやかさや驚き，懐かしさなどの情緒的なものや，特定の場面や出来事を想起させるものなど，まさに人の気持ちに寄り添うようにテキスタイルデザインは人の生活のそばにある。

つまりテキスタイルデザインは，時代や社会を背景に生み出されるものであると同時に，人の生きる暮らしのなかで，「こころの豊かさ」というかたちにならない価値を与えている。

これまでの章では，テキスタイルに関する多くの科学的な性質が挙げられてきた。

ここでは，特に素材の性質，加工や技術を適切に生かしながら，実用性だけでない個性を加えるデザインの事例や，アパレル素材としてのテキスタイルデザインの役割，設計の流れなどを解説する。

1-2　テキスタイルと時代

ファッション分野におけるテキスタイルは，時代が求める人の意識や感覚を映し出す。歴史を辿ると，テキスタイルは時代に求められる感覚と強く結びつきながら，衣服のかたちへ表現されてきた。ここではファッション素材として，どのようなテキスタイルがどのようにデザインされてきたかを，衣服作品を事例に時代と関連させて紹介する。

図11-1(左)は，薄いチュール地の1930年代のワンピースドレスである。細身の上半身から裾へと広がったシルエットのなかで，重なり合う黒地の生地に金色のぶどうの刺繍が大胆に施されている。シックで華やかなこのテキスタイルは，オートクチュール(高級仕立服)が盛んであった時代の手工芸による芸術的な感覚を伝えている。

図11-1(中)は，厚手のウール地の1960年代のアンサンブルドレスである。直線的なシルエットをもつミニスカートのスタイルに，テープで縁どられたポケットや衿，袖の細部のデザインがアクセントとなっている。この格子柄のテキスタイルは，カジュアルな装いが浸透した時代の若々しさを伝えている。

図11-1(右)は，大きなサークル柄が施された絹シフォンによるワンピースドレスである。60年代～70年代に注目を浴びた民族調ファッションにおけるテキスタイルとして，地域がもつ歴史，伝統などの文化の固有性が見事に表されている。

このようにテキスタイルデザインは，各時代の感覚に応じた特徴がデザインとして表され、衣服と一体となって，時代の創造となって人や社会に新しい気分や感動を与えてきた。

「イヴニング・ドレス」(1938)
マドレーヌ・ヴィオネ

「デイ・アンサンブル」(1965～1968)
アンドレ・クレージュ

「カフタン風ワンピースドレス」(1969)
ザンドラ・ローズ

図11-1　ファッション作品にみるテキスタイルデザイン

写真提供：島根県立石見美術館

2. アパレル素材としてのテキスタイル

2-1　アパレル素材としての性能

テキスタイルデザインが重要な要素を担う用途としてアパレル製品がある。アパレル(apparel)とは，衣服，衣類を意味する語であり，特に産業のなかで生産される既製服としての衣服を指している。アパレル産業におけるテキスタイルの生産は，1950年代の広幅の生地の生産増加とともに盛んになった。1960年代にはアパレル産業が大きく発展し，市場の動きと密接に関係し合いながら，機能と外観に対して，さまざまな性能を取り入れたデザイン開発が活発に行われてきた。

アパレル製品は，一定の条件のもとで計画に基づき，衣服のかたちへと造形されるものであり，最終製品には，だれが，いつ，どこで，何のために，どのくらいの価格で，という具体的な条件を前提にした性能が求められる。一般的なその要素をあげると表11-1の通りである。

機能性とは：人体の安全や保護，運動への適合など，快適に関係する内容である。目的に沿うデザインを実現するための最も基本的な性能として，環境からの人体の保護や動きの自由は，材質としての物理的な視点と，人間特性への視点の両面がある。

審美性とは：人の感覚や情緒に関係する内容である。特に衣服では，人がそれぞれに感じる「美しさ」への要求は高い。しかし，一方でテキスタイルにおける審美性は，時代感覚とつながりが強く，社会や人の心理の影響を受けるものでもある。それは視覚的な特徴だけでなく，触覚的にも，時代とともに美しいと感じる評価は異なる。

象徴性とは：風俗や慣習に関わる内容である。生活に身近なテキスタイルでは，固有の文化の地域性，継承されてきたしきたりなどをデザインとして表すことは少なくない。象徴的な意味をテキスタイルに加えることで，個人や集団の位置づけや役割を保持するなどの目的がある。

社会性とは：人間の生活で使用されるもののデザインとして，テキスタイルが社会の精神を解釈した表現であることを指し，デザインが常に社会の動きに関連していることを意味する。

経済性とは：テキスタイルデザインが経済的な条件のなかで成立していることから関わる内容である。経済的な状況があって，技術やデザインの取り組みが総合的に検討され，生産が行われる。

これらのアパレル素材として求められるテキスタイルの要素は，最終製品の目的によって，重視する内容を検討しながら創意工夫される。

表11-1　テキスタイルデザインに求められる要素

機能性	強度・伸縮・防寒・防暑・吸湿・吸水・速乾・通気・防汚・防菌・防臭・耐熱・難燃・静電・耐洗濯性など
審美性	風合い・染色性・染色堅牢度・防しわ性・ドレープ性・光沢など
象徴性	風俗・慣習の表示など
社会性	流行・社会全般への意識の反映
経済性	経済的な条件への合致

2-2 生産・流通の構造とテキスタイル

日本の繊維産業では，糸から製品になるまでの各段階が，分業されながら生産が行われてきた。図11-2に繊維の生産・加工・流通の流れの例を示す。

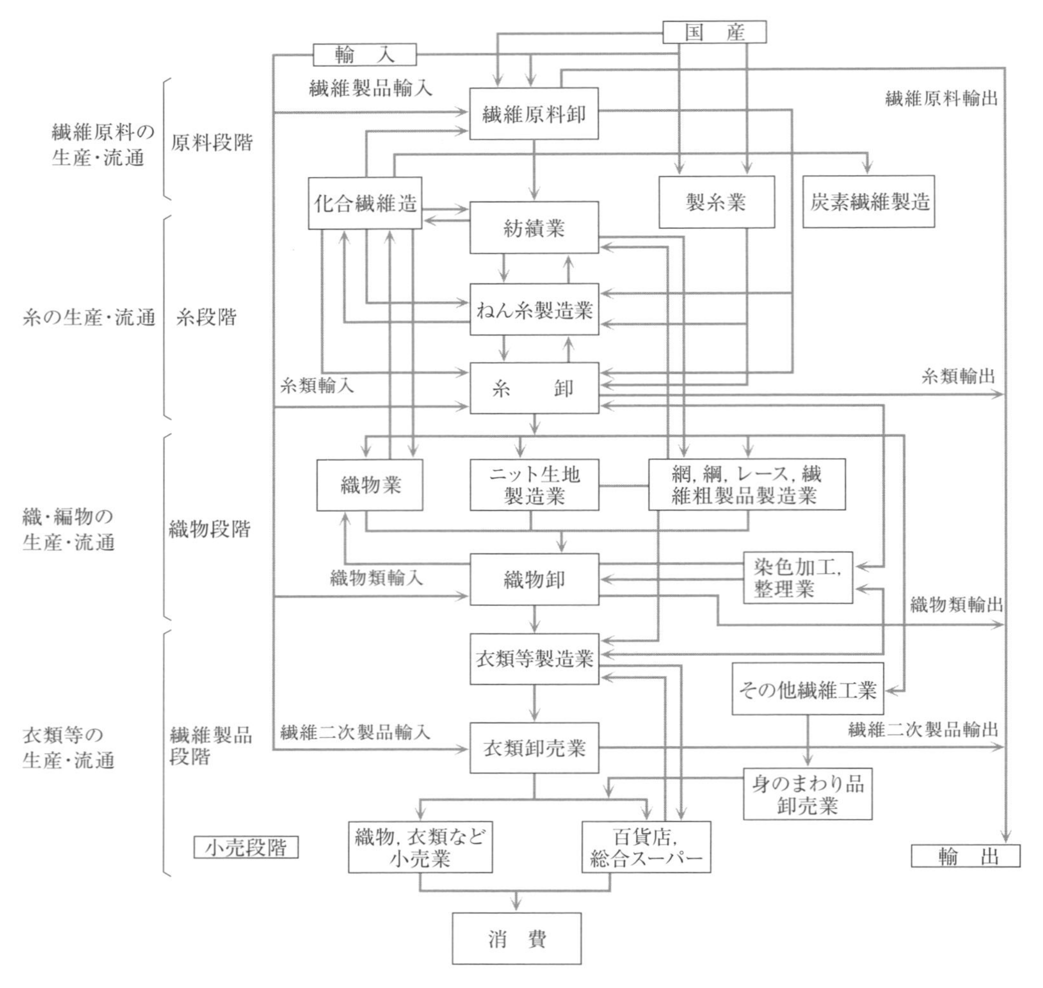

図11-2　繊維の生産・加工・流通の流れ

出典：日本化学繊維協会「繊維ハンドブック2017」を一部改変

各工程は，原料の生産と流通から始まり，次に糸，さらに織物，編物，最後に衣類などの段階に至る。多くの段階を経て製品になるこうした構造は，繊維，テキスタイル業界を川上，アパレル業界を川中，小売業界を川下など，川の流れに例えて称されることも多い。

テキスタイルの生産は，糸段階と織物・編物の段階として位置づけられる。デザインの工程として，糸やその前段階の状態で染色する先染めと，織物になった状態で色や柄をつける後染めがある。先染めの場合には糸の選び方から織り方，仕上げ方について，まず検討する必要があり，後染めの場合には，生地のうえにデザインを直接施す際に，テキスタイルのイメージや風合いをどう作り出すかが重要になる。すなわち目指すデザインを実現するために，糸の知識から織物や編物の知識，さらに仕上げ加工の知識，最終製品の用途に対する性能まで，各段階のすべてにわたり，用途に対する適切な技術と感覚の総合的な検討が行われている。

一方で分業化した生産と流通の構造は，専門機能の発達や各工程でのリスク分散のために有用であった半面，時代とともに体制の複雑さから高価格になるなど課題が増加した。近年は効率化を進めてSPA(製造小売り)による一貫体制や，アジアを中心としたメーカーの国外生産体制など，経済と社会の動向と連動し，繊維の生産・流通体制は変化している。テキスタイルデザインも情報化やデジタル化のなかで，コンピュータによる生産システムをはじめとして，企画やプレゼンテーションにおけるバーチャルシュミレーションの展開など，種々の技術革新が進んでいる。

3. テキスタイルデザインのプロセス

テキスタイルデザインの過程はさまざまで，何をどういった目的でどのターゲットに向けて商品化するかによって異なる。最終商品を作るのか，またはファッションの素材としての布地を作るのかでも，そのデザインプロセスは異なってくる。また，オリジナルブランドであれば，そのブランドのコンセプトに合ったテクスチャー(素材)・パターン(柄)・色彩のデザインが必要である。

一例として，図11-3にテキスタイルデザインのプロセスを示し，以下その過程に沿って，概略を説明する。

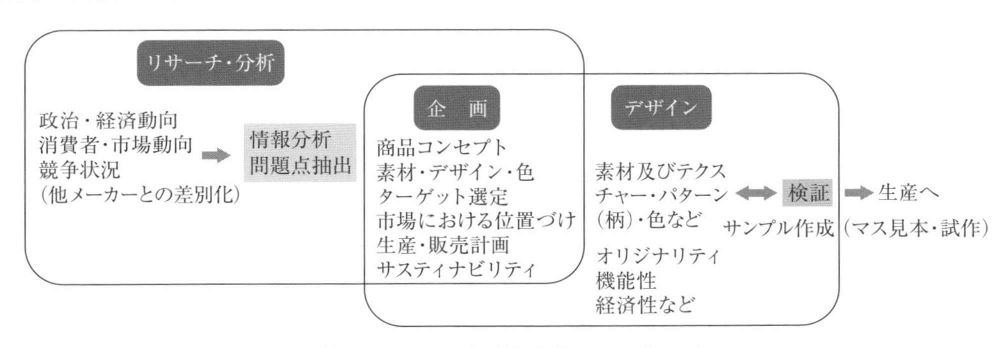

図11-3 テキスタイルデザインのプロセス

3-1 リサーチ，分析

商品を企画する場合，消費者や社会にとって価値ある商品を創造し，売れる仕組みを作っていく必要がある。そのためには，政治・経済動向や消費者・市場動向，また競合他社との差別化などの状況をリサーチする必要がある。それらを分析し，問題点を抽出することによって企画の方向性を見定めなければならない。

このプロセスは，マーケティングの一部でもあり，特にマーケットに向けて工業的に商品を作っていくうえでは，重要なプロセスとなる。

3-2 企　画

商品企画を行っていくうえでは，商品の基本的な考えであるコンセプトを明確にし，明瞭な言葉やイメージで表現する必要がある。具体的な商品の落とし込み（デザイン）の前に，コンセプトマップやイメージマップを作成して，「素材・デザイン・カラーのコンセプト」を説得力のある形で提案する。また具体的な内容として，「ターゲットの設定」「市場における位置づけ」「生産・販売計画」などを明確にする。

近年，世界的な目標としてSDGs (Sustainable Development Goals 持続可能な開発目標) が掲げられているなか，環境に配慮した製品づくり，サスティナビリティを考慮したテキスタイルの企画は今後ますます必要となってくる。

3-3 デザイン

デザインの過程では，コンセプトに沿って，具体的な素材やテクスチャー，パターン（柄），色などをデザインしていく。

（1） 素材およびテクスチャー

素材やテクスチャーを検討していくことは，テキスタイルデザインにおける重要なプロセスの一つである。意図するテキスタイルになるよう繊維原料を選択し，糸の太さや撚り，織や編み組織などを設計する。その後，試織や試編といった試作段階を経て素材を決定する。また，素材展に出向き素材の情報を得ることも重要で，繊維素材メーカーが設計製造した素材のなかから選択して使う場合もある。

（2） パターン（柄）

パターン（柄）を作成する。捺染（プリント）による柄，後加工による柄，織や編組織による柄などがある。総柄の場合は，柄をそのまま横にスライドした正送り（side by side）や，上下に1/2ずつずらしたステップ送り（half step）などで柄のリピートをつける。

（3） 色

無地染めや先染めの配色，捺染（プリント）柄の配色をコンセプトイメージに合わせて作成する。通常，同柄で，何色かの色展開で製品化される場合が多いので，無地染めのカラーレンジや，先染めやプリント柄などの配色替えを行う。プリント柄などの配色を行う際は，柄をコンピューター上で色ごとにレイヤーで分け，カラーシュミレーションを作成し，検討する。その後，配色に合わせてマス見本などの試作を依頼する。できた試作を検証し，イメージに合うよう調整していく。

このように企画から具体的なデザインを進めていくうえでは，オリジナリティ，機能性，経済性を考慮して進めていく。

3-4 生 産

試作を経て，製品の本生産に移る。サンプル生地，または本生産された生地を使用した素材マップなどを作成して，売り込みやすいようにプレゼンテーションの材料を作る。展示会用のイメージマップや素材ボードなどを作成する場合もある。

4. テキスタイルの柄と加工

生地は，さまざまな要素から成り立っている。

(1) 繊維素材

綿，麻，シルク，ウールなどの天然繊維。レーヨン，ポリエステル，ナイロンなどの化学繊維。それらの複合素材。

(2) 糸

フィラメント糸，紡績糸，デニールや番手などの太さ，撚り方や単糸・双糸などの形状。

(3) 織・編み組織

平織，綾織，朱子織の三原組織。それらの変形組織。平編みやゴム編み，パール編みのヨコ編みの基本組織から変化組織。トリコットなどのタテ編み。ドビー，ジャカードなど。

(4) 染 色

原料染め，トップ染め，糸染めなどの先染め。浸染，捺染などの後染め。

(5) 柄と加工

プリント柄，先染め柄，ジャカード柄，オパール加工 (burn out) や箔転写，刺繍などの後加工。

(6) 仕上げ加工

防縮加工，カレンダー加工など。

生地は，これらの要素の組み合わせによってできている。

ここでは特にテキスタイルデザインの大きな要素となる柄と加工について述べる。柄は「柄物」といわれるように，無地の布に対して使われる。柄は，先染め糸などを用いて織ったり編んだりしてできるストライプやチェック柄，ドビーやジャカード柄，また生地ができた後，柄を作るプリントやオパール加工(burn out)などの後加工がある。

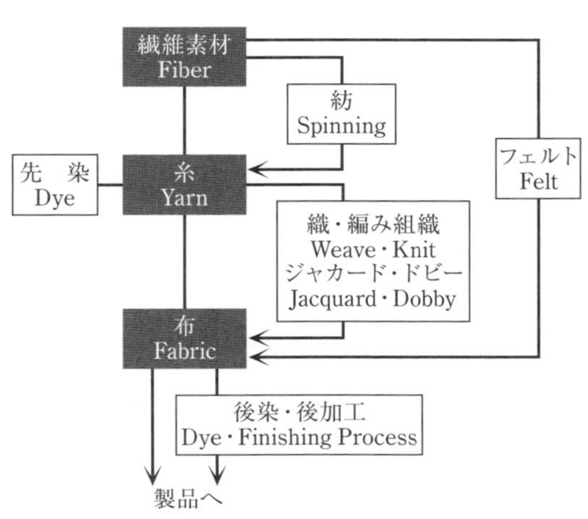

図11-4 繊維素材からテキスタイル製品へ

図11-5　テキスタイルの後加工例

図11-6　テキスタイル柄

図11-4では，繊維素材からテキスタイル製品を製作する流れを表した。同じ柄でも，ジャカードにするかプリントにするか，またオパール加工やリップル加工のような後加工で表現するかで全く異なるイメージのものとなる。繊維技術の発達により，新しい素材が次々と開発され，後加工は素材の特徴を生かしてさまざまに工夫されてきた。また伝統的な絞りや板染めなどの技法もアレンジされ新鮮な表現として使用されている。そういった加工や技法はテキスタイルデザインの可能性を広げている。

図11-5は，生地を後加工した例である。透け感や立体感など生地にさまざまな表面感をつくることができる。さらに上記のように，繊維素材や糸の形状，組織などで生地の素材が変われば，テキスタイルデザインのバリエーションは，無限に広がっていく。

図11-6では，テキスタイル柄の例を示した。先染めなどで多く使われるストライプやチェック，花柄や幾何柄，オーナメントやペーズリなどのクラシック柄，伝統的な和柄やモダンにアレンジされた和柄など，多種多様である。さらに柄は配色によって大きくイメージを変えることができる。色相や明度を際立たせてインパクトのある柄にしたり，反対にトーンオントーンや明度を近づけてシックな印象にしたり，同じ柄でも色の使い方によって，ポップにもエレガントにも変化することができる。柄の配色はテキスタイルデザインの大きな役割でもある。

テキスタイルは，その包み込むような風合いとともに，柄や加工での楽しさや美しさで人の生活を豊かにするものである。

5. テキスタイルと産地

産地とは風土や固有の文化を背景に成立した産業の集積地のことを指す。日本では明治時代に，中小規模の同業者による天然繊維を中心とした産地による生産が行われるようになった。産地内では工程を分業化し連携しながら，生活に密着した実用的な製品や地域素材をいかしながら，文化を背景にした工芸品が幅広く作られてきた。

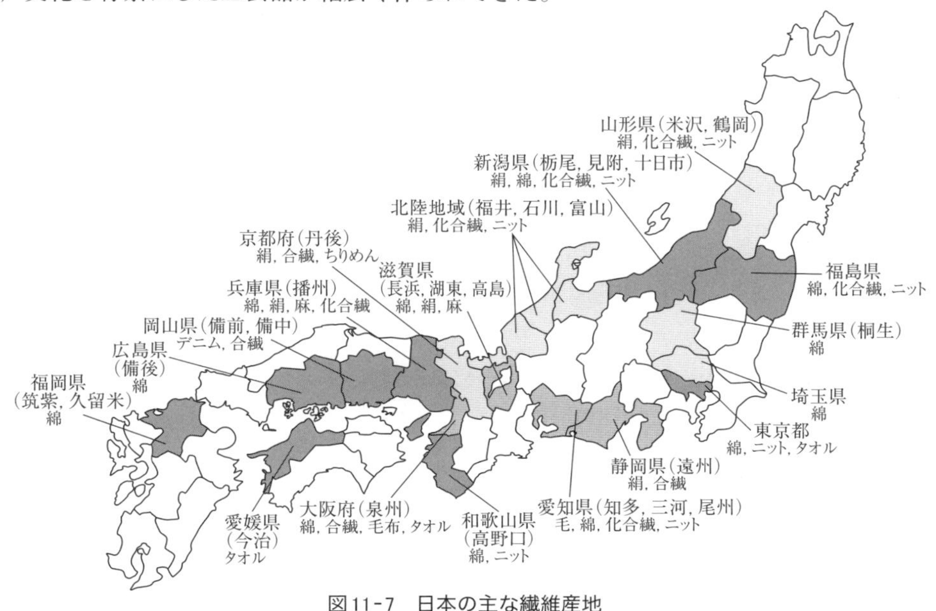

図11-7　日本の主な繊維産地

図11-7より，全国の産地を概観すると，短繊維，長繊維，ニットや化合繊などを中心とする産地や，特化した製品を手掛ける産地がある。もともとは天然繊維を主に和装関係を用途として生産していた産地も，近年は原材料の調達や需要の変化から化合繊や複合化素材による新たな用途で製品開発する産地が増加した。

産地には中小企業が多いため，継承者の減少や分業化によるコスト高などから，規模を縮小するところも少なくない。しかし今日まで長い年月をかけて継承されてきた産地のテキスタイルには，地域のみならず，日本を代表する固有のテキスタイルデザインを多数みることができる。すなわち産地は，流行に沿って作られる短サイクルのものづくりにはない，独自のテキスタイルを創出する重要な役割も担っている。

参考文献　＊　＊　＊　＊　＊　＊

島根県立石見美術館「モードとインテリアの20世紀展」図録，作品No.54，作品No.115，作品No.121(2016)

日本化学繊維協会：繊維ハンドブック2017，(2016)

「日本の伝統模様CD-ROM素材250」，(株)エムディエヌコーポレーション(2007)

株式会社日本総合研究所：「全国の産地―平成27年度産地概況調査結果―」(2016)

12章　衣服の造形

長い間衣服の素材として利用されてきた布は，織り，染め，刺繍などにより模様をつけ美しく装飾されたものが多い。そのような布は，着物のようにからだにまとうだけでも美しい衣裳となる。しかし，衣服素材として布が使われる理由には，美しさや着心地の良さとともにその造形性能に特徴がある。布は平面の素材であるが，人間のからだに合わせて立体的な造形が可能である。柔らかいので，糸を使って縫い合わせ，曲面形成できることが他の材料との違いである。

例えば，紙や金属のシートで衣服を作ることを想像できるだろうか。紙では，からだに巻きつけることも，曲面のある衣服を形作ることも難しい。織物にしろ，編物にしろ，糸のずれや伸縮，圧縮が起こり，柔らかく曲がる性質があるため，衣服を作るのに大変都合がよいのである。

また，布ならではの造形の美しさもある。衣服のデザインに合わせて，からだに沿うようにドレープを作る布や，反対にからだから離れてはりのある形を作る布などさまざまな布を設計することができるので，「華やかさ」「繊細さ」「強さ」などの衣服のイメージを表現するのに適した素材がみつかる。

繊維と糸の太さや撚りの強さ，織りや編みの構造を変えることによって，さまざまなデザインを表現できる素材なのである。

1．衣服の設計

（1）　平面構成と立体構成

人間のからだは，部位ごとに異なる複雑な曲面でできており，からだに合った衣服を造形するために，丸みやくびれを作る。布の裁断・縫製の技術によってからだを美しく包み，装飾することができる。衣服の形は多様であるが，布をそのままからだに巻く，もしくは簡単な縫製をして身にまとうか，立体的に作るかの違いがある。前者を平面構成，後者を立体構成といい，和服と洋服はそれぞれの代表的な衣服である。

①　和　服（平面構成の衣服）

反物の布幅いっぱいを使い，身丈（身ごろの丈），袖丈など長さを決めて，前後左右同じ長方形の布を裁断する。ほぼ直線縫いで構成される。必要な幅の残りはすべて縫いしろとして，内側で始末する。着物は和服と同義で使われ，前開きで，胴部に帯を締めて着装する。

②　洋　服（立体構成の衣服）

布地を裁断するときに，出来上がりの大きさに縫いしろをつけて裁断する。それぞれのパーツは直線と曲線からなり，部位によって形が異なる。立体的に作るため，布をつまむダーツや縫い縮めるいせ込み量が設計されている。切り替え線で，さらに細かくパーツに分けることもある。また，デザインにより，縫い合わせる布地の形と大きさや長さ（丈）は変わる。

（2）　動作適応性

衣服が動作に適応するかは，衣服の形態，素材，着装などに左右される。動きやすくするためには，からだを拘束しない，からだを被覆する部分を小さくすることである。腕の上げ下げには，袖のある衣服より袖なしの衣服が動きやすく，ロングスカートよりミニスカートのほうが歩きやすい。

動作するとからだの変形が起こり，特に肩関節や股関節周辺の形の変化は大きく，長さや体表面積が変わる。そのときに，衣服もからだと同じように変形をすると動きを妨げない。織物のように伸びにくい布では，動作を見越してゆとり量を含めて大きく作る。ニットやストレッチ衣料のような伸縮する素材では，伸びて体型に沿うので動きやすい。

（3） ゆとり量の設定

動作のために必要なゆとり量は，身体寸法の変化[1]に対して設定され，衣服に加えられる。胸囲は10 ± 2 cm 程度，胴囲は動作による変化が小さいため1～2 cm，腰囲は6 ± 2 cm のゆとり量が必要である。ブラウス，ワンピースなどの内衣よりコート，ジャケットなど外衣のゆとり量を大きくする。

既製服にはゆとり量が加えられているため，身体寸法から適正なサイズを選択するが，小さいサイズを選ぶと圧迫感を感じることがある。また，サイズが大きいと，からだと衣服との寸法差が大きく，動きやすくなる半面，着装した姿が美しく見えない場合がある。伸縮素材は，布そのものの伸びがゆとりになり，からだにフィットしても窮屈さを感じることは少ない。

（4） 着脱のためのあき

衣服にはボタンやファスナーが使われていて，開くと「あき」になり，頭や肩，胸，腰のように周囲長の大きい部位が通るようになる。からだにぴったりしたデザインの衣服ほど，着脱のためのあきを考慮しなければならない。T シャツやカットソーなど伸縮素材の衣服は，あきがなくても着られるが，乳幼児や高齢者においては，体型や運動機能に配慮し，着脱しやすいように設計するとよい。衣服のデザインを考えると同時に，前あき，後ろあき，脇あき，肩あき，背あきのいずれか適した位置にあきを作る。図12-1は，台衿付きシャツカラーブラウスの例であるが，衿ぐりが小さく，頭が通らない。また，身ごろの幅にゆとりがなく，伸縮しないので，かぶって着ることができない。そのため，前あきにして，袖口にもあきを作っている。

図12-1　ブラウスのあき（前あき，袖口のあき）

2. 衣服製作の手順

衣服は，必ずしも体型と同じ形ではなく，さらに美しく見映えがよいように成形する。人体の胴部，肩，腕付け根の形をなめらかな曲面で形成し，着装したときに美しい形になるように，素材の特徴も考慮して製作する。着用者が試着することで体型に合わせて補正できるが，型紙製図からすぐに本縫いをする場合もある。個別の衣服製作の手順を図12-2に示す。

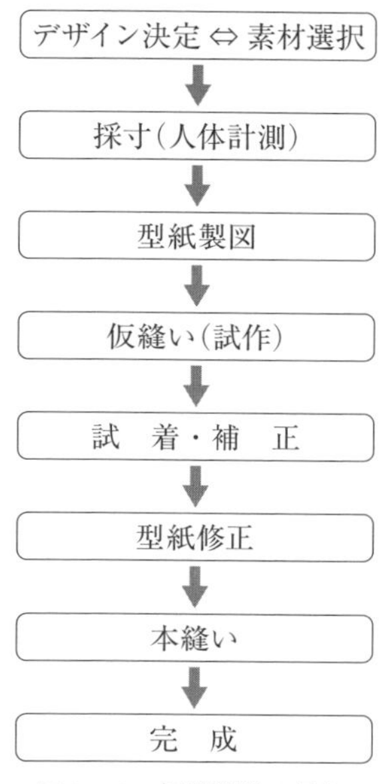

図12-2　個別製作の流れ

(1)　採　寸

造形のための人体計測[2]を採寸という。からだに合わせて衣服を作るためには，採寸が不可欠である。フィット性が必要な衣服ほど，採寸箇所が多くなる。個別製作では，巻尺(メジャー)を使用する。正しい姿勢(耳眼水平位直立姿勢)をとり，計測者が着用者の体表に沿った長さや水平周径を測る。

(2)　型　紙(パターン)

立体的な衣服を作るときには，たくさんの異なるパーツで構成されるので，原型や型紙を使用するのが便利である。型紙は通常，衣服が左右対称であるものとして，半身の前後身ごろ，袖，衿，スカートあるいはパンツなどのパーツを作る。作図法にしたがって型紙を作ることにより，布の形から衣服のデザインを想像しにくい初心者でも，好みの衣服を作ることができる。型紙を作らず，布に直接しるしをつけ裁断する方法もある。

● **型紙の作図法**

＜原型を元に製図＞デザインを選び，決まった順序で作図

＜囲み製図＞直線の枠線から，簡単に製図する方法

＜実物大の型紙の利用＞すでに製図してある型紙から，サイズ線を選んで写しとる方法

(3)　布の地直し

衣服を製作する前に，布地は地直しをする。織物は，糸にテンションがかかった状態で織られるため，出来上がったときに歪みが残ることがあるが，吸水後に糸が元の状態に戻ろうとし，縮む可能性がある[3]。洗濯を繰り返す衣服にとって，収縮などの寸法変化はできるだけ避けたい現象である。吸水性の高い綿や麻の布は，裁断の前に1時間以上水に漬け，十分縮ませることにより，出来上がった衣服の洗濯後の収縮を小さくすることができる。

また，織物はたて糸とよこ糸が直交しているのが正しい状態であるが，耳つれや布全体に交差

図12-3　地直しが必要な布地の例
(耳付近が歪んでいる)

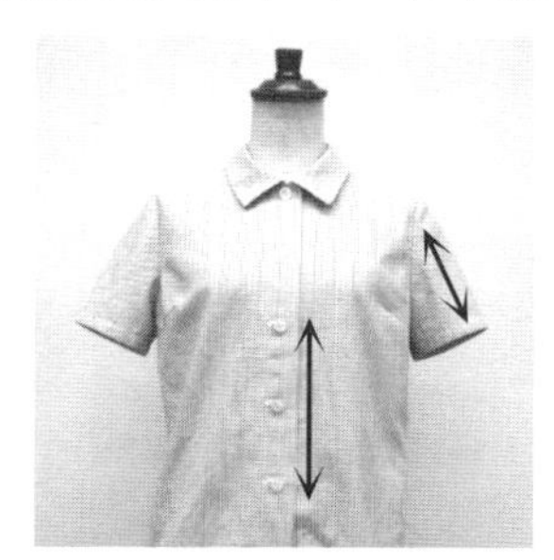
図12-4　ブラウスにおける布地の方向
(矢印は織物のたて糸方向を表す)

角度の変化が生じていることがある(図12-3)。アイロンを使用して，たて糸が垂直，よこ糸が水平に通るように直すとよい(図12-4)。アイロンの設定温度は，繊維の適正温度に設定する。

通常，織物のたて糸方向は衣服の丈方向(上下)になる(図12-4)。チェックや段柄の布は，衣服の縫い目で違和感なく柄がつながるよう型紙を配置するので，織り糸が正しく直角に交差していないと柄合わせが難しくなる。

(4) 裁断としるしつけ

型紙は，半身のものを作り，布を2つ折りにして型紙を配置することが多い。後ろ中心または前中心がつながっているものは，布が「わ」になっている側に中心線を合わせる。布の方向に注意し，縫製のための縫いしろを見込んで型紙を配置する。しるしは布の裏側につけるので，しるしつけの方法により，布を2枚に折るときに中表にするか外表にする。型紙に縫いしろが含まれていて，しるしをつけない方法もある。

(5) 本縫い

地縫いは，2枚以上の布地を中表に合わせて裏のほうから縫い合わせる。ミシンを使用するときには，上糸と下糸の調子を整え，縫い目がほつれないように，縫い始めと縫い終わりには返し縫いをする。

表12-1に，一般的に用いられることが多い布地に対する針と糸の関係を示した。布の厚さにより使用するミシン針，ミシン糸を替えなければならない。布が厚いときには太い糸，太い針を使用する。細い針では厚さのある布を貫通するのが容易でなく，針折れが頻繁に生じる。薄い布を縫うときには細い針と細い糸でつり合う。糸の番手(番号)は数字が小さくなるほど糸は太くなり，数字が大きくなるほど糸は細くなることを表す。ミシン針(番号)は数字が大きくなるほど，針が太くなることを表す。また，布地の繊維の種類によりミシン糸の繊維組成を選択する。以前は，綿の布を縫うときには綿糸を使用し，羊毛布や絹布には絹糸を使用したが，現在は各種ポリエステル糸で，ほぼどんな織物でも縫うことができる。ニット，ストレッチ素材は，伸縮性のあるナイロン糸を使用するのが望ましい。

ミシンによる縫製で生じる問題には，縫い目周辺にしわができるシームパッカリング[4)]があるが，その原因は，布の性質やミシン糸の太さ，針の太さにも関係がある。アパレル生産では，高速でミシン縫製を行うため，摩擦熱対策の必要があり，縫製条件は厳しくなっている。

縫いしろの始末には，布端を内に折り込み，手縫いでまつるかミシン縫いする方法のほか，ロックミシンを使用する方法がある。

表12-1　布・針・糸の関係

布　地		ミシン針(番)	ミシン糸(番)
薄　地	ボイル，ガーゼ，ローン オーガンジー，ジョーゼット	7・9	60・80・90
普通地	ブロード，シーチング，ピケ，ビエラ フラノ，サテン，シャンブレー	9・11	60
厚　地	カツラギ，コーデュロイ，ネル ツイード，デニム，キルティング	11・14	50・60
伸縮素材	ジャージ トリコット	9・11 ニット用	50・60 ニット用

3. 造形のための衣服素材

造形のためには，表布の他に裏布，芯地，その他の付属品が必要である。表布の感性を生かすように，特に表布が柔らかく，薄いときには裏布，芯地，糸の選択が重要である。次に，裏地として，一般に市販されている布地について記す。

(1) 裏　地

裏地は，衣服の裏や内部に使用する布地[4]で，つけることで表地が補強される，すべりがよくなるなど利点が多い。素材は，キュプラ，レーヨン，ポリエステルのほか，シルクも使用される。

裏地をつける理由を挙げると

①すべりをよくして，脱ぎ着を楽にする。
②着用中にすべるので動きやすくなる。
③表布のシルエットを保ち，型くずれを防ぐ。
④表布が透けるときに，透け感を和らげる。
⑤表布と裏地の色合わせで，透けて見える色がデザイン効果をあげる。
⑥保温効果を高める。
⑦からだからの汗や汚れを吸収し，表布を保護する。
⑧表布の縫いしろや芯を隠す。

表布と裏地は異なる性質をもっている。特に動作するときに引っ張られて起こる伸びは，通常，表布より裏地のほうが小さく，不つり合いなので，作り方に工夫をしている。すなわち，裏地の幅方向は，縫製するとき「きせ」をかけることで伸びを補う。また，丈方向は，きせの折り込みを大きくする，もしくは表地，裏地を縫い合わせず別々に始末することで，伸びの違いに対応する。

注）「きせ」　出来上がり予定のしるしよりも外側を縫い，しるしで折っておく。表地が伸びるときに，裏地の折り目が開いて，縫い目と折り目の差の分量が伸びる。

(2) 芯　地

芯地は，はりをもたせたい部位や補強したい部分の裏につける。伸び止めや，型くずれを防ぐためにも使用される。布地に接着しない非接着芯地には，毛芯，麻芯，綿芯などがあり，ハ刺しで縫いつける。それらは，主に注文服に使用される。

基布（きふ）にホットメルト系接着剤がつけられたものは接着芯とよばれ，アイロンで接着でき，取り扱いが容易である。衿や見返し，カフス，ポケット口の裏側に貼る。

接着芯の種類は，基布の種類や厚さ，ホットメルト系接着剤の形状との組み合わせで作られる[5]。

＜基布の種類＞織物，編物，不織布

＜接着樹脂＞ドットタイプ，くもの巣タイプ，ランダムタイプなど。

表布に接着芯を貼ると，はりが出て硬さが増す。厚い接着芯を貼ると硬くなり，薄い接着芯を貼ると厚いものに比べて柔らかくなるので，接着したい布に試し貼りをして確認するとよい。

接着芯を貼るときの注意点，確認事項を次に挙げる。

①はり，硬さは適当か。

②表布の変色がないか，ホットメルト系接着剤のしみ出しはないか。
③接着芯を貼った箇所に縮みがないか。
④接着芯のはがれがないか。

4. 布の造形性

(1) 織物の方向性

衣服に対して布地のどの方向を使うかは，布地の伸びる性質[3]や柄を考慮して決める。通常は，布のたて糸方向は衣服の丈方向(上下方向)，布のよこ糸方向は衣服の幅方向になるように，各パーツを裁断する。たて糸とよこ糸の交錯点で糸はずれにくいので，たて糸方向，よこ糸方向の伸びは小さく，引っ張りに対する伸びは，糸自体の伸びと糸の織り縮みの伸びによるものである。

また，布の織り方に起因して，ほとんどの布はたて糸方向よりもよこ糸方向の伸びが大きい。人間が動作すると周径が大きくなるが，布のよこ糸方向の伸びは衣服の幅方向の伸びに対応し，着用したときの着心地のよさにつながる。衣服の変形，特に丈の伸びは好ましいものでなく，通常の使い方は，型くずれを防ぐことになる。

一方，フレアースカートのようにドレープを出したい場合に，布の斜め方向に伸びる性質を利用し，前後中心位置をバイアス方向に配置することもある。バイアス方向の伸びは，たて糸，よこ糸の交錯点の糸ずれによるものである。

図12-5の写真は，全く同じ型紙で布の方向を変えて製作した，格子柄の袖なしブラウスである。通常の布の使い方は左の写真で，たて糸方向が上下方向である。右側の写真は，斜め45度が上下方向で格子柄が視覚的な効果をもたらすとともに，ウエストから裾にかけてシルエットの違いがみられる。これは，バイアス方向の伸びる性質によってもたらされる。

衣服製作では，曲線的な始末が必要な箇所も多く，衿つけの縫いしろの始末にバイアステープ(図12-6)を使用する他，写真のブラウスのように，衿ぐり，袖ぐりをバイアステープでくるむ始末の仕方もある。

図12-5 通常の方向とバイアス方向に裁断したブラウス

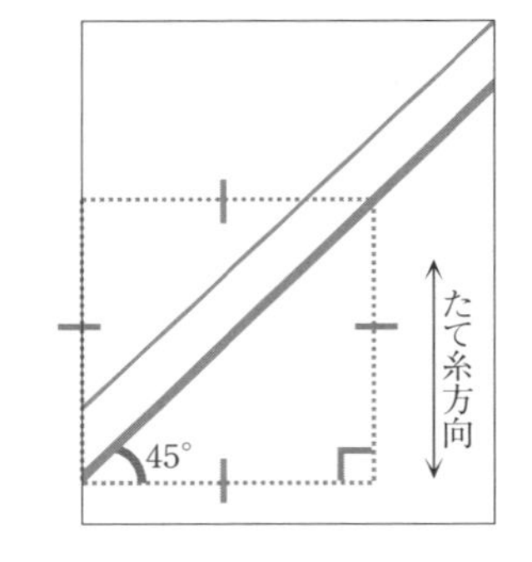

図12-6 バイアステープの裁断例

(2) 立体化の技法

布の可縫性と変形性ならびに熱セット性，耐久性によって，立体的で美しい造形が可能である。からだの曲面に合った衣服を成形するためには，人体の展開図から型紙を作るときに，曲線的な形のパーツを作って縫い合わせる，部分的につまむなどの方法がある。基本の技法には，ダーツ，いせ込みがあり，縫い目付近でふくらみを作ることができる。装飾を兼ねた技法には，タック，ギャザー，プリーツ，シャーリング，切り替え線の縫合がある。同じ長さや異なる長さのパーツを，曲線と直線，曲線と形の異なる曲線などを縫い合わせることで立体化が可能となる。

<基本の技法>

① ダーツ

ふくらみを作りたいときに，裏のほうに一端または両端を縫い消してつまむ。わき，胸，肩，ウエストのダーツがある(図12-7, 8)。デザインを妨げない位置へダーツを移動できる。

図12-7 ダーツの縫い目

図12-8 ドレスの身ごろ
(体型フィットのためのダーツ)

注〕 直線と直線の縫い合わせであっても，布の方向によって伸び率が違うので，例えば，たて糸方向の直線とバイアス方向の直線を縫うときには，伸ばさないように注意する必要がある。

② いせ込み

布を縫い縮め，たて糸やよこ糸の間隔を密にすることで，ふくらみを作る。しつけ糸で細かくぐし縫いするかミシンで縫い，糸を引いて，ギャザーやタックにならないようにする。袖山や後ろ肩の曲面形成に用いる。図12-9は袖山のいせ込みである。

③ 伸ばし

前肩やわきの縫い目をアイロンで伸ばす。いせ込みが凸面だとすると，伸ばしは凹面を形成する。

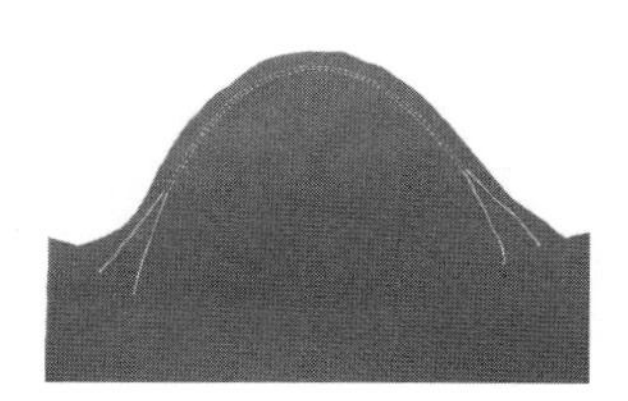

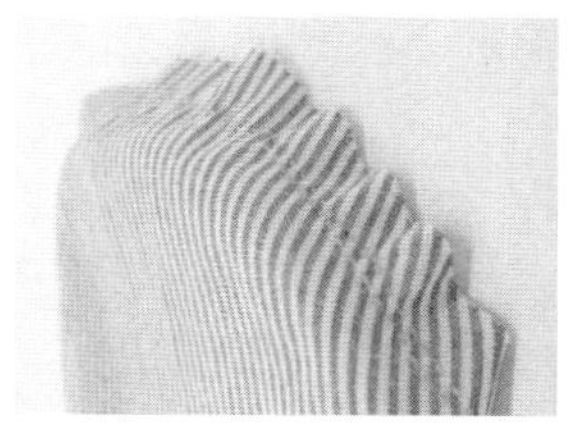

図12-9 袖山のいせ込み(いせ込み量5.6%)

<装飾の技法>[4)]

④ タック

布地をつまんで作ったひだのことで，人体のふくらみを包み込む。

⑤ **ギャザー**

布地を細かく縫い縮める。小さなひだをよせる。

⑥ **プリーツ**

ひだを美しくセットした状態。熱セットや加工によって作られる。

⑦ **シャーリング**

一定の間隔をあけてギャザーを2本以上よせる。

図12-10，11は，立体化と装飾を兼ねたデザインのドレスの例である。

ウエストダーツ・ギャザースカート

ウエストタック・ギャザースカート

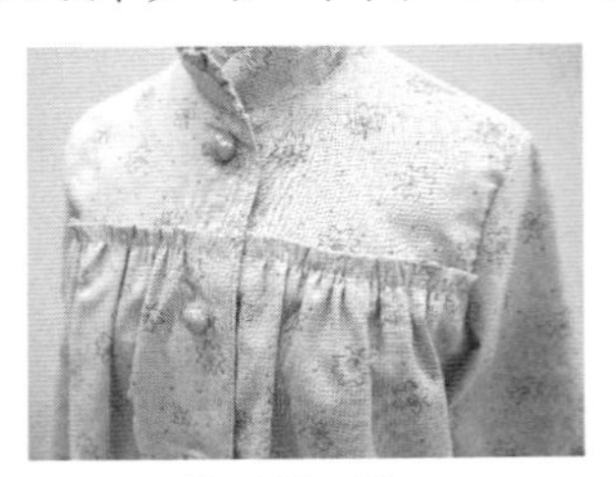

胸元ギャザー

後ろヨークギャザー

図12-10　布の立体化とデザイン

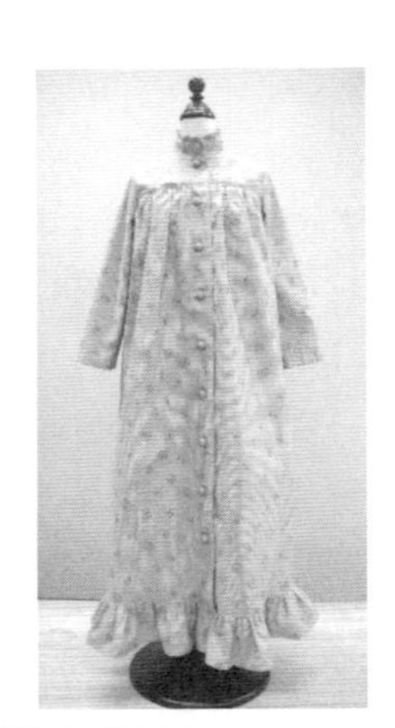

図12-11　19世紀アメリカの女性服をイメージしたドレス

参考文献　＊　＊　＊　＊　＊　＊

1）松山容子：「衣服製作の科学」，16,17,57,63,141，建帛社(2016)

2）JIS L 0111「衣料のための身体用語」，日本規格協会(2016)

3）島崎恒藏，園野哲也，林正之，森俊夫：「衣服材料の科学〔第3版〕」，93,94,108,113，建帛社(2012)

4）JIS L 0122「縫製用語」，日本規格協会(2016)

5）安藤文子ら：「改訂 生活材料学」，(株)アイ・ケイコーポレーション(2011)

13章　インテリア繊維製品

インテリアとは，建築物の内部空間を指し，空間内を構成するインテリアエレメントも含まれる。インテリアエレメントには，家具，寝装具，インテリアファブリックス，建具・造作部材，水回り機器，エネルギー関係機器，電気機器，ルームアクセサリーなどがある。このうちインテリアファブリックスとは，インテリアに使われるさまざまな種類の繊維製品，およびそれらの関連品のことで，カーテン，カーペット，壁紙，テーブルクロス，椅子張地，その他リネン類などが含まれる。このようなインテリアファブリックスを用いて，インテリアを演出することをソフトファニシングといい，ソフトファニシング製品は，住まいを装うファッションという意味で，ホームファッションともいわれている[1)～4)]。

本章では，インテリアエレメントのうち，主に繊維を材料とするエレメントを中心に，それらの歴史や機能，種類，素材，加工などについて述べる。具体的には，カーテンなどの窓装飾エレメント，フロアカバリングとしてのカーペット，ウォールカバリング(壁紙)，テーブルクロスなどのホームリネンについて詳述する。

1．窓装飾エレメント

1-1　窓装飾エレメント

カーテンやブラインドなどを使って窓まわりをしつらえることをウィンドートリートメント(窓装飾)といい，窓装飾に用いるものを窓装飾エレメントという。主な窓装飾エレメントには，カーテン，ブラインド，スクリーン，ローマンシェードがある。窓には「採光」「通風・換気」「眺望」といった光や空気，視線を透過させるはたらきと「断熱」「防音」「遮蔽」のように熱や音，光線などを遮断するはたらきがある[5),6)]。したがって，窓装飾エレメントには，これら窓本来のはたらきを補い，損なうことなく，かつ，美的快適性，豪華さ，色彩などの装飾的なはたらきを保持することが求められる。また，防炎性や防汚性，耐久性などのメンテナンス性を付与する加工や制菌，消臭，ノン・アレルゲン，UVカット，光触媒など，健康・衛生・快適性を高める加工が行われる場合もある[7)]。

1-2　窓装飾エレメントの種類と特徴

(1)　カーテン

カーテンは，仕立てたファブリックスをカーテンレールにつるし，左右水平方向に開閉するか，掛けた状態のままで使用する窓掛けの総称である[1)]。カーテンの語源はラテン語の「cortina(覆い)」といわれ，エジプト時代に防寒，プライバシー保護の目的でベッドの周りを覆った布が起源といわれている。また，ローマ時代の絵画には，壁の装飾や部屋の間仕切りとしてのカーテンもみられる。西欧におけるカーテンは15～16世紀以降，西欧建築にみられる装飾様式の発達とともに，使用される生地やドレープの形状などを変化させながら装飾的変遷を遂げた[8)]。

日本におけるカーテンは，江戸時代に長崎出島の外国公館で使用されたものが始まりとされる。また明治時代には，鹿鳴館などの西欧の影響を受けた洋風建築において，カーテンが取り付けられたとの記録がある。一般住宅にカーテンが普及するのは，戦後の日本が高度経済発展に突入する1950年代で，日本住宅公団によるアパート建設が始まってからのことである。公団住宅には，テーブルと椅子で食事をするダイニングキッチンとベランダに面した部屋が並び，椅子を使う洋風の生活空間が出現した。こうした空間のなかで生活者の意識がインテリアに向けられ，カーテンは生活の必需品となっていった[5)]。

カーテンは窓装飾として最も多用されているエレメントであり，ファブリックの種類により，厚手のドレープカーテンと透明感のあるシアーカーテンに大別される。二重カーテンの場合は，窓側にシアーカーテン，室内側にドレープカーテンをかけるのが一般的である。生地の素材は防しわ性，寸法安定性，防炎性などの観点から，ポリエステル，アクリル，アクリル系繊維，またはこれらと天然繊維との混紡が主流である。その他，綿，麻，毛，絹などの天然繊維やレーヨン，ナイロンなども用いられている。

① ドレープカーテン

ドレープカーテンは，厚手の光を通さない生地で仕立てたカーテンのことで，遮蔽性，保温性，遮音性，吸音性と室内の装飾性が求められる。無地のドレープカーテンのファブリックにはシャンタン，サテン，ベルベットなどがあり，柄物カーテンの場合はドビー織，ジャカード織，ダマスク織などの織柄のあるものと，花柄，チェック，ストライプ，幾何学模様や抽象柄などのプリント柄のあるものとがある。

② シアーカーテン

シアーカーテンは透過性のある生地で仕立てたもので，特に調光性が求められるカーテンである。ファブリックは，ボイルやオーガンジーのような薄い平織の織物や，ケースメントといわれる搦織(からみおり)のざっくりとした織物ほか，ラッセル機で編まれたラッセルレースやボイルなどに柄刺繍を施したエンブロイダリーレースなどが用いられる。ケースメントは太めの糸を使用しボリュームがあるので，遮蔽性が強く求められない窓に一重でかけられることもある。

(2) ブラインド

ブラインドは横長または縦長の羽根をつなげた窓掛けで，羽根の角度調節によって調光できるのが特徴である。羽根全体の開閉はコードやポールを操作して行う。上下に開閉するベネシャンブラインドと左右に開閉するバーチカルブラインドとがある。

① ベネシャンブラインド

ベネシャンブラインドの「ベネシャン」はイタリアの地名(ベネチア)に由来する。ベネチアは，運河が縦横に走る水の都であり，水面からの照り返しと運河を行く船からの目隠しのために考案されたといわれている。横長の羽根(スラット)は上下に開閉する。スラットの素材は，アルミ製が一般的であるが，木製のものもある。アルミ製スラットは色，柄，幅が多様である。また，木製スラットの色は，オーク，チェリー，ウォールナットなど木の色によって表現される。

②　バーチカルブラインド

縦長の羽根(ルーバー)を左右に開閉するブラインドをバーチカルブラインドという。バーチカルブラインドの素材には，ポリエステルやアクリルなどのファブリック，アルミ，ガラス繊維がある。住宅用には，主にファブリックが用いられ，色，柄，レースなど種類が豊富である。

(3)　スクリーン

スクリーンは，表面加工を施したファブリックや和紙を，コードやチェーン，バトン(ポール)などの操作器具を用いて上下，または左右方向に開閉するヨーロッパ発祥の窓掛けである。日除け，目隠しを目的として使用され，その歴史は数百年ともいわれている。スクリーンの格納の仕方や形状，開閉方向により，次のように区別される。

①　ロールスクリーン

ロールスクリーンは，フラットなスクリーンを上部に巻き取って開閉する。スクリーンを停止させる位置によって調光することができる。素材はポリエステルが主流だが綿，麻の天然素材や，シナ材，竹など簾のようなものもある。

②　プリーツスクリーン

プリーツスクリーンは，プリーツ加工したスクリーンをたたみ上げて開閉する。素材はポリエステルの不織布や和紙風のファブリックが主流で，障子のような雰囲気を楽しむことができる。

③　ハニカムスクリーン

ハニカムスクリーンは，プリーツスクリーンの一種で，スクリーンの断面形状がハニカム(蜂の巣)構造になっていることが特徴である。構造上，空気層ができるため，ロールスクリーンやプリーツスクリーンに比べて保温効果がある。

④　パネルスクリーン

パネルスクリーンは，ファブリックで仕立てたスクリーン(パネル)をレールにつるし，左右に開閉する。素材は主にポリエステルが使用される。使用されるファブリックの色柄や素材感をそのまま生かすことができ，パネルごとのコーディネートや変化も楽しむことができる。ウィンドートリートメントとしてだけではなく，間仕切りとして使用する場合もある。

(4)　ローマンシェード

ローマンシェードは1枚の布を上下に開閉するもので，シェードを1枚使用するシングルタイプと2枚のシェードを使用するダブルタイプとがある。ローマンシェードの歴史は古く，約200年前にヨーロッパで日除けと目隠しを目的に使われたのが始まりといわれる。シェードのデザインによって多様なスタイルに分類される。

主な窓装飾エレメントの種類と特徴を表13-1にまとめた。

①　シングルタイプ

〈プレーンスタイル・シャープスタイル〉　シンプルで平面状のスタイルのシェードである。素材は薄手から中厚手のファブリックが一般的である。

〈バルーンスタイル〉　バルーンスタイルのシェードは，シェードを上げると，ボトムがバルーン(風船)のように変形する。たっぷりとしたギャザーが特徴で，シアーな素材や薄手のドレープ生地などが使われる。

〈オーストリアンスタイル〉 たっぷりとウェーブをとった豪華なスタイルのシェードで，通常は下ろした状態で使用する。劇場やホテルの宴会場などで多く使われる。

〈ピーコックスタイル〉 ピーコックスタイルとは，孔雀が羽根を広げた姿に似ていることからその名がついた。シェードを引き上げたときに，ボトム部分が半円状になる。縦長の窓に適している。

〈ムーススタイル〉 ムーススタイルは，シェードのボトムの中央を1本のコードで引き上げるスタイルで，ふんわりとボリュームのあるデザインが特徴である。

② ダブルタイプ

1台の昇降器具に2枚のシェードをつるすタイプで，カーテンのようにドレープとシアーの2枚を使用する。プレーンスタイルやシャープスタイルを組み合わせるのが一般的である。

表13-1 主な窓装飾エレメントの種類と特徴

カーテン	ドレープ	光を通さない厚手の生地で仕立てる	ドレープとシアー
	シアー	透過性のある生地で仕立てる ケースメントは太めの糸を使用	
ブラインド	ベネシャン	横長の羽根(スラット)を上下に開閉する	ベネシャン　バーチカル
	バーチカル	縦長の羽根(ルーバー)を左右に開閉する	
スクリーン	ロール	フラットなスクリーンを上部に巻き取って開閉する	ロール　プリーツ
	プリーツ	プリーツ加工したスクリーンをたたみ上げて開閉する	
	ハニカム	スクリーンの断面がハニカム(蜂の巣)構造になっている	
	パネル	スクリーン(パネル)を左右に開閉する	
ローマンシェード	シングル	1枚の布を上下に開閉する プレーン・シャープ，バルーン，オーストリアン，ピーコック，ムースなどのスタイルがある	プレーン　オーストリアン
	ダブル	ドレープとシアーの2枚のシェードを使用する	

2. フロアカバリング(カーペット)

2-1 フロアカバリングとは

フロアカバリングは床材のことであり，3大床材として繊維系，プラスチック系，木質系のものがある。カーペットは繊維系床材のことで，敷物の総称である。部屋の床面全体に敷くものをカーペットといい，ロール状のものを部屋の大きさにカットしたり，タイル状のものを組み合わせたりする。部分敷きのカーペットはエリアラグである。

カーペットは先史時代の住居に敷かれた獣の革やフェルトが起源とされているが，現存する世界最古のカーペットは，ロシアのエルミタージュ美術館に収蔵されている。これは紀元前5世紀頃のものといわれるバジリクカーペットで，地経糸に一つひとつパイルを結びつけてつくる緞通である。18世紀の産業革命以降は機械織りによるカーペットの生産も可能になり，さらに19世紀には「織る」方式から「刺す」方式のカーペットが開発された。カーペットはこのように，製法や生産技術の進歩，開発によって多様性を増してきた[9),10)]。

カーペットに求められる機能には，防滑性，断熱性，防音性と室内の浮遊塵を減少させる衛生性，装飾性がある。また，これらの機能を増補するために，防炎，防汚，制電，防臭，抗菌・制菌，防ダニ加工が施される場合がある。カーペットに用いられる素材は，天然繊維，化学繊維など多様であるが，毛，アクリル，ナイロン，ポリエステル，ポリプロピレンが中心素材である。

カーペットは，パイルの有無と形状によって表面の質感(テクスチャー)が異なる。カーペットのテクスチャーには，カットパイル，ループパイル，カット＆ループパイル，フラット(パイルなし)があり，パイルの長さやパイル糸の仕上げ加工，およびそれらの組合せによってさまざまな質感を表現することができる[11)]。主なカーペットの種類と特徴を製造方法ごとに説明する。

2-2 カーペットの種類と特徴

(1) 刺繍カーペット

① タフテッドカーペット

タフテッドカーペット(図13-1)は，日本で最も普及しているカーペットで，その製法は世界で圧倒的に多く採用されている。基布に刺繍のようにミシン針でパイルを刺し込んでいくのであるが，パイルが引き抜けるのを防ぐために，裏面に接着剤を塗って化粧裏地を貼り付けるのが普通である。パイルの形状は，使用されるタフト機によってカットパイル，またはループパイルとなる。

図13-1 タフテッドカーペット
(参考写真)
(提供：(株)Ⓒサンゲツ)

② フックドラグ

基布にパイルを刺し込んでいくという点では，タフテッドカーペットと同じ製法である。しかし，タフテッドカーペットが多数の針で自動的にパイルを刺し込む生産速度が高い方法であるのに対し，フックドラグは電動または手動の刺繍針1本でパイルを刺し込んでいくという手工芸的な方法をとる。したがって，ハンドタフテッドともよばれている。パイル長，テクスチャー，素材，色柄は自由に選択することができる。

(2) 織物カーペット

① 緞 通

緞通は，最も古い手織りの手法を用いたウールやシルクのカーペットである。基布のたて糸

1本1本にパイルを結び，これをカットしながら織っていく。中近東や中国が主な生産地で，パイルの結び方にはペルシャ結びとトルコ結びの2種類がある。緞通は，単位面積当たりの結び目の数が多いほど手間がかかり，高級品とされる。手織りのため量産ができず，美術工芸品的なカーペットである。

② ウィルトンカーペット

ウィルトンカーペットの名は，イギリスウィルトン地方に由来する(図13-2左)。機械織りカーペットの主流品で，ジャカードを使った2～5色の柄カーペットや，無地物でもパイルの丈や形状が異なるものなど，多様な質感のカーペットを作ることができる。ウィルトンカーペットは，パイル糸と数種類のたて糸，よこ糸で織られるため，パイルが抜けにくいしっかりとした高級品である。

③ アキスミンスターカーペット

アキスミンスターカーペットの名もイギリスの地名に由来する(図13-2右)。ウィルトンカーペットと同じく機械織りであるが，多色使いの柄カーペットを作ることが可能である。グリッパーアキスミンスターは8～12色，スプールアキスミンスターは20～30色が使用可能で，これらを併用したグリッパースプールアキスミンスターもある。パイル形状はカットパイルのみである。多彩で複雑なデザインの高級カーペットとして，ホテルの宴会場などで使用される。

図13-2　左：シングルウィルトン，右：アキスミンスターカーペット参考写真

(提供：(株)Ⓒサンゲツ)

(3) 圧縮(フェルト)カーペット

① ニードルパンチカーペット

ニードルパンチカーペットは，短繊維を広く伸ばして積層したシート(ウェブ)を多数のニードル(針)で突き刺してフェルト状に絡ませたもので，裏面は樹脂コーティングがなされている。表面がフラットでパイルがなく，カットがしやすいため施工が容易で，安価である(図13-3)。

図13-3　圧縮カーペット

(提供：(株)Ⓒサンゲツ)

② 毛　氈

毛氈(もうせん)は日本で最初に用いられたカーペットであり，3世紀頃，「魏志倭人伝」にその記録があるとされる。羊毛を縮絨して作る圧縮フェルトと，毛織物を起毛して作る織フェルトとがある。

（4） 縫付カーペット

縫付カーペットにはチューブマットがある。チューブマットは，毛織物や毛糸のくず，故繊維をほぐして綿状に戻したもの(反毛)を成形してロープを作り，楕円形や円形に縫い合わせて作る敷物である。

3. ウォールカバリング(壁紙)

3-1 ウォールカバリングとは

ウォールカバリングとは壁装材のことで，今日では多様な素材が使用されているものの，「壁紙」という名称が一般化している。壁紙の基本的な機能は，建物の構造体を覆い隠すことであるが，インテリアエレメントとしては最も大きな面積を占めるため，カーテンやカーペット，照明器具などの他のエレメントとのコーディネートを重視した装飾性も求められる。また，防火材料としての防火性能も重要な機能である。

壁紙の起源は，牛や羊の皮をなめして加工した革をつなげて壁面装飾した革壁や，タペストリーであるが，現存する世界最古の壁紙は，1509年にイギリスケンブリッジで作られたとされる「ケンブリッジフラグメント」である。これは，1911年にケンブリッジ大学の学長室改装の際に発見された木版印刷の紙の断片である[12]。広い面積を要する内装材の普及はこのように，製紙技術と木版印刷技術の発展によるところが大きい。一方，日本における壁紙のルーツは明治初頭に作られた「金唐革紙」といわれている。

壁紙は素材別に6つの材料区分に分類されており，それぞれ，紙系壁紙，繊維系壁紙，塩化ビニル樹脂系壁紙，プラスチック系壁紙，無機質系壁紙，その他である[13]。これら壁紙の2015年度の生産・出荷量は表13-2に示すとおりである。全体の87%が塩化ビニル樹脂系壁紙で占められ，プラスチック系壁紙が約11%，紙系壁紙と無機質系壁紙は約1%，繊維系壁紙は1%にも満たないのが現状である。各種壁紙の特徴は，次のとおりである。

表13-2 壁紙の生産・出荷量 (2015年度)

種　類	生産量(㎡)	出荷量(㎡)
紙系壁紙	4,290,690	4,170,159
繊維系壁紙	1,742,529	1,730,106
塩化ビニル樹脂系壁紙	585,630,689	590,526,176
プラスチック系壁紙	76,632,943	76,674,650
無機質系壁紙	5,126,480	5,107,978
その他壁紙	571,952	573,493
合　計	673,995,283	678,782,562

(出典：一般社団法人日本壁装協会 http://www.wacoa.jp/data/ より作成)

3-2 壁紙の種類と特徴

(1) 紙系壁紙

紙系壁紙は，再生パルプ，和紙，紙布などの自然素材を主素材とするものと，紙をベースにプラスチックで表面化粧したもの(20g/m^{2}未満)とに分類される。主に自然素材からなるため，通気性に優れ，自然な味わいの演出ができるが，水分の影響を受けやすい。

(2) 繊維系壁紙

繊維系壁紙は，繊維を主素材とするもので，レーヨンなどのセルロース系繊維のほか，化学繊維(アクリル，ポリエステルなど)，動物繊維(絹など)，合成繊維と綿，麻との混紡糸も使用されている。通気性に優れ，繊維独特の柔らかい風合いや温かみ，高級感があるのが特徴であるが，汚れが落ちにくい。

(3) 塩化ビニル樹脂系壁紙

ビニル壁紙は，塩化ビニル樹脂を主素材とするものと，表面化粧層に20g/㎡以上の塩化ビニル樹脂を使用したものとからなる。ビニル壁紙は，色やデザインが豊富であると同時に，加工により防カビ，防汚，抗菌，消臭，防塵，吸音，抗アレルギーなどの機能性のある製品，防火製品がそろい，多様なニーズに対応できる。

(4) プラスチック系壁紙

プラスチック系壁紙は，エチレン酢酸ビニル共重合樹脂(EVA)，アクリル樹脂，ポリエチレンなどを主原料とする壁紙である。特性はビニル壁紙に近く，汚れに強く水拭きが可能である。

(5) 無機質系壁紙

無機質紙，無機質骨材，ガラス繊維などの無機質を主素材とする壁紙である。

(6) その他

(1)～(5)に分類されない壁紙で，合成紙，どんす張り，塗装仕上げなどがある。

4. ホームリネン

ホームリネンとは家庭で使うリネンの総称で，かつては白い麻布(リネン)を使っていたことからこの呼び名がある。浴室や洗面室で使うバスタオル，フェイスタオル，ハンドタオルなどをバスリネン，寝室で使うシーツ，ピローケースなどをベッドリネン，食卓で使うテーブルクロスやナプキンなどをテーブルリネンという(図13-4)。欧米では，バスルームとベッドルームを一体として考え，バスリネンとベッドリネンは色や柄をコーディネートさせる習慣がある。日本では近年，食育の観点から食空間を快適にコーディネートすることにも注目が向けられている。以下にテーブルリネンの種類と特徴を示す。

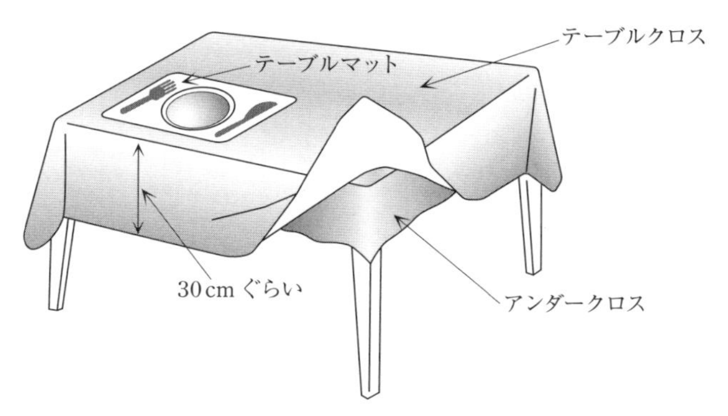

図13-4　テーブルリネンの使い方

（出典：食空間コーディネート協会「TALK 食空間コーディネーターテキスト[14]」より一部改編）

① アンダークロス

アンダークロスは，テーブルクロスの下にかけるクロスで，テーブルよりもひとまわり広いものを使う。ネルや綿の白生地が適しており，カトラリーや食器のあたりが優しくなり，テーブルにやわらかみを演出することができる。

② テーブルクロス

テーブルクロスは，テーブルにかけたときに30 cm ぐらい垂れ下がる大きさのものが最適である。素材は麻，綿などの天然繊維のほか，レーヨン，ポリエステルなどの化学繊維も用いられる。はっ水加工が施されたものは，汚れにくく手入れがしやすい。カーテンやカーペットなどの他のインテリアエレメントとのコーディネートのほかに，食器や料理，季節や行事などによってかけ替えがしやすく，選択の幅も広い。

③ テーブルマット

テーブルマットの大きさは，1人分のセッティングが並べられる約45 cm × 35 cm が一般的である。イギリスをはじめヨーロッパではテーブルマット，アメリカではプレイスマットとよばれる。マホガニーなど木製テーブルの木肌の美しさを見せるために，テーブルクロスではなくテーブルマットを使う場合もあるが，テーブルクロスとともに用いて，コーディネートを楽しむ場合もある。

④ ナプキン

ナプキンは食事中に膝にかけて，着ているものが汚れないようにしたり，手や口元を拭いたりするために用いられる。用途別にサイズの目安があり，ディナーの場合は50 cm 角，ランチでは40～45 cm 角，ティータイムには20～30 cm 角，15 cm 角のものはカクテルナプキンとよばれる。正式にはテーブルクロスと同素材のものを用いるが，一般にはコーディネートによって多様な色や素材が使用されている。

図13-5のように，たたみ方(ナプキンワーク)によってもさまざまな演出が可能である。

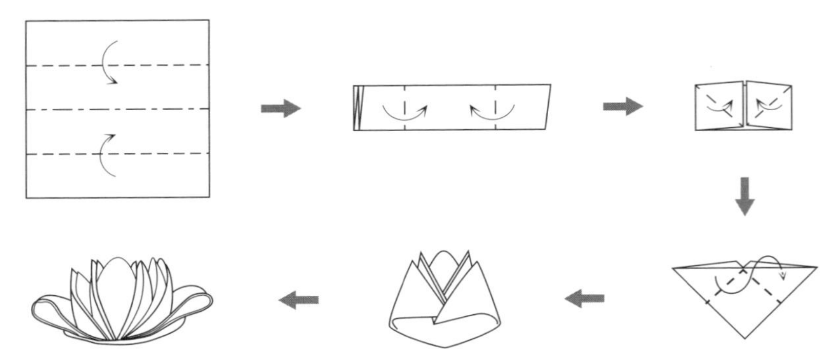

注〕折り方を見やすくするため拡大して表記しました。

図13-5　ナプキンワーク・ばら

(出典：丸山洋子「TEXT BOOK テーブルコーディネート」[15]より一部改編)

5. その他

その他のインテリアファブリックスには，椅子張地，クッション，スローブランケットなどがある。椅子張地には，ファブリックをビスなどで留めて固定するアップホルスタリングと着脱が可能なカバーリングとがある。クッションは，ソファやベッドの飾りや背もたれとして使われる。スローブランケットとは，ソファやベッドに投げかけるようにあしらう布である。

参考文献　＊　＊　＊　＊　＊　＊

1) インテリア産業協会：「生活文化とインテリア1　暮らしとインテリア」，産業能率大学出版部(2001)
2) インテリア産業協会：「生活文化とインテリア2　暮らしとインテリア」，産業能率大学出版部(2001)
3) インテリア産業協会：「インテリアコーディネーターハンドブック統合版　上」，インテリア産業協会(2013)
4) 塩屋博子：「インテリアファブリックスの本」，トーソー出版(2010)
5) 日本インテリアファブリックス協会：「窓装飾プランナーBOOK」，日本インテリアファブリックス協会(2014)
6) 日本インテリアファブリックス協会：「ウィンドートリートメント」，日本インテリアファブリックス協会(2015)
7) 元宮臣雄：「カーテンとウィンドートリートメント」，繊維製品消費科学 vol.53，No.9，pp.6-12，日本繊維製品消費科学会(2012)
8) 軍司敏博，平井郁子：「インテリア繊維製品」，建帛社(1997)
9) 日本インテリアファブリックス協会：「フロアカバリング」，日本インテリアファブリックス協会(2010)
10) 窪田衛：カーペットについて(その1)，繊維製品消費科学 vol.53，No.10，pp.8-14，日本繊維製品消費科学会(2012)
11) 日本カーペット工業組合：「新・カーペットはすばらしい」，日本カーペット工業組合(2010)
12) 日本インテリアファブリックス協会：「ウォールカバリング」，日本インテリアファブリックス協会(2016)
13) 山下洋一：「壁装材料について」，繊維製品消費科学 vol.54，No.4，pp.6-12，日本繊維製品消費科学会(2013)
14) 食空間コーディネート協会：「TALK 食空間コーディネーターテキスト」，食空間コーディネート協会(2010)
15) 丸山洋子：「TEXT BOOK テーブルコーディネート」，共立速記印刷「優しい食卓」出版部(2000)

14章　産業資材

産業資材とは，私たちの生活に関連性はあるものの，一般の日常生活では直接目に触れない，もしくは繊維製品であることを気づいていないような材料である。

本章の目的は，今まで生活のなかに存在しながら，実は繊維と生活との繋がりについてその詳細を知らなかったことを再認識することである。

一般に，産業資材には不織布，人工皮革，複合材料のような形態で繊維が使用されている。いずれも重要な材料であり，特に不織布と人工皮革については，既に前章においてそれを紹介しているが本章では産業資材の材料として近年特に注目されている複合材料に的をしぼり，その例を紹介する。

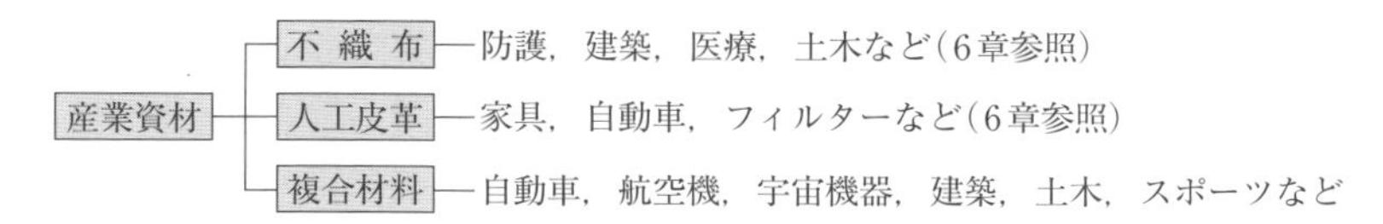

1. 複合材料

複合材料とは，その字の通り複数の材料を合わせて作成されたものであり，その目的は単独材料では得られない特性を得ることである。特に強度，靭性，耐熱性，耐薬品性，そして機能性などの特性を飛躍的に向上させることを目的としている。たとえば，皆さんが今この書を読んでいる場所は鉄筋コンクリートの建物の中かも知れない。鉄筋コンクリートは，建物の構造体そのものであるが，コンクリートだけでは強度が不足するために，鉄の棒を鉄筋として内部に配置している。すなわち，強度面においてコンクリートのみの場合の性質を向上させるために，鉄筋を複合して作成された複合材料である。さらに，コンクリートに関していえば，それを構成している成分はセメントであるが，セメントに細骨剤として砂を配合したものが外壁材としてのモルタルである。やはり強度を増すために砂が混合されており，これも複合材料の一

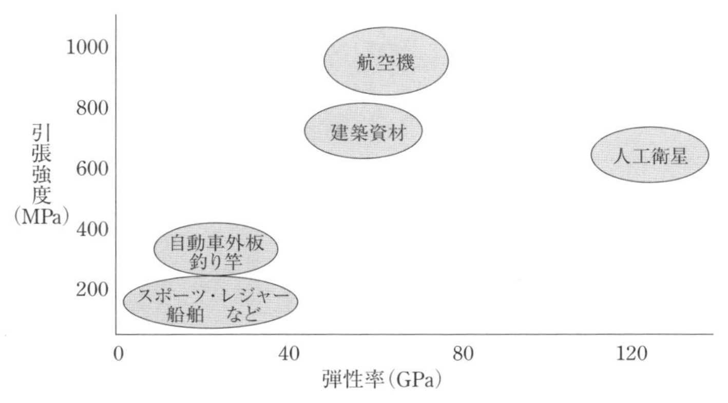

図14-1　繊維強化プラスチック(FRP)の用途例

種といえる。このように例を挙げていくと枚挙にいとまがないが，元の材料の特性を向上させる目的で配合される材料として，実は繊維材料が用いられることが多い[1]。

一般に，このような繊維で強化された資材は繊維強化プラスチック(Fiber Reinforced Plastics; FRP)とよばれ，図14-1の例に示すように広く利用されている。現在，用いる繊維としてはガラス繊維と炭素繊維が中心であり，それらの繊維とマトリックス樹脂を複合してFRPが作成されている(図14-2)。

一般に，用いる繊維の種類や，マトリックス樹脂の種類は異なるものの，材料を作成(成型)する方法は共通している点が多い[2]。本章では具体例として特に応用例の多いガラス繊維強化プラスチックの特徴と用途，炭素繊維強化プラスチックの特徴と用途を中心に紹介し，その他近年注目されている繊維による強化プラスチックの特徴と用途について紹介する。

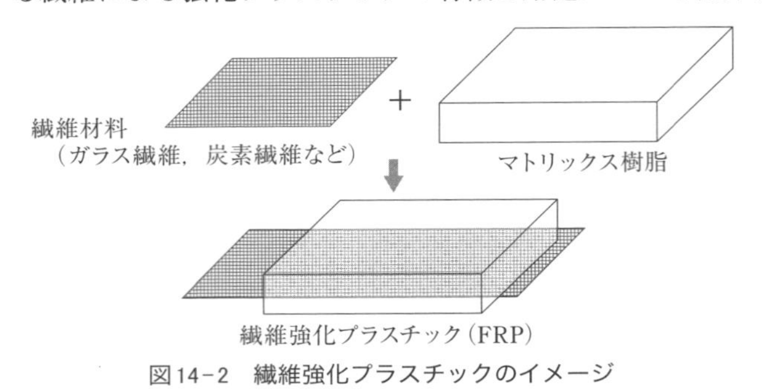

図14-2　繊維強化プラスチックのイメージ

1-1　ガラス繊維強化プラスチック

ガラス繊維強化プラスチック(Glass Fiber Reinforced Plastics; GFRP)は1940年代にアメリカで開発された最初の複合材料である(図14-3)。ガラス繊維は弾性率が高く，適度な強度を有しており，これを配合することでプラスチックの強度面での欠点を改良することが可能になる。一般に，ガラス繊維は短繊維と長繊維のいずれでも作成可能であり，短繊維はグラスウールとして知られている。グラスウールは，高断熱性，不燃性，耐腐食性などの性質を有していることから，複合材料としての原料よりは，むしろグラスウール単独で断熱材として使用されることが多い。一方，長繊維のガラスは複合材料の原料となることが多い。たとえば，熱硬化性樹脂(エポキシ樹脂，フェノール樹脂，不飽和ポリエステル樹脂など)にガラス繊維を配合することにより，耐熱性や寸法安定性に優れた樹脂が制作できる。熱可塑性樹脂(ポリ塩化ビニル，ポリプロピレン，ポリエチレンなど)に対してもこれらを配合することにより，剛性や耐衝撃性が改善された樹脂が作成可能である[3]。実際，ガラス繊維を用いて改質された複合材料は，土木，建築，船舶，車両，情報，通信，医療，衛生，耐食材料，電気・電力関連など，き

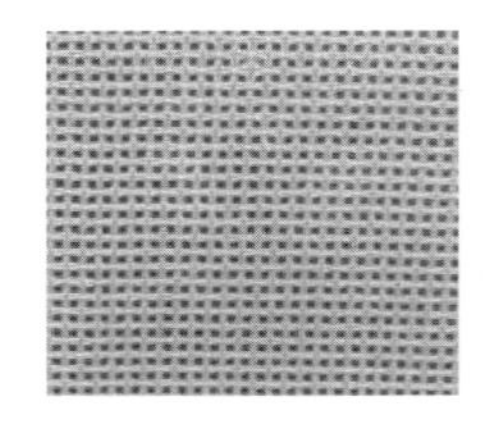
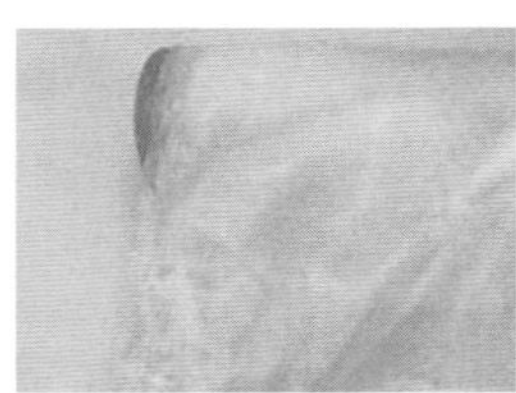

図14-3　ガラス繊維　　(提供：日東紡績(株))

わめて多岐にわたっている。ここでは，それらのなかから代表的な応用例を紹介する。

(1) スポーツ・レジャー関連への展開

この分野への応用は，FRPの応用でも最も広く浸透しているといえる。マトリックス樹脂との組み合わせを変えることで，それぞれの形状や用途に応じて自由に成型できるため，応用範囲は広い。したがって，その例を順に挙げていくと，説明しきれるものではないが，その応用は一般のレジャーから競技スポーツに至るあらゆるところに存在している(図14-4)。たとえば，ゴルフクラブのシャフト，陸上競技での棒高跳び・高跳びに使用されるクロスバー，釣り竿，スキー板，アーチェリー，テニスラケット，サーフボードなど，多岐にわたっている。衝撃に強く，錆びず，腐らず，そして何よりも使用する選手(ユーザー)がけがをしにくい，という要求を満たした製品といえる。ただ，近年では後述するように，より強度の高い炭素繊維強化プラスチック(Carbon Fiber Reinforced Plastics; CFRP)を使用した材料に置き換わる例も増えている。

図14-4 ガラス繊維強化プラスチックで制作されたスポーツ用途応用例

(2) 船舶用途への展開

GFRPの数ある用途のなかで，古くから継続して応用されている分野の一つである。金属と比較して軽くて錆びない性質は，海洋構造物にきわめて適しており，早くから船舶の構造体として使用されてきた。近年はCFRPの開発により次第にそのシェアも小さくなりつつあるが，現在でも重要な用途の一つである。しかし，近年では「GFRP」と「船舶」というキーワードの組み合わせから導かれる言葉は，「新しい材料」ではなく，むしろ「リサイクル」である。特に初期に製造されたGFRP製の小型船舶については，全国でもその数が急増しており丈夫な性質をもつがゆえに，焼却することも困難である。現在のところ，回収された廃棄船舶は破砕と選別を行い，最終的にセメント焼成することでリサイクルされているが，より画期的なリサイクル手段の開発が待たれている。

(3) 住宅設備機器関連への展開(バスタブ，貯水槽)

従来，私たちの国では浴槽として用いられてきた素材は木材であった。もちろん，今でも使用されているがその利用はごく限られており，一般家庭においてはほとんど見なくなった。その要因は手入れの大変さや腐食によるところが多い。そのため，ホーローやステンレス，そして人造大理石などとともに，耐久性，保温性，耐衝撃性，経済性など総合してバランスのよいGFRPが多く使用されてきた。ただ，汚れが目につきやすい欠点もあり，また同等以上の性質をもった他の新しい素材の登場により，一時期ほどの伸びはなくなったが，依然として応用分野の一つといえる。浴槽と同じく，

図14-5 ガラス繊維強化プラスチックの住宅設備機器への応用例
(出典：三菱ケミカルインフラテックホームページ)

水を溜めて使用する貯水槽でもGFRPの優れた特性が活かされ，やはり多く活用されている(図14-5)。通常このような貯水槽は建物屋上にあることが多く，浴槽と異なり風雨に直接さらされる過酷な環境で使用されている。特に紫外線に対する劣化は注意が必要で，ガラス繊維とともにマトリックス材料として用いられている不飽和ポリエステル樹脂の分解にともない，ガラス繊維の露出や構造体そのものの強度低下を招く結果となる。ガラス繊維そのものに問題があるわけではないが，これらを改善したマトリックス材料の開発も必要とされている。

(4) エレクトロニクス関連への展開(プリント基板)

ガラス繊維は電気絶縁性，耐熱性，寸法安定性という特性をも有している。そこで，それらの特性を利用し，ガラス繊維とエポキシ樹脂やポリイミド樹脂と混合することで，プリント配線の基盤(図14-6)にも応用されている。ガラス繊維により，それらの樹脂がもつ含浸性や接着性が改善され，電子回路の信頼性が向上する。この効果によりGFRPはパソコン，OA機器，通信機，携帯電話機，機器制御装置に使用されている。

(プリント基板)

図14-6 ガラス繊維強化プラスチックのエレクトロニクス関連への応用例 (提供：ユニチカ(株))

(5) これからのガラス繊維強化プラスチック

上記の通り，ガラス繊維強化プラスチックの用途は広範にわたっているが，これから発展する可能性を持ち合わせている。特に，風力発電における器材への応用，エレクトロニクス関連への応用，運輸への応用においては，非常に高い需要が見込まれており，2016年度末の段階での世界におけるガラス繊維強化プラスチック市場がおよそ440億ドルであるのに対し，それらの需要拡大により2026年度には830億ドル強が見込まれている[4]。繊維強化プラスチックの草分け的な存在として登場し，間もなく80年が経過しようとしているが，その応用分野拡大への勢いは止まるところを知らない状態であり，益々の発展が期待されている。

1-2 炭素繊維強化プラスチック

炭素繊維強化プラスチック(CFRP)は，今やFRPの代名詞といわれるほど活発な研究が進められ，その応用分野も急速に伸びている。前述のGFRPと同様，プラスチック単体の性能を引き上げるために，ガラス繊維の代わりに炭素繊維を複合したものであるが，近年ではその用途展開は重複しているところも多い[5]。両者の最も大きな差はGFRPが絶縁性であることに対して，CFRPは導電性であることである。また，GFRPが複合する樹脂と同様の屈折率となるように設計することで，光透過性の高い製品を作成できるのに対し，CFRPはそれができない。このように，いくつかの点で両者の用途として大きく異なる点もあることから，以下においてはCFRPが主である応用可能な用途展開について紹介する。

(1) 炭素繊維の種類について(PAN系炭素繊維とピッチ系炭素繊維)

通常用いられる炭素繊維は，直径が数マイクロメートル程度の太さの極細繊維である。ISO

(国際標準化機構)の定義によると，有機繊維を焼成して得られる炭素含有率が90％以上のものを指し，その原料や製造方法の違いから，大きくPAN(ポリアクリロニトリル)系とピッチ系の炭素繊維に分類することができる(表14-1)。PAN系炭素繊維はモノマーであるアクリロニトリルを重合化したのち，耐炎化，および炭化処理を施すことで作成しているのに対し，ピッチ系炭素繊維はピッチとよばれる石油や石炭を原料とする黒色の粘弾性のある樹脂を用いて，それらを溶融紡糸した後，不溶化・炭素化・黒鉛化処理を施すことにより得られる。また，用いる原料ピッチの性質の違いにより，等方性型と異方性型に分類される。現在，これらPAN系とピッチ系を比較した場合，世界における使用量は，前者のPAN系が圧倒的に多く，全体の約9割を占めている。

表14-1　CFRPを構成する炭素繊維とマトリックス樹脂の種類例

炭素繊維材料	マトリックス樹脂	
	熱硬化性	熱可塑性
PAN系 ピッチ系	エポキシ樹脂 フェノール樹脂 ポリイミド 不飽和ポリエステル ビニルエステル ビスマレイミド	ポリプロピレン ナイロン ポリカーボネート ポリエーテルケトン ポリフェニレンスルフィド ポリエーテルイミド

(2)　航空・宇宙用途への展開

炭素繊維の名が一般にも広く知られるようになったのは，この用途展開の影響が大きい。旅客機の構造躯体そのものにCFRPを大量に使用して製造された，ボーイング社のB-787型中型旅客機が登場し，炭素繊維が広く知られるようになった。特に，世界で最初にこの旅客機の商業利用を開始したのが全日空であり，また製造は米国のボーイング社であるものの，全パーツの1/3以上が日本製であり，さらに全重量の半分以上に日本製の新素材を使用していることから，準国産ともよばれている。

航空機にとって，その躯体が丈夫で堅牢であることが望まれることはいうまでもないが，燃費の向上もきわめて重要である。その点において，炭素繊維は従来から使用されてきた金属と比較し，軽くて強い，という性質を持ち合わせ，航空機材料として最適である。図14-7は，B-787に用いられている炭素繊維をもとにした材料の割合であり，まさに半分以上がCFRPでできている。B-787の前機種であり，現在は大型機として世界中で活躍しているB-777がアルミニウム合金を中心として(約7割)製造されており，CFRPの使用割合が約1割であることからその差は一目瞭然である。このようにしてCFRPを多く含むB-787型旅客機は，燃料搭載量がそれほど多くない中型機であるにもかかわらず，飛行距離を飛躍的に伸ばしてい

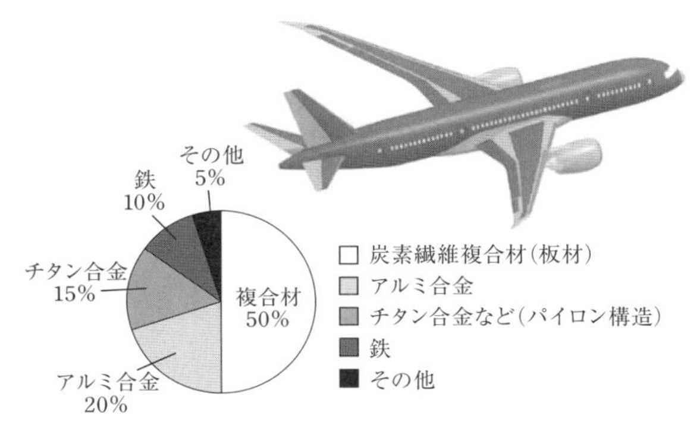

図14-7　B-787の構造材料　(提供：日本ボーイング社)

る。具体的には，同じ中型機のB-767型機の連続航行距離11,300 Kmであるのに対し，B-787型機は約15,000 Kmである。燃料搭載を多量にできる，大型機のB-747やB-777の連続航行距離が約14,000 Kmであることからも，CFRP素材による燃費の向上がよくわかる。

CFRPを航空機材料にする利点は燃費だけではない。CFRPの耐腐食性や耐疲労性は金属材料に比べて高いことから，メンテナンスにかかる費用や労力を減らすことにも貢献している。また，その強度の高さから補強材をなくしても胴体強度が向上しており，従来機より窓を約1.3倍大きくとることも可能となり，さらに機内気圧も従来と比較して高めの設定可能となり，乗客にとっては快適な空の旅が楽しめる。さらには，CFRPは金属のように錆びることがない。従来機では機体の錆びを防ぐために，機内の湿度は極力低く設定(10%以下)され空気が乾燥していたのに対し，B-787型機では機内湿度を15%以上に設定することも可能となった。

現在，航空機開発はこのような中・大型旅客機だけでなく，国産リージョナルジェットも急ピッチで開発が進められており，CFRPが航空機に貢献する例はまだまだ増えていくと考えられる。

航空機に比べて，さらに過酷な環境条件が求められるのが，宇宙空間にまで移動するロケットや人工衛星である。打ち上げ時に構造躯体が受ける衝撃は旅客機の比ではない。また，宇宙空間での種々の放射線被ばく，さらには地球上ではあり得ない急激な温度変化にともなう熱膨張など，宇宙空間での使用を前提とした素材に要求されるレベルは高い。

このような要求をも満たす素材として，CFRPはすでに活躍している。

図14-8は国産のH-ⅡBロケットであるが，先頭部の衛星フェアリングとよばれる部分には，一部にCFRPが，段間部においてもハニカム構造にしたCFRPが全面に，そして固体ロケットブースターにおいても全面CFRPが使用されている。

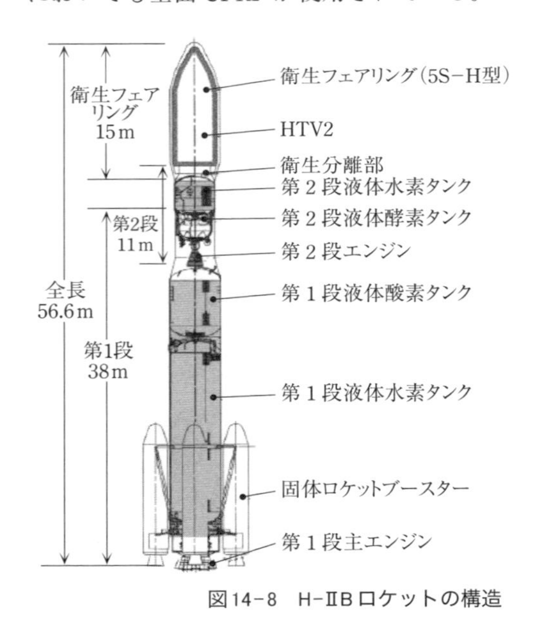

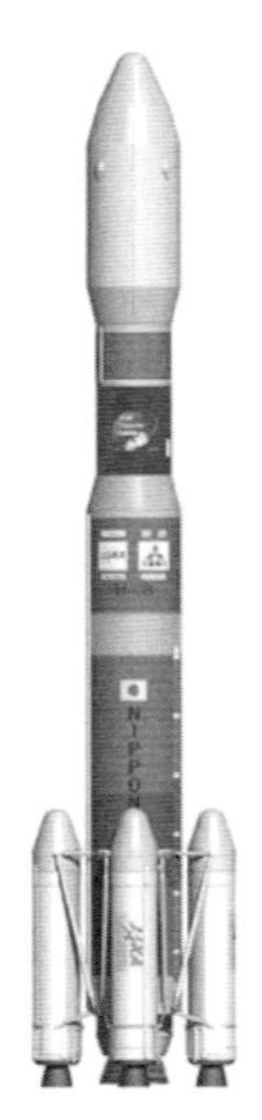

図14-8　H-ⅡBロケットの構造　（提供：JAXA）

(3) 医療機器への展開

炭素繊維の特徴の一つとして，X線を透過することが挙げられる。医療の現場においてX線が透過するという特徴は，よくない特徴と捉えられており，病院などでレントゲン撮影をする際は，患者以外はX線が当たらないよう退避している。したがって，X線が透過して被ばくすることは人体にとってよくないと考えるのは当然である。

一方，医療機器においては，X線が透過することで障害物が障害物でなくなると考えることもできる。たとえば，からだを固定してX線撮影する場合，固定具をX線が透過しなければ患部の撮影の邪魔になってしまう。そのため，X線を透過させることに加え，一般的に用いられる金属材料と同等以上の剛性とを兼ね備えた材料が必要となるが，それが実現できるのがCFRPである。例を挙げると，脳外科手術の際に頭部を固定するフレームとして，従来は金属フレームが一般に使用されていたが，脳内血管の正確な撮影時には，この金属フレームが写り込み，診断の邪魔になる。そこで，この金属フレームと同等の性質を有するCFRPフレームが開発されている(図14-9)。また，通常のX線診断装置でも患者が横たわる天板にCFRPを使用し，高いX線透過性を利用して人体への被ばく量を軽減しつつ高画質を得ることに貢献している。

X線透過多目的ヘッドフレーム

図14-9 炭素繊維強化プラスチックの医療機器への応用

(提供：ミズホ(株))

その他，これらの検査補助器具以外にもその強度と軽量さをいかし，外科装具(義足やブレースなど)への応用にも注目されている。

さらに，今後注目されるのは，体外だけでなく体内に移植する材料としての役割である。一般には，強度を必要とする移植用構造材料には，金属が用いられることが多い。しかし，金属はそのイオンの流出による強度低下のみならず，免疫反応や生体必須金属との置換による弊害も懸念される。その点，CFRPの応用によりそれらが改善され，体内において永続的な構造材料として役目を果たすことも期待されている。

(4) これからの炭素繊維強化プラスチック

炭素繊維の需要は，2020年には15万トン前後になると予想されており，2012年度のそれが5万トンであることからその増加率は著しい。前述の通り，耐久性があり軽量であるという利点が今後もその需要増加が見込まれる要因である。特に，産業用途としては従来の材料に置き換わることが予想され，先の航空機に例を挙げた燃費向上という観点では，自動車用途での需要拡大が最も見込まれている。

本書では触れなかったが，今後の課題として挙げられるのが，需要拡大した後のCFRP廃棄物のリサイクル技術を確立することである。化学的に安定であり分解されにくいという優れた特徴は，リサイクルという観点からみるときわめて厄介な特徴になり得る。年々増加するCFRPの需要は，言い換えれば将来廃棄物が大量に出ることを意味している。

今後，いかにして効率的なCFRP廃棄物のリサイクルを行い，自然環境に優しい使用ができるかが最大の課題である。

1-3 その他の材料による強化プラスチック

近年，FRPに使用される材料として，ガラス繊維や炭素繊維以外にも，強度の高い繊維が多数使用されるようになった。表14-2はそれらに用いられる繊維の一例を示したものであるが，いずれも有機繊維としては，従来の繊維の特性をはるかに超える優れた強度を有している。用途においては，先のGFRPやCFRPと比較して重複するところも多い。現在のところ，GFRPやCFRPに比べ，これらの繊維のシェアは，まだまだ遠く及ばないのが現状であるが，今後の伸びが拡大することは間違いない。また，本書ではこれらの繊維とプラスチックとの複合化をターゲットとして述べたが，繊維単独でも十分優れた特性を有していることから，その用途は従来製品の素材と置き換わっていくことは間違いない。

表14-2 FRPに用いられるその他の高強力繊維

繊維	構造	特徴	用途例
アラミド	 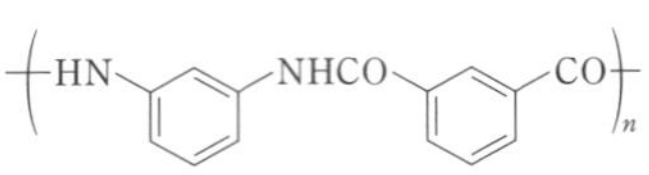 ―(HN―C₆H₄―NHCO―C₆H₄―CO)ₙ― / ―(HN―C₆H₄(m)―NHCO―C₆H₄(m)―CO)ₙ―	鉄に比べて数倍の強度を有し，軽くて伸びにくい。耐衝撃性もあり，切創，熱，摩擦に対して強い。また，電気を通さない	タイヤ，ゴム資材，防護衣料，耐熱フェルトなど
高強力ポリエチレン	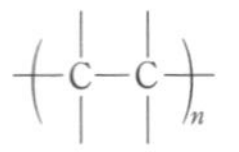 ―(C―C)ₙ―	有機繊維のなかで最高レベルの強度と弾性率を有する	補強材料，耐震補強材，防護材など
パラフェニレンベンゾビスオキサゾール	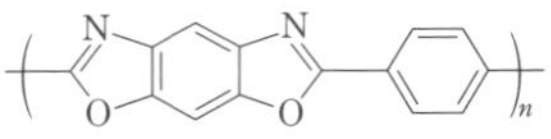 ―(ベンゾビスオキサゾール―C₆H₄)ₙ― (N, O)	有機繊維のなかで最高強度と難燃性を有する	耐熱フェルト，コンクリート補強材など

参考文献 ＊ ＊ ＊ ＊ ＊ ＊

1）中山裕敏，田中良平：複合材料の特徴，まてりあ，40巻，2号(2001)

2）強化プラスチック協会編：「基礎からわかるFRP」，コロナ社(2016)

3）藤井善通：GFRPの耐食性(耐久性)，日本接着学会誌，44巻，2号(2008)

4）CF & CFRP Market by End-Use Industry (A&D, Wind Energy, Automotive, Sports, Civil Engineering, Pipe & Tank, Marine, Medical, E&E), Resin Type (Thermosetting, Thermoplastic), Manufacturing Process, Raw Material, and Region-Global Forecast to 2022

5）常深 信彦：「複合材料が一番わかる」，技術評論社(2013)

15章　医療を支える繊維素材

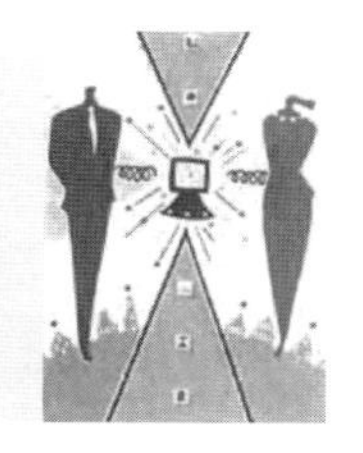

私たちの身のまわりには，さまざまな繊維素材が存在し，生活を豊かにしている。繊維素材を用いた製品として，多くの人は「衣料品そのもの」を連想するであろうし，本書でも記載されている内容のほとんどが衣料品としての繊維を中心に記述している。

一方，衣料品から少し離れ，人の生活に関わる「産業資材」として活躍する繊維素材についても紹介している。

そこで本章では，衣料品以外の繊維素材として，さらに人と密接に関連して「医療」を支える「繊維材料」を記述する。

近年の医療の発展における繊維の役割には，特に注目すべきことが多いことから，医療用として最も応用実績の多い「人工腎臓」「人工血管」について述べ，近年注目されている再生医療における繊維材料についても紹介する。

1．人工腎臓のための材料

（1）　腎臓の役割

腎臓という臓器が果たしている役割は種々あるが，そのなかでも老廃物を体内から排出するための尿を作るという役割はよく知られている。もちろん，それ以外に「血圧を調整する」「ホルモンを作る」「骨を丈夫にする」など，その機能は多岐にわたるが，人工腎臓として最大の役目は，最初に記載した「体内の老廃物を排除すること」である。

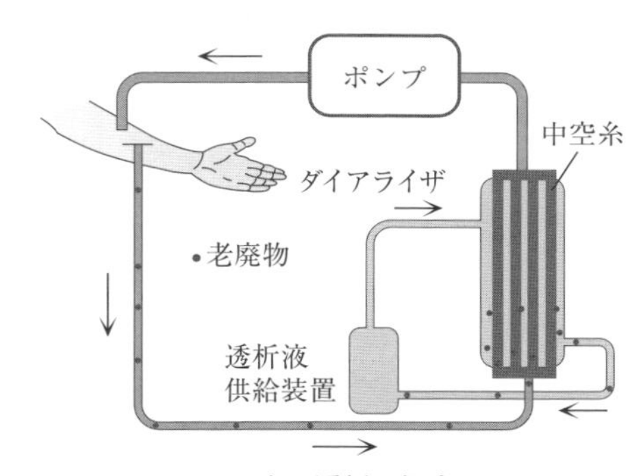

図15－1　人工透析の概念図

通常，腎臓は血液中に存在する老廃物をろ過して尿を作ることにより，毒素を体外に排出している。しかし，慢性腎不全により腎臓の機能が衰えるとその機能が低下し，そのまま放置すると命にかかわる危険な状態となる。そこで，血液のろ過を別の手法で行うのがダイアライザとよばれる人工腎臓を用いた人工透析である。人工透析の概念をごく簡単に示したのが図15-1である。すなわち，老廃物を含んだ血液を一旦体外に取り出し，体外で血液をろ過して老廃物を取り除いた後に再び体内に戻す，という作業を行っている。

（2）　人工透析における繊維材料

このダイアライザにおいて，繊維材料が活躍している[1)]。図15-2はダイアライザ内部を示しているが，およそ数千から1万本ぐらいの糸が束ねられている。この糸は直径が約0.2mm程度であるが，中央が空洞になった中空糸が用いられているのが特徴である。さらに重要なことは，中空糸を構成している膜が半透性であることである。図15-3は中空糸の断面を示したものであるが，このような多孔質の構造をとることが一般的である。

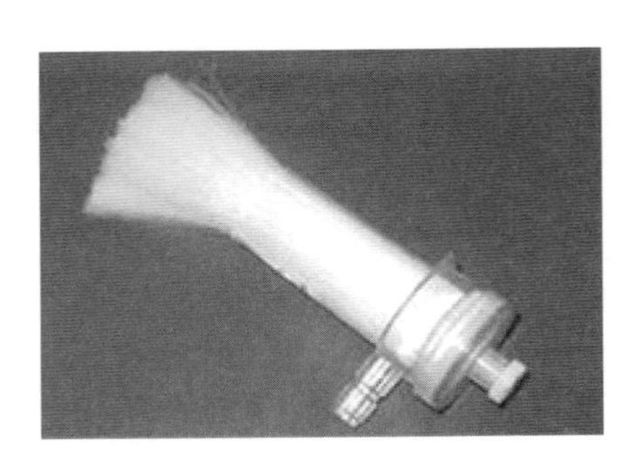

図15-2　ダイアライザの外観と中空糸
（出典：日本人工臓器学会ホームページ）

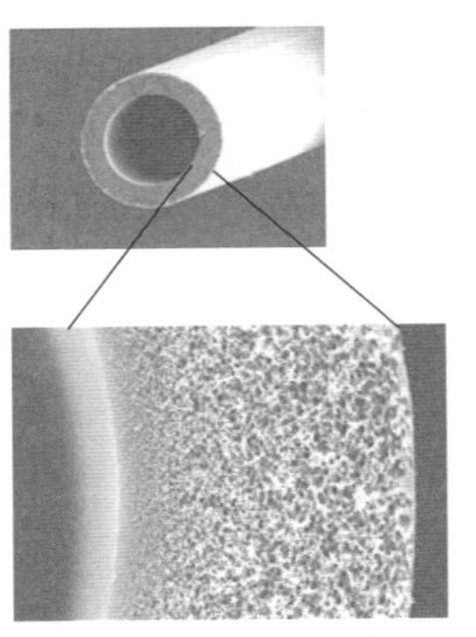

図15-3　中空糸の断面
（提供：旭化成メディカル(株)）

(3)　中空糸の役割

通常，人工透析の際にはこのようなダイアライザを用いて，血液は中空糸の内部を通過させ，中空糸の外部に透析液を循環させる(図15-4)。透析液は，直接体内に入ることはないが，血液に近い性質になるような電解質(たとえば，ナトリウム，マグネシウム，カリウム，カルシウムなど)を含んだ溶液が用いられる。このようにして，中空糸内部に血液を通過させ，半透性の膜を介して中空糸の外部に透析液を通過させることで，発生する浸透圧の差により血液中の過剰水分や老廃物などの不要成分が濃度拡散により中空糸の外の透析液へと移動することになる(図15-5)。通常このような透析は，体内の血液を浄化するため1回につき数時間を要し，週に3回程度行うことが一般的であり，透析液も毎回百数十リットルが用いられる大変な作業である。

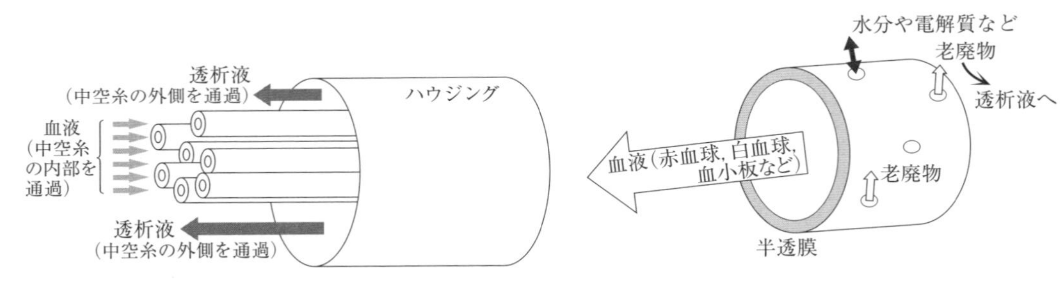

図15-4　ダイアライザの仕組み

図15-5　中空糸による透析

(4)　中空糸に必要な特性

さて，このような半透膜による中空糸を用いて行われた人工透析であるが，1970年代にセルロース膜を用いて行われた最初の例からすでに40年以上が経過しており，その構造や材質も変化してきた。一般に，ダイアライザの中空糸に用いられる素材は，半透性の中空糸が作成できればどのようなものでもよい，ということは決してない。素材として使用できるか否かの最大の要因となるのは，血液と接することに対する適性である。血液は自分自身以外のもの(すなわち異物)に接すると，生体反応を引き起こし，白血球や血小板さらには補体を活性化させる生体反応を生じる。その結果として生じる事象の一つが血液凝固である。けがをして出血をした際，傷口が固まり出血が止まるのは，この生体反応のおかげである。しかし，本来生体を守ってくれるはずのこの特徴は，血液からすれば透析の際の中空糸は異物となり，人工透析をしたことが原因で血液凝固に至ることになりかねない。そこで，必要な特性として血液適合性を挙げることができる。もともとそのような特性があるものや，あるいは，本来その特性がないために表面修飾を施す工夫もされている。現在，ダイアライザ用の中空糸素材として使用されている代表例を表15-1にまとめたが，大きくセルロース系と合成高分子に分類される[2)]。

表15-1　ダイアライザの素材例とその特徴

中空糸素材例	種　類	特　性
セルロース系	セルローストリアセテート	生体適合性が高い
	セルロースジアセテート	溶質透過性と透水性に優れている
	再生セルロース	強度が高い 透水性が高い 低分子量物質の除去能が高い 白血球の一過性減少を誘引
合成高分子系	ポリスルホン	生体適合性が高い 分子量から高分子量まで透過性が高い
	ポリメチルメタクレート	セルロース系に比べて膜厚
	ポリアクリロニトリル	抗血栓性が高い，透水性が高い
	エチレンビニルアルコール	抗血栓性が高い，分画特性に優れている
	ポリアミド	溶質透過性がきわめて高い
	ポリエステル系ポリマーアロイ	生体適合性が高い

このなかで，近年最も一般的となっているのが，合成高分子のポリスルホン系(ポリスルホン，ポリエーテルスルホン)である。この例を紹介すると，ポリスルホンそのものは疎水性が高くそのままでは血液適合性を示さないことが知られている。そこで，親水性のポリビニルピロリドンを用いて，紡糸の際の口金を二重化して工夫することで，2つの高分子溶液の界面で相分離を生じさせ，中空糸表面を親水性化することが行われている。この例は，血液適合性の観点からみた表面修飾であるが，前述のように半透膜の役割として必要成分は膜を透過させず，逆に不必要な成分のみを透過させる工夫も重要である。したがって，中空糸膜の孔径制御や表面緻密層の構造制御など，ナノレベルでのコントロールが必要となる。

(5)　人工透析の課題

現在のところ，人工透析は時間的にも精神的にも患者への負担がまだまだ大きいのが実情である。そして，治療継続の面では，コスト面での問題も無視できない。さらには，現在の人工透析は腎臓の機能の一部の補完に過ぎず，多機能のカバーには至っていない。それを一度に解決する手段は腎移植であるが，患者への負担やドナー不足などの課題が多いことも問題である。今後，それらを考慮し人工腎臓として多機能性をもつ治療手段の開発が待たれる。

2. 人工血管のための材料

病変が認められる血管部位を，置換，あるいはバイパスなどで代用することのできる人工血管の開発は，前項の人工腎臓に比べてさらに20年ほど遡り，1950年代に始まった。先のダイアライザと同様，チューブ形状物の内側に血液を通すことが目的であり，その意味で血液適合性を要することはいうまでもない。一方，ダイアライザのように半透膜による透過性という性質は人工血管には必要のない反面，一時的な使用ではなく体内での継続した使用に耐え得ることが必要となる。さらには，永続的に開存状態を維持する必要もある。これらを含めて人工血管に求められる性質をまとめると，表15-2のようになる[3)]。

表15-2　人工血管として必要な特性

生体との観点から	取り扱いの観点から
• 宿主との生体適合性がよい • 毒性，発癌性，抗原性がない • 抗感染性がある • 無血栓性がある	• 体内劣化が少ない • 滅菌や保存が容易 • 豊富なサイズが常備可能 • 操作性が良好である • 経済性に優れている

現在，人工血管の作成に用いられる素材は種々提案されているが，大別すると布，または非布からなる人工合成物によるもの，あるいは自家，同種，異種を含む生体内に存在している血管そのものを利用するかのいずれかである。血管としての性能や力学特性を考えると，血管そのものである後者が適しているのは間違いないが，自家，同種の場合は採取可能量や供給数，異種由来の場合は，安全性の観点から課題が多い。そこで本章では，人工合成物として作成されている人工血管の代表例と，生体由来の人工血管を加工して作成する例を紹介する。

さて，私たちの国では人工血管の需要は，年によりばらつきはあるものの，年間およそ5万本超が必要とされている。前述の通り，人工血管に求められる構造はダイアライザに比べて比較的単純といえるが，その作成にあっては，開存性，生体適合性，非感染性，耐久性など求められることが多い。また，直径10 mm 以上に分類される大口径血管と，それ以下の中から小口径の血管では特性も異なり，特に小口径血管における移植後の開存性には未だ多くの課題が残されている[4)]。このような人工血管の作成に用いられる代表素材の例を以下に紹介する。

2-1　ポリエステル(Dacron)系人工血管

現在，胸部大動脈用に使用される大口径人工血管の主流であり，ポリエチレンテレフタレートにより作成されている。ポリエステル繊維を用いて，製織もしくは製編することで構造体を形成している(図15-6)。

前章において紹介の通り，織物および編物の構造は細かく分類されているが，それらのなかで人工血管という命に関わる治療に応用される，「織り」や「編み」の方式として採用されているのは，意外にもきわめて単純な構造である。たとえば，織物では三元組織の最も単純な構造である平織りが，編物でも同じく基本組織のなかで最も単純な平編み(メリヤス編み)が主として採用されている。いずれも基本的な構造であるが，平織りの場合は編み目が小さく，その結

$$\left[\mathrm{OCH_2CH_2O}-\underset{\underset{\mathrm{O}}{\|}}{\mathrm{C}}-\mathrm{C_6H_4}-\underset{\underset{\mathrm{O}}{\|}}{\mathrm{C}}\right]_n$$

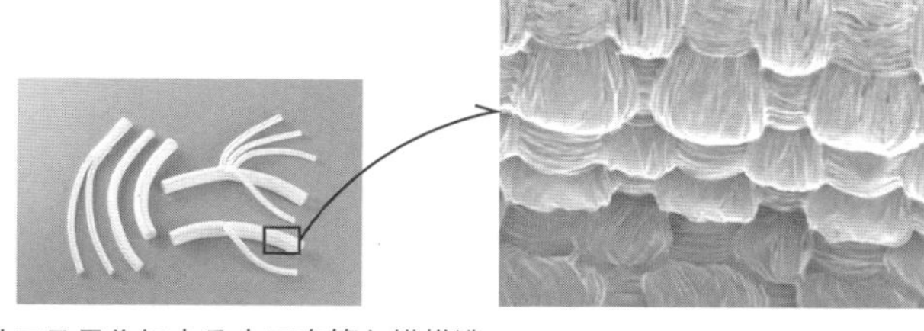

図15-6　ポリエステルによる人工血管と織構造

（提供：日本ライフライン(株)）

果多孔性(porosity)が小さくなり耐圧性に優れる。一方で，バイアス方向へのズレが大きく，術者に対するハンドリングもよいとはいえない。それに対し，平編みは編み目が大きく間隙が大きいがハンドリングが高く縫合しやすいという特徴がある。いずれにおいても，繊維間隙からの血液の漏れというのが気になる。しかし，人工血管の場合には，適度な繊維間隙(有孔度)が重要であり，適度な孔の存在により自己組織の浸潤による自家組織との一体化が促進される。しかし，有孔度の増加は耐久性の低下も招くことから使用部位や目的により適切なものを選ぶ必要もある。また，かつてはこの繊維間隙からの血液の漏れを利用して，患者自身の血液による凝固反応により漏れを防ぐ，というプレクロッティング(pre-clotting)が行われていた。しかし近年では，コラーゲン，ゼラチン，アルブミンによって，あらかじめ繊維間隙がシールドされた血管も開発され，プレクロッティングの必要性はなくなりつつあるが，それらのシールド材による生体の免疫反応を抑えることが今後の課題である。また，ポリエステル系人工血管は，移植後にグラフト(移植片を意味し，今の場合は移植した血管を意味する)の中央部付近での血栓付着が著しいことが知られており，グラフトの狭窄や閉塞の原因となることから，これらの改善も課題となっている。

2-2　テフロン(e-PTFE)系人工血管

テフロン製人工血管の開発は，ポリエステル系のそれに比べて20年ほど遅れて始まった。テフロンとは，デュポン社が開発したポリテトラフルオロエチレンの商品名であるが，今やその用途は，日用品のみならず工業用品など多岐にわたっている。テフロンは疎水性が高く耐熱性と化学安定性にきわめて優れた特性をもっており，たんぱく質が吸着しにくいという特徴から人工血管への応用が着目された。実際にテフロンを人工血管へ応用する際には，そのままの状態で用いるのではなく，急速延伸して無数の亀裂を生じさせ微細な孔を付与した，延伸テフ

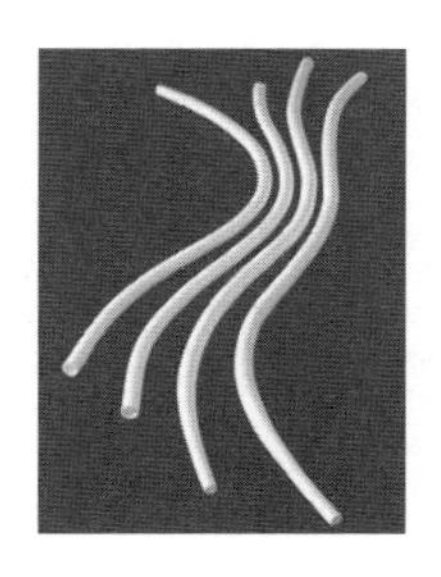

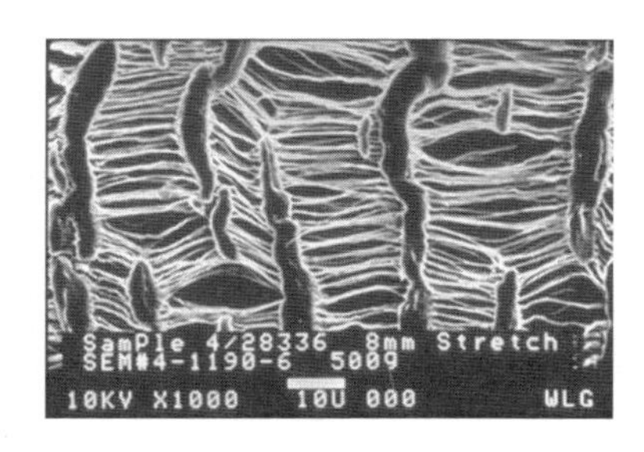

図15-7　e-PTFEによる人工血管と延伸状態での表面構造

ロン(Expanded Poly Tetra Fluoro Ethylene; e-PTFE)が用いられている。疎水性が高く細胞に対して不活性なテフロンであるが，この微細孔の付与により，繊維間隙に自己の結合組織が浸潤しやすくなる特性が得られる(図15-7)。現在のところ，下肢抹消動脈の再建や静脈の再建，血液透析用のシャント，そして後述のステントグラフトへの応用が多い。

上述のポリエステル系人工血管が移植後にグラフト中央部付近で不具合が生じやすいことに対し，e-PTFE系の人工血管では移植の際のグラフト吻合部付近に宿主細胞が過増殖されやすく，その結果開存性が損なわれる原因になることが知られており，改善が進められている。

2-3 ステントグラフト

上記の人工血管は使用素材の違いによる代表例を紹介したが，1990年代に入ってからはこれらの人工血管とステントを複合した，ステントグラフトの開発が急速に進んでいる。ステントとは，狭窄している管腔部(血管，気管，食道など)を内側から押し広げることにより，管腔領域の空間を確保するための治療治具である。狭心症，心筋梗塞，脳梗塞などの治療のために，コンパクトに収納された筒状の網目状金属を，足の付け根や手首の動脈を介して狭窄部まで挿入し，その後拡張させ病変部に留置することで治療を行っている(図15-8)。

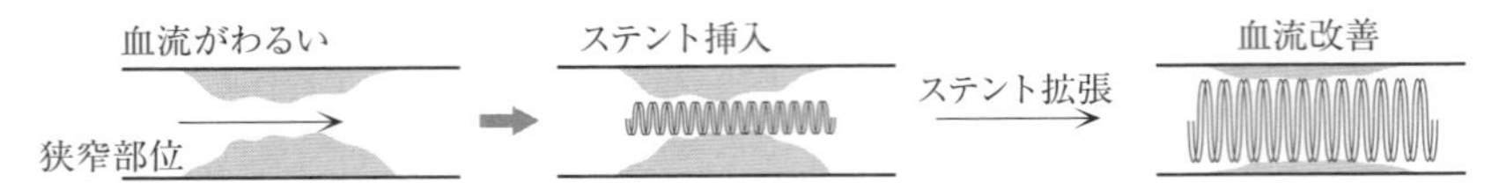

図15-8　ステント治療の概念

このようなステント治療は，数cm程度の切開で経皮的に行うことが可能なことから，開胸をともなうような外科手術に比べて患者への負担も軽く，広く普及している。しかしながら，このような網目状のステントでは，対応できない症例もある。たとえば，「大動脈瘤」に対する治療である。この場合，血管壁の一部が膨らみ脆くなった状態の患部に網目状のステントのみを留置しても，網目の隙間から瘤領域への血液の流れは継続されるため，その治療効果は期待できない。効果的な治療としては前述の人工血管と置換することであるが，もちろん外科的な治療が必要となり患者への負担は大きい。そこで，ステント治療の利点を生かすために，あらかじめステントに人工血管を被覆したステントグラフトが有効な治療法となるわけである(図15-9)。

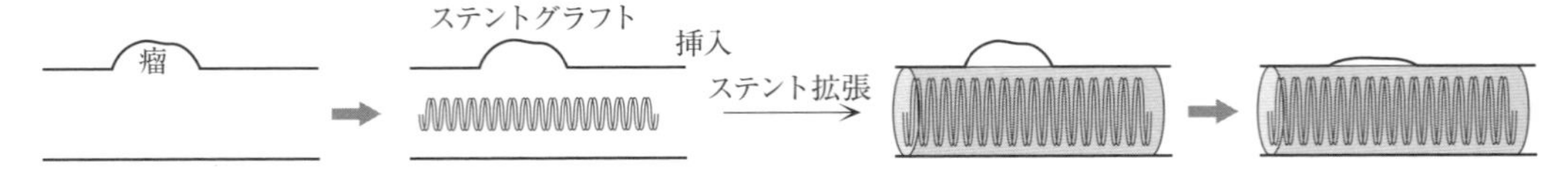

図15-9　ステントグラフト治療の概念

さて，このようなステントグラフトであるが，骨格となるステント金属には通常ステンレスやニッケル-チタン合金が用いられており，ばね力により拡張して管腔部を支持している。

一方，ステントを被覆する血管素材には，やはり上記と同じポリエステルやe-PTFEの使用が中心である。通常の人工血管は，生体内の存在する生体血管とその外観は大きく異なる。

特に表面に施されている蛇腹構造は，よれやねじれを防止するための重要な構造である。また，器質化を目指して内部にベロア構造化を施したものもある。しかしステントグラフトの場合，血管構造を維持するための力学特性制御は，ステント金属そのものに委ねられている。したがって，ステント被覆をするためのポリエステルやe-PTFEに対しては血管構造を維持のための加工を施す必要がなく，留置時の血流に対する耐久性が保証されれば，むしろ収納時や拡張時の急激な形態変化に対する形態安定維持が重要となる。これらの点から，ステントグラフトで使用される血管素材は通常の人工血管より薄く，特にポリエステルの使用においては細い糸を用いて織密度を下げる工夫がなされている。

このように急速に普及してきているステントグラフトであるが，残された課題がないわけでもない。特に，留置後に生じる瘤血液の漏れ(エンドリーク)は，再治療の可能性をも示唆している。また，留置後数年を経てもエンドグラフト内腔部での内皮形成は認められず，血栓形成や二次感染の危険性が継続する。これらの課題は，血管素材の特性とも密接に関連していることから，現在もステント被覆のための素材研究が活発に継続されている。

3. 再生医療を支える材料

最近，再生医療という言葉をよく耳にするようになった。文字通り，患者自身の再生能力をいかして疾病の克服を狙う治療法である。本来，生体には，自己治癒力が備わっているため軽微な組織損傷であれば自然に治癒する。しかし，損傷が大きな場合には自然治癒が困難となり，何らかの手助けが必要となる場合がある。このように，必要な手助けをしながら自然治癒力を活かし治癒を目指す治療が再生医療である。

(1) ES細胞とiPS細胞

再生医療という言葉から連想されるキーワードは，おそらくES細胞やiPS細胞であろう。確かに，万能細胞とよばれるこれらの幹細胞は，培養条件をコントロールすることで，さまざまな細胞に分化誘導することが可能となり，自分自身の細胞から自分自身を治療することができる新しい細胞を作成する夢の治療に繋がる。しかしながら，ほとんどの場合これら幹細胞のみでは目的が達成できない。たとえば，先に例を挙げた腎臓や血管が機能不全となり人工的にそれを作成しなければならないと仮定しよう。その際，幹細胞を分化誘導して，それぞれの臓器を構成する細胞をシャーレ上で作成するまでは可能である。しかし，培養を継続しても三次元構造体には成長しない。具体的にいえば，幹細胞から平面状の腎細胞を作成することが可能であっても，三次元構造の腎臓そのものにはならない(図15-10)。したがって，このようなアイディアで治療が可能な対象は，平面状のシートを移植することで回復が望める場合のみである。

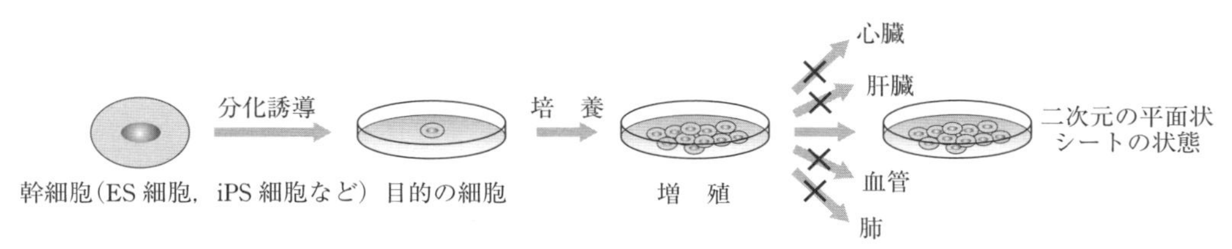

図15-10　幹細胞からの分化誘導と培養イメージ

そこで，そのような欠点を克服するために組織工学的なアプローチが試みられている。すなわち，目的の細胞を含む臓器の形状をあらかじめ体外で作成したのちに，組織ごと患部組織と置換して移植する手法である。この際，あらかじめ細胞を培養させるための足場となるのがスキャフォールドとよばれる高分子材料であり，その材料に繊維素材が用いられることが多い。最近では，繊維素材(細胞を含まない)のみのスキャフォールドを患部組織と置換移植し，移植部位周囲から自然に自分自身の細胞を浸潤させることも期待されている(図15-11)。

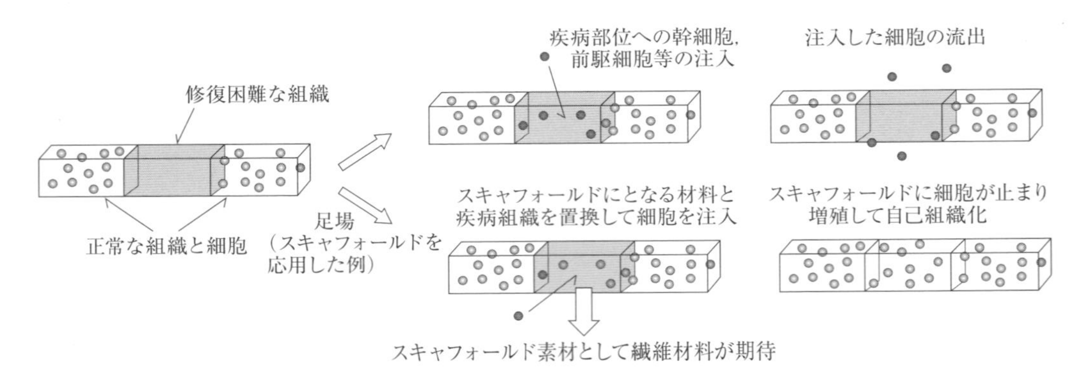

図15-11　スキャフォールドを用いた組織移植による自己組織再生

(2)　組織移植に使用される材料

スキャフォールドとして利用される最も身近な繊維素材には絹がある。この場合，絹繊維をそのまま用いるのではなく，抗原性がないとされるフィブロインのみの組成にした絹を，種々の手段により溶解させ，再生絹として利用する。糸状のものだけでなく，多孔質体やフィルム，ナノファイバー，不織布など，使用目的に合わせた形状を造形して応用している。その他，天然高分子を利用した例ではキチンやキトサン，合成高分子でも生分解性を有するポリ乳酸，ポリグリコール酸，ポリカプロラクトンなど，多くの材料の応用化が検討されている。そして，目的の形状を造形すること，および長期にわたる強度を維持すること，という両者を満足させる技術を開発するため，研究者は日夜努力を重ねている。

(3)　生体組織の利用

一方，生体組織から得られる繊維(線維)をそのまま利用する研究も進んでいる(図15-12)。動物の体を構成している重要な構造タンパク質として，コラーゲン繊維やエラスチン繊維がある。これらの繊維組織を利用しようとするのがそのアイディアであり，たとえば血管組織から細胞や接着性タンパクなどを取り除く(この過程を脱細胞化とよぶ)と，最終的にはコラーゲン繊維とエラスチン繊維から成る血管の形をした構造体が残る。つまり，人工的にその形状を造形しなくても，生体由来繊維がそのまま利用できるわけである。形状的にも強度的にも優れており，移植後の免疫反応を最小限に抑えることができれば画期的な繊維材料になりうると期待されている。現在，このような脱細胞化技術を用いて繊維状スキャフォールドを作成し，再生医療に応用する試みは世界中で注目され，上記のような血管組織のみならず，多くの臓器の再生医療のための研究として活発に進められている。

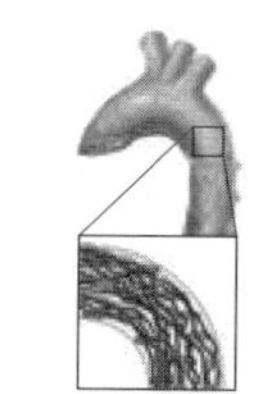

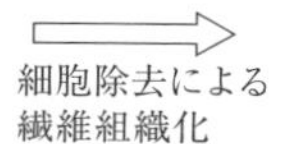

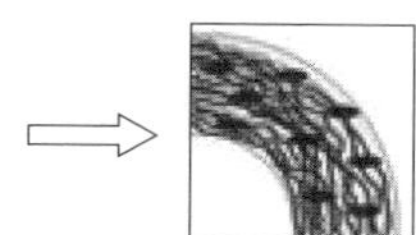

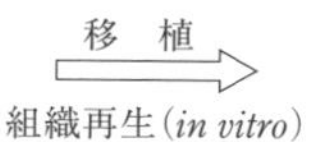

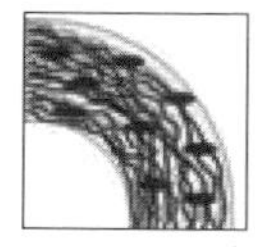

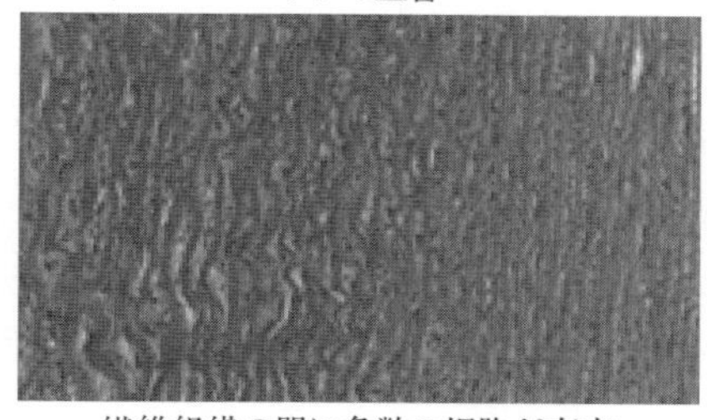

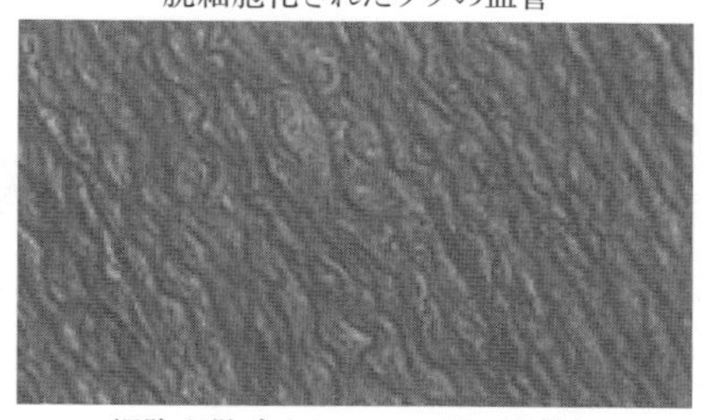

図15－12　生体繊維組織の脱細胞化と自己組織再生

参考文献　＊　＊　＊　＊　＊　＊

1）秋吉一成，石原一彦，山岡哲二：「先端バイオマテリアルハンドブック」，NTS（2012）
2）菅谷博之：抗血栓性人工腎臓の研究開発 生産と技術，第65巻1号，63-67（2013）
3）古園勉，岡田正弘：「ヴィジュアルでわかるバイオマテリアル」，秀潤社（2011）
4）加藤雅明：人工血管，人工臓器—最近の進歩，人工臓器，45巻3号，167-171（2016）

16章　繊維製品の品質表示

消費者は市場に出回る多くの製品のなかから，それぞれの目的に合わせ選択し購入する。選択基準は価格やデザインなどさまざまであるが，衣料品などの繊維製品は組成繊維が多く，加工も複雑であるため，取り扱い方によっては縮みや退色などのトラブルが発生することもある。消費者が製品を正しく理解し，不利益を被ることのないよう，消費者の保護の目的から昭和37年に家庭用品品質表示法が制定された。生活のスタイルやニーズの変化，技術革新などにより製品も変化してきていることから，それらに関わる規程も見直されている。繊維製品の生産や流通のグローバル化に対応するため，繊維製品品質表示規程[1]が平成29年3月30日に改正され，平成29年4月1日施行となった。この法律は品目ごとに成分，性能，取り扱いなどを規定している。この他に，不当景品類および不当表示防止法に基づいた原産国表示，日本産業規格による表示，各種団体が独自に設けている品質保証マークなどの表示がある。この章では，繊維製品に関わるさまざまな表示について述べる。

1．家庭用品品質表示法による表示

繊維製品の表示[2]は「繊維の組成」「家庭洗濯等取扱方法」「はっ水性」の3項目からなり，品目ごとに表示すべき項目が指定されている。また，表示者と連絡先を併せて付記する必要がある。

1－1　繊維の組成

繊維の組成についての表示は，表16-1に示す繊維名（指定用語）と組成繊維の質量の割合を示す混用率で，表16-2に示した全品目について表される。混用率には表16-3に示したように許容範囲があり，たとえば紡毛製品は95～100％のものを毛100％と表示できる。また，混用率の表示には大きく分けて全体表示と分離表示の2つがある。

（1）　全体表示

製品に使用されている繊維ごとの，その製品全体に対する質量割合を百分率（％）で表示する方法（図16-1）。

（2）　分離表示

製品の部位を分離して示し，それぞれの部位について，繊維名とそれぞれの組成繊維全体に対する混用率を百分率（％）で示す数字を併記する方法（図16-2）。

（3）　特殊な表示

① 「○○％以上」「○○％未満」の表示

組成繊維中，いずれか1種類の繊維の混用率が80％を超えるときは，混用率を示す数値に「以上」と付記し，その他の繊維名を一括して記載し，それらの繊維の混用率を合計した数値に「未満」と付記して表示することができる（図16-3）。

② 10%未満の繊維が2種類以上含まれる場合

混用率が10%未満の繊維が2種類以上含まれている場合は，それらの繊維名を一括して記載し，それらの繊維の混用率を合計した数値を併記し表示することができる(図16-4)。

③ 列記表示

デザインの複雑さ，その他その製品の特質などにより百分率(%)表示が困難な繊維製品や組成繊維が4種類以上で，かつそれぞれの繊維の混用率が5%以上である繊維製品について，列記表示することができる。列記表示には，組成繊維中の混用率の大きいものから順に繊維名を列記する方法と，混用率の大きいものから少なくとも2つ以上の繊維名を順次列記し，次にその他のものを「その他の繊維」または「その他」として一括して記載する方法がある(図16-5)。

④ 裏生地の表示

裏生地を分離して繊維の組成を表示する場合には，その組成繊維中の混用率の大きいものから順次，繊維名称を列記する方法と，組成繊維が3種類以上のものについては，混用率の最も大きい繊維名を記載し，次にその他のものを「その他の繊維」または「その他」として，一括して表示する方法がある(図16-6)。

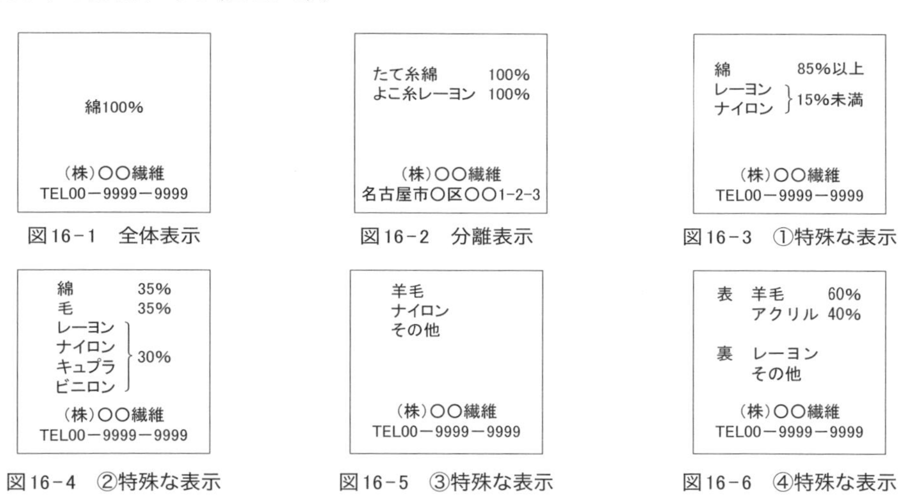

図16-1 全体表示　図16-2 分離表示　図16-3 ①特殊な表示

図16-4 ②特殊な表示　図16-5 ③特殊な表示　図16-6 ④特殊な表示

(4) 改正後の表示

繊維製品品質表示規程は平成29年3月30日に改正され，表16-1のように繊維の指定用語を用いることになった。繊維の種類の中で指定されないものについて分類繊維名の後に商標を括弧書きすることや①～⑦に分類できない繊維を「分類外繊維」と表示されるよう改定された。改正前には「指定外繊維(リヨセル)」だった表示が「再生繊維(リヨセル)」と変更され，指定用語であった「プロミックス繊維」「ポリクラール繊維」はなくなった。人工皮革についても雑貨工業品品質表示規程の改正により別々に標記されていた「合成皮革」と「人工皮革」が「合成皮革」として標記されるようになった。改正前のように基材に特殊不織布を使用している物については「人工皮革」と表示できるが，判別が困難な人工皮革について「合成皮革」と表示してもよいこととなった。

その他に，マフラー，スカーフおよびショール，帽子についても繊維の組成と家庭洗濯等取扱方法が表示事項として加えられている(帽子については平成30年4月1日施行となる)。

表16-1　繊維の指定用語

	繊維の種類		指定用語（表示名）
①植物繊維	綿		綿，コットン，COTTON
	麻	亜　麻	麻，亜麻，リネン
		苧　麻	麻，苧麻，ラミー
	上記以外の植物繊維		「植物繊維」の用語にその繊維の名称または商標を括弧して付記
②動物繊維	絹		絹，シルク，SILK
	毛	羊　毛	毛，羊毛，ウール，WOOL
		アンゴラ	毛，アンゴラ
		カシミヤ	毛，カシミヤ
		モヘヤ	毛，モヘヤ
		らくだ	毛，らくだ，キャメル
		アルパカ	毛，アルパカ
		その他のもの	毛
			「毛」の用語にその繊維の名称または商標を括弧して付記
	上記以外の動物繊維		「動物繊維」の用語にその繊維の名称または商標を括弧して付記
③再生繊維	ビスコース繊維	平均重合度が450以上のもの	レーヨン，RAYON，ポリノジック
		その他のもの	レーヨン，RAYON
	銅アンモニア繊維		キュプラ
	上記以外の再生繊維		「再生繊維」の用語にその繊維の名称または商標を括弧して付記
④半合成繊維	アセテート繊維	水酸基の92%以上が酢酸化されているもの	アセテート，ACETATE，トリアセテート
		その他のもの	アセテート，ACETATE
	上記以外の半合成繊維		「半合成繊維」の用語にその繊維の名称または商標を括弧して付記
⑤合成繊維	ナイロン繊維		ナイロン，NYLON
	ポリエステル系合成繊維		ポリエステル，POLYESTER
	ポリウレタン系合成繊維		ポリウレタン
	ポリエチレン系合成繊維		ポリエチレン
	ビニロン繊維		ビニロン
	ポリ塩化ビニリデン系合成繊維		ビニリデン
	ポリ塩化ビニル系合成繊維		ポリ塩化ビニル
	ポリアクリルニトリル系合成繊維	アクリルニトリルの質量割合が85%以上のもの	アクリル
		その他のもの	アクリル系
	ポリプロピレン系合成繊維		ポリプロピレン
	ポリ乳酸繊維		ポリ乳酸
	アラミド繊維		アラミド
	上記以外の合成繊維		「合成繊維」の用語にその繊維の名称または商標を括弧して付記
⑥無機繊維	ガラス繊維		ガラス繊維
	金属繊維		金属繊維
	炭素繊維		炭素繊維
	上記以外の無機繊維		「無機繊維」の用語にその繊維の名称または商標を括弧して付記
⑦羽毛	ダウン		ダウン
	その他の羽毛		フェザー，その他の羽毛
⑧分類外繊維	上欄に掲げる繊維以外の繊維		「分類外繊維」の用語にその繊維の名称または商標を括弧して付記

（消費者庁ホームページより一部改編[3]）

表16-2　品質表示の対象繊維製品

区分	品目			繊維の組成	家庭洗濯等取り扱い方法	はっ水性
糸*1				○		
織物，ニット生地およびレース生地				○		
*2衣料品など	上　衣			○*5	○	
	ズボン			○	○	
	スカート			○	○	
	ドレスおよびホームドレス			○	○	
	プルオーバー，カーディガンその他のセーター			○	○	
	ワイシャツ，開襟シャツ，ポロシャツ，その他のシャツ			○	○	
	ブラウス			○	○	
	エプロン，かっぽう着，事務服及び作業服			○	○	
	オーバーコート，トップコート，スプリングコート，レインコート，その他のコート	特定織物*3のみを表生地に使用した和装用のもの		○*5		○*4
		その他のもの			○	
	子供用オーバーオールおよびロンパース			○	○	
	下　着	繊維の種類が1種類のもの	なせん加工品	○	○	
			その他	○		
		特定織物*3のみを表生地に使用した和装用のもの		○		
		その他のもの		○	○	
	寝　衣			○	○	
	靴　下，足　袋			○		
	帽　子			○	○	
	手　袋			○		
	ハンカチ			○		
	毛　布			○	○	
	敷　布			○	○	
	タオルおよび手ぬぐい			○		
	羽織および着物	特定織物*3のみを表生地に使用した和装用のもの		○		
		その他のもの		○	○	
	マフラー，スカーフおよびショール			○	○	
	ひざ掛け			○	○	
	カーテン			○	○	
	床敷物(パイルのあるものに限る)			○		
	上掛け(タオル製のものに限る)			○	○	
	ふとん			○		
	毛布カバー，ふとんカバー，まくらカバーおよびベッドスプレッド			○	○	
	テーブル掛け			○		
	ネクタイ			○		
	水　着			○		
	ふろしき			○		
	帯			○		
	帯締めおよび羽織ひも			○		

(消費者庁ホームページより一部改編[4])

＊1　糸の全部または一部が指定用語にある繊維(綿～ガラス繊維)からできているものに限る。

＊2　1に掲げる糸や2に掲げる織物，ニット生地またはレース生地を製品全部または一部に使用して製造しまたは加工した繊維製品(電気加熱式のものを除く)に限る。

＊3　「特定織物」とは組成繊維中における絹の混用率が50%以上の織物，またはたて糸もしくはよこ糸の組成繊維が絹のみの織物

＊4　「はっ水性」の表示は，レインコートなどのはっ水性を必要とするコート以外の場合は，必ずしも表示をする必要性はない。

＊5　詰物を使用しているものについては，表生地，裏生地及び詰物を表示する(ポケット口，ひじ，衿などの一部に衣服の形状を整えるための副資材として使用されている物を除く)。

表16-3　混用率の許容範囲

表　　示		許容範囲
100%の場合	毛	－3%以内
	毛以外	－1%以内
	紡毛製品・空紡糸製品 （くず糸等を使用した紡毛製品または空紡糸製品である旨を付記）	－5%以内
○○以上の場合		－0%
○○未満の場合		＋0%
数値が5の整数倍の場合（100%を除く）		±5%以内
上記以外の場合		±4%以内
毛または羽毛の間*		±5%以内

（消費者庁ホームページより一部改編[1]）

*繊維の指定用語一覧表の毛である繊維，または羽毛である繊維同士の混用品について示したもの。

1-2　家庭洗濯等取扱い方法

家庭洗濯等取扱い方法の表示は，JIS L 0001（繊維製品の取扱いに関する表示記号及びその表示方法）に規定する記号を用いて表示する（表16-4）。平成28年12月1日の繊維製品品質表示規程の改正により，表示記号が国際規格（ISO）と同じものを用いることとなり，国内外で表示記号が統一された。平成28年11月30日までの製品については，旧繊維製品品質表示規程に基づく表示となっている。日本独自の絵表示から，近年のグローバル化を背景に国際規格との調整を図り，記号の種類が22種類から41種類に増え，より細かな情報提供となった。従来の「この方法で洗濯するのがよい」から「回復不可能な損傷を起こさない最も厳しい処理・操作に関する情報」へ考え方が変わった（表16-5）。

表16-4　取扱い絵表示記号と付加記号[5]

基本記号	洗濯処理		洗濯処理は，洗濯おけ（桶）の形で表す	付加記号	弱い処理	—	記号の下の一本線は，下線のない同じ記号で示される処理よりも弱い処理を表す
	漂白処理	△	漂白処理は，三角形で表す		非常に弱い処理	＝	記号の下の二本線は，非常に弱い処理を表す
	乾燥処理	□	乾燥処理は，正方形で表す		処理温度	95	洗濯処理記号の処理温度を表す付加記号は，摂氏度の単位記号"℃"を省略した温度の数字（30，40，50，60，70または95）で表示する
	アイロン仕上げ処理		アイロン仕上げ処理は，アイロンの形で表す			•	乾燥処理記号およびアイロン仕上げ処理記号の処理温度を表す付加記号は，ドット表示する。ドットは，使用する基本記号によってその温度が異なるが，ドット数が増えると処理温度がより高いことを表す
	商業クリーニング処理	○	商業クリーニング処理，円で表す		処理・操作の禁止	×	5個の基本記号に重ね書きした×印のあるものは，その記号が表す処理・操作ができないこと（禁止）を表す

表16－5　取扱い絵表示[6),7)]

	改正前			改正後		
洗濯の仕方	101	95	液温は，95℃を限度とし，洗濯が出来る	190	95	190：液温は，95℃を限度とし，洗濯機で通常の洗濯処理が出来る
洗濯の仕方	102	60	液温は，60℃を限度とし，洗濯機による洗濯が出来る	170	70	170：液温は，70℃を限度とし，洗濯機で通常の洗濯処理が出来る
洗濯の仕方	103	40	液温は，40℃を限度とし，洗濯機による洗濯が出来る	160 / 161	60 / 60	160：液温は，60℃を限度とし，洗濯機で通常の洗濯処理が出来る 161：液温は，60℃を限度とし，洗濯機で弱い洗濯処理が出来る
洗濯の仕方	104	弱 40	液温は，40℃を限度とし，洗濯機の弱水流又は弱い手洗い（振り洗い，押し洗い及びつかみ洗い）がよい	150 / 151	50 / 50	150：液温は，50℃を限度とし，洗濯機で通常の洗濯処理が出来る 151：液温は，50℃を限度とし，洗濯機で弱い洗濯処理が出来る
洗濯の仕方	105	弱 30	液温は，30℃を限度とし，洗濯機の弱水流又は弱い手洗い（振り洗い，押し洗い及びつかみ洗いがある）がよい	140 / 141 / 142	40 / 40 / 40	140：液温は，40℃を限度とし，洗濯機で通常の洗濯処理が出来る 141：液温は，40℃を限度とし，洗濯機で弱い洗濯処理が出来る 142：液温は，40℃を限度とし，洗濯機で非常に弱い洗濯処理が出来る
洗濯の仕方	106	手洗イ 30	液温は，30℃を限度とし，弱い手洗い（振り洗い，押し洗い及びつかみ洗いがある）がよい（洗濯機は使用出来ない）	130 / 131 / 132	30 / 30 / 30	130：液温は，30℃を限度とし，洗濯機で通常の洗濯処理が出来る 131：液温は，30℃を限度とし，洗濯機で弱い洗濯処理が出来る 132：液温は，30℃を限度とし，洗濯機で非常に弱い洗濯処理が出来る
洗濯の仕方	107		家庭で水洗いは出来ない	110		110：液温は，40℃を限度とし，手洗いによる洗濯処理が出来る
洗濯の仕方				100		100：洗濯処理は出来ない
漂白の仕方	201	エンソ サラシ	塩素系漂白剤による漂白が出来る	220 / 210		220：塩素系及び酸素系漂白剤による漂白処理が出来る 210：酸素系漂白剤による漂白処理が出来るが，塩素系漂白剤による漂白処理は出来ない
漂白の仕方	202	エンソ サラシ	塩素系漂白剤による漂白は出来ない	200		200：漂白処理は出来ない
アイロンのかけ方	301	高	アイロンは210℃を限度とし，高い温度（180～210℃まで）で掛けるのがよい	530 / 520 / 510		530：底面温度200℃を限度としてアイロン仕上げ処理が出来る 520：底面温度150℃を限度としてアイロン仕上げ処理が出来る 510：底面温度110℃を限度としてスチームなしでアイロン仕上げ処理が出来る
アイロンのかけ方	302	中	アイロンは160℃を限度とし，中程度の温度（140～160℃まで）で掛けるのがよい	500		500：アイロン仕上げ処理は出来ない
アイロンのかけ方	303	低	アイロンは120℃を限度とし，低い温度（80～120℃まで）で掛けるのがよい			
アイロンのかけ方	304		アイロン掛けは出来ない			

	改正前		改正後
クリーニングの種類	401 ドライ セキユ系	ドライクリーニングが出来る。溶剤は，パークロロエチレン又は石油系のものを使用する	＜ドライクリーニング処理＞（タンブル乾燥を含む） 620 P / 621 P 620：パークロロエチレン及び記号Ⓕの欄に規定の溶剤でのドライクリーニング処理が出来る。通常の処理 621：パークロロエチレン及び記号Ⓕの欄に規定の溶剤でのドライクリーニング処理が出来る。弱い処理
	402 ドライ	ドライクリーニングが出来る。溶剤は，石油系のものを使用する	610 F / 611 F 610：石油系溶剤（蒸留温度150℃～210℃，引火点38℃～）でのドライクリーニング処理が出来る。通常の処理 611：石油系溶剤（蒸留温度150℃～210℃，引火点38℃～）でのドライクリーニング処理が出来る。弱い処理
	403 ドライ	ドライクリーニングは出来ない	600 600：ドライクリーニング処理が出来ない
			＜ウエットクリーニング処理＞ 710 W / 711 W / 712 W 710：ウエットクリーニング処理が出来る 通常の処理 711：ウエットクリーニング処理が出来る 弱い処理 712：ウエットクリーニング処理が出来る 非常に弱い処理
			700 W 700：ウエットクリーニング処理は出来ない
乾燥の仕方	601	つり干しがよい	＜自然乾燥処理＞ 440 / 445 / 430 / 435 440：つり干し乾燥がよい 445：日陰でのつり干し乾燥がよい 430：ぬれつり干し乾燥がよい 435：日陰でのぬれつり干し乾燥がよい
	602	日陰のつり干しがよい	420 / 425 / 410 / 415 420：平干し乾燥がよい 425：日陰での平干し乾燥がよい 410：ぬれ平干し乾燥がよい 415：日陰でのぬれ平干し乾燥がよい
	603 平	平干しがよい	＜タンブル乾燥処理＞ 320 / 310 / 300 320：洗濯処理後のタンブル乾燥処理が出来る 高温乾燥：排気温度の上限は最高80℃ 310：洗濯処理後のタンブル乾燥処理が出来る 低温乾燥：排気温度の上限は60℃ 300：洗濯処理後のタンブル乾燥処理は出来ない
	604 平	日陰の平干しがよい	
絞り方	501 ヨワク	手絞りの場合は弱く，遠心脱水の場合は，短時間で絞るのがよい	
	502	絞ってはいけない	

記号は「洗濯処理記号」「漂白処理記号」「乾燥処理記号（タンブル乾燥処理記号，自然乾燥処理記号）」「アイロン仕上げ処理記号」「商業クリーニング処理記号（ドライクリーニング処理記号，ウエットクリーニング処理記号）」の順に付加記号と組み合わせて表示する。洗濯表示記号で表示出来ない「洗濯ネット使用」「裏返しにして洗う」「弱く絞る」「あて布使用」「飾り部分アイロン禁止」などは任意表示として，記号の近くに用語や文章で表示することが出来る。基本記号のいずれかが記載されていない場合は，処理可能と判断する。

平成28年12月1日の施行日前に商品に表示を行う場合は旧表示（JIS L 0217）（図16-8）とし，施行日以降に表示を行う場合は新表示（JIS L 0001）（図16-7）とする必要がある。

図16-7　取り扱い絵表示の表示例

（出典：JIS L 0001：2014）

図16-8　改正前の取り扱い絵表示の表示例

（出典：JIS L 0217：1995）

改正前後の洗濯表示を比較した場合，洗濯仕方の40℃表示は新旧似た表現となっているため，取り扱いとしてはともに40℃を限度に洗濯機での洗濯が可能である。しかし、新旧では記号表示のための試験法が異なり，新記号は旧記号より試験温度や浴比など厳しい条件下で試験が行われているため記号の意味に違いがある。

1-3　はっ水性

はっ水性とは，水をはじきやすい性質を示し，これらの性質を必要とするレインコートなどの繊維製品に表示することができる（図16-9）。表生地については，JIS L 1092の中で規定する処理を行ったうえで，規定水準以上のはっ水度を有するときに「はっ水（水をはじきやすい）」または「はっ水（水をはじきやすい）」と表示することができる。洗濯により効果が失われる製品については，図16-10のようにその旨を付記する場合に限り，「はっ水（撥水）」の表示ができる。

はっ水 （水をはじきやすい） ○○○株式会社 TEL　00-0000-0000

図16-9　はっ水表示例①

はっ水 （水をはじきやすい） 手洗い後ははっ水効果 がなくなります ○○○株式会社

図16-10　はっ水表示例②

1-4　表示者および連絡先

表示責任の所在を明確にするために，「氏名または名称」および「住所または電話番号」を付記し，下げ札でも取り付けラベルでもよいが，見やすい箇所にわかりやすく表示する。家庭洗濯等取り扱い方法については，容易に取れない方法で繊維製品に取り付けることになっており，縫いつける方法が一般的である。

2.　原産国表示

アパレル業界では，外国語表記のブランドが多く，消費者に誤認を与える可能性が高いため，業界としてすべての製品に原産国表示を行うよう努めている。原産国を表示することは，家庭用品品質表示法では義務付けられていないが，原産国表示については，不当景品類及び不当表示防止法において一定の基準がある。原産国とは，その商品の内容について実質的な変更をもたらす行為が行われた国をいい，個別の商品の実質的変更行為については，「商品の原産国に関する不当な表示[8)]」の原産国の定義に関する運用細則で規定されている。不当表示として，①外国の国名・地名・国旗・紋章その他これらに類するものの表示，②外国の事業者，またはデザイナーの氏名・名称または商標の表示，③文字による表示の全部または主要部分が外国の文字で示されている表示などの，国内で生産された商品についてその商品が国内で生産されたことを，一般消費者が判別することが困難であると認められるもの，④原産国以外の国名・地名・国旗・紋章その他これらに類するものの表示，⑤原産国以外の国の事業者またはデザイナーの氏名・名称または商標の表示，⑥文字による表示の全部または主要部分が和文で示されている表示など外国で生産された商品について，その商品がその原産国で生産されたものであることを一般消費者が判別することが困難であると認められるものが挙げられる（図16-11）。

SHIRT NEW YORK デザイン　米国 製　　造　日本	Pierre Cardin この製品は，ピエールカルダンのデザインにより日本で製造したものです。	FUTURE FASHION 製造(株)○○屋

図16-11　原産国表示例

3. 既製衣料品のJISサイズ表示

既製衣料品のサイズは，全国で実施された日本人の体格調査に基づいた身体寸法による表示を原則として，年齢層ごとに乳幼児用衣料サイズ(JIS L 4001)，少年用衣料サイズ(JIS L 4002)，少女用衣料サイズ(JIS L 4003)，成人男子用衣料サイズ(JIS L 4004)，成人女子用衣料サイズ(JIS L 4005)が規定されている。このほかに，ファンデーションのサイズ(JIS L 4006)，靴下類のサイズ(JIS L 4007)，一般衣料品(JIS L 4107)の付属書1でワイシャツのサイズ規定がある。

フィット性を必要とする成人女子のスカート類・ズボン類などの衣料や，成人男子の背広服類は体型区分表示や単数表示であるが，フィット性をあまり必要としない衣料は，単数表示または範囲表示となっている。また，ズボン類のまた下やスリップ丈など，寸法で表示したほうが便利な場合は出来上がりサイズで表示する。

表16-6，7のように，衣料のフィット性の程度，衣料品の種類によって表示部位，表示方法は異なる。

また，成人女子では表16-8に示すA，Y，AB，Bの体型区分やPP(142 cm)，P(150 cm)，R(158 cm)，T(166 cm)の身長区分，9号(83 cm)，11号(86 cm)などのバストサイズを示す号数，S(バスト72～80 cm)，M(同79～87 cm)，L(同86～94 cm)などの範囲を示す記号など体型分類を行っている。

表16-6　成人女子用既製衣料サイズ表示区分と表示部位[9)]

服種		表示区分	表示部位および表示順位		
			1	2	3
フィット性を必要とするもの	コート類，ドレスおよびホームドレス類，上衣類	体型区分	バスト	ヒップ	身　長
	長ズボンですそ上げが完成しているもの	単　数	ウエスト	ヒップ	また下丈
	その他のズボン類，スカート類	単　数	ウエスト	ヒップ	
フィット性をあまり必要としないもの	コート類，ドレスおよびホームドレス類	範　囲	バスト	身　長	
	上衣類	単数・範囲	バスト	身　長	
	ズボン類，スカート類	単数・範囲	ウエスト		
セーター，カーディガン，プルオーバーなどのセータ類，シャツ類，上半身用事務服および作業服類		範　囲	バスト	身　長	
ブラウス類		単　数	バスト	身　長	
寝衣類		範　囲	バスト		
下着類(ブラジャーなどのファンデーションは除く)	全身用スリップ類	単数・範囲	バスト	スリップ丈	
	全身用その他	範　囲	バスト	ヒップ	
	上半身用	単数・範囲	バスト		
	下半身用ペチコート類	範　囲	ヒップ	ペチコート丈	
	下半身用その他	範　囲	ヒップ		
水　着		単数・範囲	バスト	ヒップ	

表16-7　成人男子用既製衣料サイズ表示区分と表示部位[10)]

服種	表示区分	表示部位および表示順位		
		1	2	3
フィット性を必要とするコート類，上衣類	体型区分	チェスト	ウエスト	身　長
フィット性をあまり必要としないコート類，上衣類	単数・範囲	チェスト	身　長	
背広服類	体型区分	チェスト	ウエスト	身　長
セーター，カーディガン，プルオーバーなどのセータ類	範　囲	チェスト	身　長	
シャツ類*	範　囲	チェスト		
長ズボンで，すそ上げが完成しているもの	単数・範囲	ウエスト	また下丈	
その他のズボン類，下半身用事務服および作業服類	単数・範囲	ウエスト		
全身用，上半身用事務服及び作業服類	単数・範囲	チェスト	身　長	
寝衣類，全身用下着類	範　囲	チェスト	身　長	
上半身用下着類	範　囲	チェスト		
下半身用下着類，水着類	範　囲	ウエスト		

*ワイシャツはJIS L 4107による。

成人男子の場合は，表16-9のようにチェストとウエストの寸法差によって，J体型からE体型まで10段階の体型区分が，3号(160cm)，4号(165cm)，5号(170cm)など5cm間隔で身長区分が設定されている。

サイズの表示方法には，図16-12のように寸法列記表示とサイズ絵表示がある。

表16-8　成人女子用既製衣料の体型区分[11)]

体　型	意　味
A体型	日本人の成人女子の身長を142cm，150cm，158cmおよび166cmに区分し，さらにバストを74～92cmを3cm間隔で，92～104cmを4cm間隔で区分したとき，それぞれの身長とバストの組み合わせにおいて出現率が最も高くなるヒップのサイズで示される人の体型
Y体型	A体型よりヒップが4cm小さい人の体型
AB体型	A体型よりヒップが4cm大きい人の体型。ただし，バストは124cmまでとする
B体型	A体型よりヒップが8cm大きい人の体型

表16-9　成人男子用既製衣料の体型区分[12)]

体　型	意　味
J体型	チェストとウエストの寸法差が20cmの人の体型
JY体型	チェストとウエストの寸法差が18cmの人の体型
Y体型	チェストとウエストの寸法差が16cmの人の体型
YA体型	チェストとウエストの寸法差が14cmの人の体型
A体型	チェストとウエストの寸法差が12cmの人の体型
AB体型	チェストとウエストの寸法差が10cmの人の体型
B体型	チェストとウエストの寸法差が8cmの人の体型
BB体型	チェストとウエストの寸法差が6cmの人の体型
BE体型	チェストとウエストの寸法差が4cmの人の体型
E体型	チェストとウエストの寸法差がない人の体型

出典：JIS L 4004: 2001 表1からの引用転載

サイズ
バスト　83
ヒップ　91
身長　158
9AR

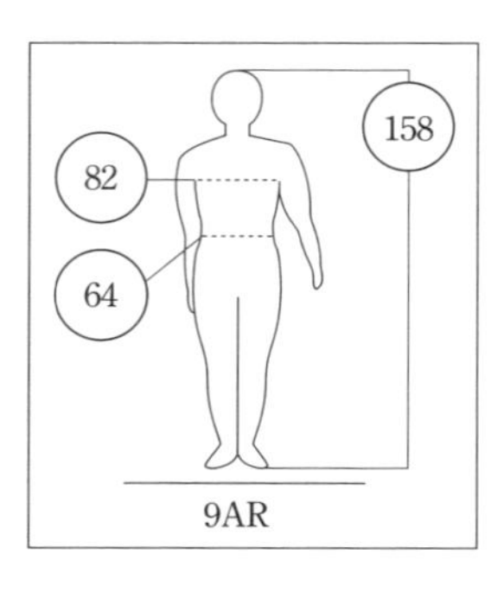

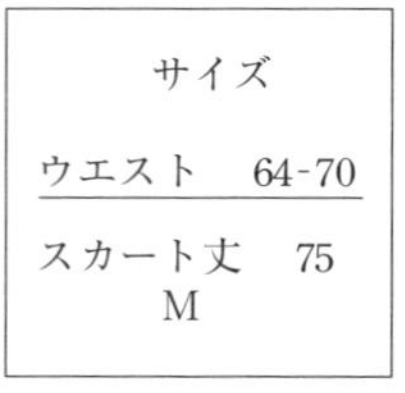

図16-12　寸法列記表示とサイズ絵表示[13)]

4. 防炎表示

防炎[14]とは,「燃えにくい」性質のことで，繊維などの燃えやすい性質を改良して防炎の性能を与えることで着火しにくくしたり，着火しても容易に燃えひろがらなくしたりすることである。商業施設，集団施設，遊興施設および高さ31m以上の高層建築物などに使用するカーテン，カーペット，緞帳などは，消防法により防炎性のある製品を使用することが義務づけられている。また，それらには公益財団法人日本防炎協会および一般財団法人日本繊維製品品質技術センターが発行する防炎ラベルを添付し，防炎表示することも義務づけられている。その他に，防炎協会では寝具類，敷物類，テント，幕類など消防法で防炎化が義務づけられていない製品についても防炎製品としての認定をしている(図16-13, 14)。

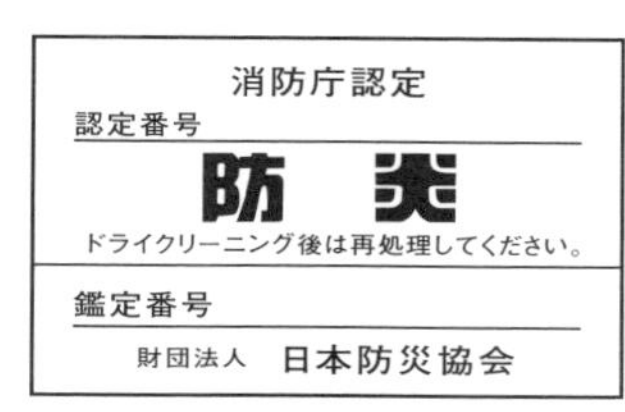

図16-13　防炎ラベル

図16-14　防炎製品ラベル

5. その他の表示

繊維製品に付けられているマークには，各種協会，組合などが自主的に製品の品質・機能などを評価して付けている品質保証マークなど多数ある。その例を表16-10に示す。[13]

表16-10　繊維製品についているマークの例

マーク	意　味	マーク	意　味
ウールマーク[15]		麻マーク[15]	
WOOLMARK	ザ・ウールマーク・カンパニーの高い品質基準が適用され，新毛99.7%以上の製品に表示		日本麻紡績協会が消費者が麻の製品を安心して購入できるように品質保証の証として表示
JIS適合表示票[16]		ジャパン・コットンマーク[17]	
日本縫糸工業協会 JIS 適合証 L2101 QTEC	日本縫糸工業協会と(一財)日本繊維製品品質技術センター(QTEC)が，綿，絹，麻，ナイロン，ポリエステル，ビニロン，ポリノジックの縫い糸についてその製品がJIS(日本工業規格)に適合していることを証明する	JAPAN COTTON Pure Cotton	日本紡績協会会員会社が日本国内で製造する高品質の綿糸を使用し，綿100%の製品に表示

参考文献　＊　＊　＊　＊　＊　＊

1）消費者庁　http://www.caa.go.jp/policies/policy/representation/household_goods/law/law_04.html
2）消費者庁　http://www.caa.go.jp/policies/policy/representation/household_goods/guide/fiber/fiber_show.html
3）消費者庁　http://www.caa.go.jp/policies/policy/representation/household_goods/guide/fiber/fiber_term.html
4）消費者庁　http://www.caa.go.jp/policies/policy/representation/household_goods/guide/fiber_top.html
5）JIS L 0001：2014，日本規格協会（2014）
6）JIS L 0217：1995，日本規格協会（1995）
7）JIS L 0001：2014，日本規格協会（2014）
8）消費者庁　http://www.caa.go.jp/representation/pdf/100121premiums_14.pdf
9）JIS L 4005：2001「付表1 服種サイズの表し方」，日本規格協会（2001）
10）JIS L 4004：2001「付表1 服種サイズの表し方」，日本規格協会（2001）
11）JIS L 4005：2001「表1 体型区分」，日本規格協会（2001）
12）JIS L 4004：2001「表1 」，日本規格協会（2001）
13）JIS L 4005：2001「付図主な表示例」，日本規格協会（2001）
14）消防庁　https://www.fdma.go.jp/html/life/yobou_contents/fire_retardant/pdf/bouen_01.pdf#search=%27%E6%B6%88%E9%98%B2%E5%BA%81+%E9%98%B2%E7%82%8E%27
15）日本麻紡績協会　http://www.asabo.jp/kyokai/kyokai.html#kyokai2
16）日本縫糸工業協会　http://www.nichi-nui.com/jis.php
17）日本紡績協会　http://www.jsa-jp.org/

索　引

さ

た

な

は

ま

や

ら

わ

繊維材料にフォーカスした
生活材料学 新版

初版発行　2018年10月30日
２版発行　2023年４月１日

編著者©　榎本　雅穂
　　　　　古濱　裕樹

発行者　森田　富子
発行所　株式会社 アイ・ケイコーポレーション
〒124-0025　東京都葛飾区西新小岩4-37-16
Tel 03-5654-3722（営業）
Fax 03-5654-3720

表紙デザイン　㈱エナグ 渡部晶子
組版　㈲ぷりんてぃあ第二／印刷所　新灯印刷㈱

ISBN978-4-87492-351-1 C3077